# LOUIS AUBERT

# Paix Japonaise

LE JAPON ET LA PAIX DE L'EXTRÊME-ORIENT

LE JAPON ET LA CHINE — JAPONAIS ET AMÉRICAINS

LA LUTTE POUR LE PACIFIQUE

LE PAYSAGE JAPONAIS — ROUTES JAPONAISES

L'INKYO

Librairie Armand Colin

Paris, 5, rue de Mézières

# Paix Japonaise

# LOUIS AUBERT

# Paix Japonaise

LE JAPON ET LA PAIX DE L'EXTRÊME-ORIENT
LE JAPON ET LA CHINE — JAPONAIS ET AMERICAINS
LA LUTTE POUR LE PACIFIQUE
LE PAYSAGE JAPONAIS — ROUTES JAPONAISES
L'INKYO

Librairie Armand Colin
Paris, 5, rue de Mézières
1906

# TABLE DES MATIÈRES

## PREMIÈRE PARTIE

# L'EXPANSION JAPONAISE

### CHAPITRE PREMIER

## LE JAPON ET LA PAIX



### CHAPITRE II

## LE JAPON ET LA CHINE

## Chapitre III

# JAPONAIS ET AMÉRICAINS

### Chapitre IV

## LA LUTTE POUR LE PACIFIQUE

## DEUXIÈME PARTIE

# LA VIE JAPONAISE

# AVANT-PROPOS

Toutes les ambitions du Japon s'ordonnent
autour de l'idée d'une « Paix Japonaise » de l'Extrême-Orient. Définitivement, le Japon gagne le
droit d'avoir une politique d'expansion; il s'installe sur le continent asiatique. Glorieux et
endetté, il se trouve dans une situation grandiose, moins par les résultats acquis que par
les possibilités qui s'offrent à lui : la Corée à
administrer; la Chine à diriger, si les Chinois
s'y prêtent; d'énormes marchés à pourvoir, si
l'industrie nationale y suffit; un rôle de protecteur à jouer sur l'Asie orientale et dans le Pacifique, si l'Europe et les États-Unis font son jeu.
Derrière la façade d'une « Paix Japonaise »,
c'est une révolution de l'Extrême-Orient que le
Japon prépare méthodiquement, pacifiquement,
s'il le peut.

Un tel bouleversement politique et économique n'ira pas sans lui coûter des sacrifices.
Jusqu'à présent, il empruntait à l'Europe les

moyens de préserver son passé ; maintenant, c'est beaucoup de sa propre substance qu'il devra sacrifier. Pour le Japon lui-même, comme pour l'Extrême-Orient, « Paix Japonaise » signifie changement. A cette situation neuve, il faut que s'adaptent les mœurs d'autrefois, lentement formées pendant deux siècles et demi dans ces îles séparées du monde. La vie s'était alors condensée en quelques habitudes simples, tenaces. Comme en un vase bien clos, elles n'étaient ni contrariées ni compliquées par des influences étrangères. Dans le Japon moderne, grand ouvert aux imitations, et qui se répand hors de ses îles, ces habitudes se dissolvent un peu chaque jour avant de disparaître. Finie, la vie au milieu de paysages familiers : il faudra les quitter, vivre souvent hors du Japon. Finie, la vie fluide et flâneuse le long des routes : la vie intense, régulière, de l'usine commence. Finie, la vie retirée des affaires, que l'on menait après l'âge de quarante ans : il va falloir travailler jusqu'au bout. Quand la nouvelle que Port-Arthur s'était rendu arriva de nuit à Kyôto, les cloches des temples sonnèrent. C'était en la vieille capitale le glas du vieux Japon.

Pour l'Europe aussi il y a du changement en Extrême-Orient : la guerre lui a rendu l'Asie Orientale un peu plus familière ; bon gré, mal gré, elle doit s'en occuper. Ampleur du conflit; prestige de la distance ; curiosité éveillée par ces rencontres d'armées et d'escadres dont le matériel européen n'avait jamais été sérieusement éprouvé; crainte surtout d'être impliqué par les alliances dans le conflit ; ajoutez l'incident du *Dogger bank*, les discussions sur la neutralité française, enfin l'abondance des traités : traités russo-japonais, anglo-japonais, sino-japonais, tout cela contraignit l'Europe à penser aux choses extrême-orientales.

C'est une nouveauté, car, avant et pendant le conflit, l'Europe continentale les a dangereusement ignorées. Aussitôt après la déclaration de guerre, en Russie naturellement, mais aussi en France, en Belgique, surtout en Allemagne, on invoqua le « péril jaune », la lutte des races : Blancs contre Jaunes, civilisés contre barbares, chrétiens contre païens. C'était la philosophie des dessins de Guillaume II : l'archange Michel, glaive levé, menaçant les Jaunes; c'était aussi la philosophie de ses propos sur les États-Unis d'Europe croisés contre la Barbarie. Après Liao-

Yang, après Moukden, confusément on se représentait le monde jaune — Coréens, Siamois, Annamites, Chinois, conduits par le Japon — tombant sur les Blancs; ce serait une catastrophe soudaine, irrémédiable, à laquelle il faudrait se résigner : une digue qui se rompt, un flot jaunâtre recouvrant d'un coup notre civilisation toute blanche.

Il est curieux que nous continuions de nous représenter l'Asie et ses hordes avec les mêmes mots et les mêmes images qu'employaient au xiiie siècle les contemporains de saint Louis qui entendirent parler des Mongols ou qui les virent. Nos idées sur le péril jaune datent de six siècles et demi. Quand les Mongols débouchèrent sur le Don, Polonais, Allemands, Hongrois les croyaient innombrables, tant la terreur qu'ils inspiraient était grande. En moins de trente jours, ils conquirent la Pologne et la Silésie, depuis la Vistule jusqu'à l'Oder et aux Marches de Saxe; on les vit sur l'Adriatique; ils occupaient la Hongrie quand ils refluèrent sur l'Asie. L'Europe, très bien espionnée par les Mongols, les ignorait presque et n'avait pas prévu leur avance. « Dans cette curieuse invasion des barbares, a-t-on pu dire, les vrais barbares ne sont

pas les envahisseurs orientaux, mais les occidentaux envahis[1]. » La formule est aussi vraie de la
guerre qui s'achève.

L'Europe continentale est restée sur le souvenir de l'Asie de Gengis-Khan, unifiée, organisée pour de grandes expéditions. D'où vient cet
anachronisme? C'est que, depuis le xiii<sup>e</sup> siècle, les
communications par terre, jadis actives, entre
l'Europe et l'Asie orientale, furent rompues.
L'empereur mongol résidant à Pékin, la sûreté
des deux grand'routes ne fut plus assurée : celle
du Pé-Lou (Pentapole) était interceptée sans
cesse par des révoltes, celle du Nan-Lou (Hexa-
pole) fut à la discrétion des sultans de Trans-
oxiane autonomes; puis l'Islam s'interposa
comme un écran entre l'Orient bouddhique et
l'Europe chrétienne; les Turcs enfin bouchèrent
les routes de terre, et aussi la route de
l'Euphrate qui ouvrait la route de mer jusqu'à
Canton. Ainsi séparés, les deux mondes pendant des siècles s'ignorèrent; les rapports par
mer depuis un demi-siècle, depuis les guerres
de 1840 et 1860, n'ont pas suffi pour rendre familières à l'Europe les choses d'Extrême-Orient,

1. L. Cahun. *Introduction à l'Histoire de l'Asie*, p. 355 et suiv.

pour changer les mots et les images qu'évoque le péril jaune.

Ce que cette ignorance vient de coûter à l'Europe continentale, on le sait. Quand le Japon rompit les négociations, Français et Allemands ne mirent pas en doute sa témérité; quand il prouva sa force, les Européens, au lieu de s'accuser d'ignorance, l'accusèrent de dissimulation et de tricherie, pour les avoir si bien trompés. L'Allemagne comme complice de l'ambition russe en Asie, la France comme alliée et prêteuse, ont perdu au désastre russe. La France a manqué d'être impliquée dans le conflit, et, pour remplir ses obligations d'alliance, a dû s'aliéner l'opinion japonaise qui lui avait toujours été favorable.

Seules, avec le Japon, profitent de la guerre deux puissances qui n'ont jamais partagé le préjugé anachronique de l'Europe sur le péril jaune, les États-Unis et l'Angleterre. Pour les États-Unis, j'expliquerai comment les choses de notre Extrême-Orient lui ont toujours été beaucoup plus familières qu'à nous. Dès 1902, l'Angleterre n'a pas hésité à s'allier à une puissance jaune. Grâce à cette claire vision de la force que représentait le Japon en Extrême-Orient, l'Angleterre a su reprendre en Chine sa grande influence d'autrefois, influence que la Russie et l'Allemagne avaient sérieusement attaquée pendant la guerre de l'Afrique du Sud.

L'Europe, la France surtout, qui n'a jamais eu des intérêts spéciaux dans la Chine du Nord, doivent admettre l'inévitable. Il y a quelque chose de changé dans l'Asie orientale : le Japon y est prépondérant, l'Europe diminuée, la Chine inquiète. Je crois qu'en dépit de l'avantage pris par le Japon sur l'Europe, en dépit de l'attitude actuellement anti-européenne de la Chine, les Européens ont encore un grand rôle à jouer en Extrême-Orient, à condition que c'en soit fini de leurs appétits de conquête, de leur mépris et de leur brutalité de race supérieure, et qu'ils se consacrent à une œuvre de paix et de civilisation à peine ébauchée.

Les études qui suivent, sauf le chapitre : *La Lutte pour le Pacifique*, ont paru dans la *Revue de Paris*, pendant la guerre et depuis. Les trois premières ont été écrites aux États-Unis et au Japon au cours d'un voyage autour du monde que j'ai fait comme boursier de l'Université de

Paris. Elles reparaissent aujourd'hui retouchées et complétées.

Je tiens à remercier M. Noël Péri, qui a traduit du japonais la plupart des textes cités dans les deux premiers chapitres, et qui m'a donné en outre maints conseils et suggestions.

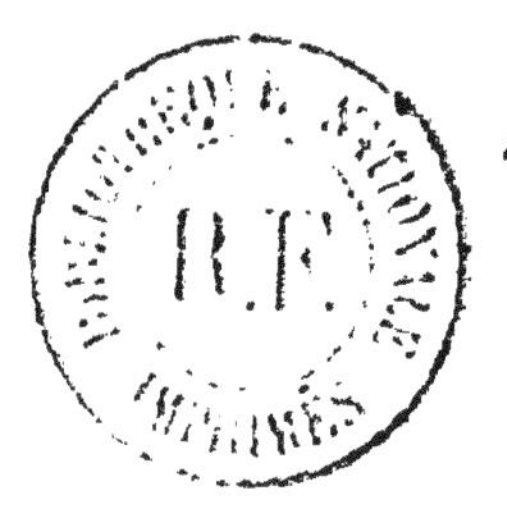 Avril 1906.

# PREMIÈRE PARTIE

# L'EXPANSION JAPONAISE

# CHAPITRE I

# LE JAPON ET LA PAIX DE L'EXTRÊME-ORIENT

Avant et pendant les hostilités, les Japonais ont toujours dit qu'ils étaient contraints de faire la guerre pour rétablir une paix durable en Extrême-Orient, paix que rendait impossible l'ambition russe. Leurs documents officiels[1] ne manquent jamais d'affirmer que, en octobre 1903, ils ouvrirent les négociations pour « consolider cette paix de l'Extrême-Orient » : seules, les lenteurs dédaigneuses de la Russie, son insistance à restreindre l'action japonaise en Corée et son refus de discuter la question mandchourienne auraient amené la guerre. Le Japon, par son attitude très raisonnée et très adroite durant les négociations, sut donner

1. *Livre blanc* sur les négociations entre les deux pays, mars 1904. Note du Ministère des Affaires étrangères aux représentants des puissances, 8 février 1904. Déclaration de guerre. Discours du baron Komura à la Diète, 23 mars 1904. Rescrit du Mikado pour la nomination des plénipotentiaires. Proclamation après la paix.

l'impression au monde — au monde anglo-saxon surtout — que cette guerre lui était imposée : guerre défensive, disait-il, et non guerre d'expansion; guerre de pacification, si l'on peut dire.

En 1895 déjà, sur les conseils « amicaux » de la Russie, de la France et de l'Allemagne, il avait rendu à la Chine le Liao-toung « dans l'intérêt de la paix de l'Extrême-Orient », puis toléré les acquisitions de l'Allemagne, de la Russie, de l'Angleterre et de la France sur le territoire chinois, toujours dans l'intérêt de cette paix. En 1898, il avait été obligé, encore pour éviter la guerre, de reculer devant les États-Unis aux îles Hawaï; en 1899 de ne pas s'opposer à l'annexion des Philippines, sur lesquelles il avait nourri cependant quelques espérances durant sa campagne d'agitation et de secours en faveur des insurgés. Depuis, il avait semblé se rejeter sur une politique toute commerciale en Corée et en Chine. Il avait obtenu, par le protocole Nishi-Rosen (25 avril 1898), que la Russie s'engageât à « ne point entraver le développement des relations commerciales et industrielles entre le Japon et la Corée ». On recevait avec des bannières les étudiants coréens qui venaient au Japon. En Chine, où le marquis Ito avait fait, dès 1898, un voyage de conciliation, le Japon n'avait cessé de développer son commerce et son influence intellectuelle. La campagne de 1900, grâce à l'habileté et à la modération du Japon, n'avait pas altéré ces bonnes relations. Les vice-rois progressistes favorisaient la

propagande japonaise. Des compa    ies de navigation japonaises se fondaient sur .  Yang-tsé; on
parlait d'une banque sino-japonaise; d        truc-
teurs japonais, militaires et civils, afflu.....ent en
Chine; des étudiants chinois commençaient à venir
au Japon. Enfin, en janvier 1904, quelques jours
avant le début de la guerre, le Japon concluait avec
Pékin un traité de commerce supplémentaire.

Donc, à juger des intentions du Japon par la politique de ces dernières années, comme par les formules proclamées au début de la guerre, on pouvait
croire que Tôkyô, sans désir de conquêtes, désirait
seulement remettre en place tout ce que l'ambition
russe avait dérangé. Mais les victoires vinrent, sans
arrêt, sur mer, sur terre, et les flatteries anglo-
saxonnes, et la joie de décevoir à chaque rencontre
les prévisions des autres puissances, toujours prêtes
à imaginer des justifications spécieuses de l'échec
russe. Les Japonais, avec l'orgueil aiguisé de gens
souvent froissés naguère, jouirent immensément de
ce prestige international qu'ils gagnaient à battre
pour la première fois une des plus redoutables puissances de l'Europe. Et leurs ambitions cachées
débordèrent un peu.

D'autre part, les victoires coûtèrent cher en
hommes et en argent. De Port-Arthur, de Mandchourie, on vit revenir par milliers les malades, les
blessés. A Hiroshima, à Tôkyô, à Osaka et ailleurs,
les hôpitaux et bâtiments disponibles ne suffisaient
pas : il fallut en toute hâte construire des baraque-

ments. La situation financière, pendant toute la guerre, inquiéta. On eut de grandes difficultés à faire rentrer les impôts. Les emprunts intérieurs, que l'Empereur, les grandes familles et les banques souscrivaient pour la majeure partie, furent pour le reste difficiles à placer. Les emprunts extérieurs ne s'obtinrent qu'à de dures conditions. Il y eut une lourde exportation d'or. Et les impôts fonciers comme les impôts sur le revenu et les objets de consommation augmentant, la misère dans le peuple se fit sentir.

Donc, orgueil de la victoire, conscience de l'énormité des sacrifices en hommes et en argent, voilà les sentiments nouveaux qui agirent quand le Japon au cours de la guerre calcula les avantages à tirer de tant de gloire, et les compensations à tirer de tant de pertes.

Aussi, pour bien apprécier le prix et le sens que le peuple japonais attache à cette paix qu'il vient d'obtenir par ses traités avec la Russie, l'Angleterre et la Chine, faut-il connaître exactement ses ambitions avant et pendant la guerre.

# I

Sur la Corée, c'est moins une poussée d'ambitions neuves qu'un réveil d'ambitions anciennes. Dès l'année 200 de notre ère, la possession de la Corée fut « divinement promise » et « divinement accordée » à la fabuleuse impératrice Jingô, dont les galères innombrables, que protégeaient et dirigeaient les esprits de la mer et des airs, furent déposées par un raz de marée au rivage coréen : cette légende est enseignée comme vérité historique dans toutes les écoles japonaises[1]. Le Japon n'a jamais cessé de considérer la péninsule comme une dépendance. Sa guerre contre la Chine en 1894-1895 a été entreprise en grande partie pour achever d'arracher la Corée à l'influence chinoise et pour y assurer cette prépondérance japonaise qu'il a fallu ensuite défendre pied à pied contre les Russes.

Aussi, dès le commencement de la guerre, en dépit de la déclaration de neutralité que la Corée avait communiquée aux puissances, les Japonais, prenant le rôle de protecteurs, débarquent des troupes à Chémulpo et occupent Séoul. Le 23 février 1904, un traité vient régler cette situation.

1. Les origines du conflit Russo-Japonais, par Cl. E. Maître. (*Bulletin de l'École française d'Extrême-Orient. Janvier-juin 1904.*)

« Pour maintenir une permanente et solide amitié
entre le Japon et la Corée, et établir fermement la
paix en Extrême-Orient », le gouvernement impérial
de Corée place son entière confiance dans le gouvernement impérial du Japon; il adoptera son opinion sur les améliorations dans l'administration.
Le Japon veillera à la sécurité et au repos de la
maison impériale de Corée, et garantira définitivement l'indépendance et l'intégrité territoriale de
l'empire : au cas où elles seraient mises en danger
par l'agression d'une troisième puissance ou par
des troubles intérieurs, il prendra immédiatement
les mesures nécessaires, et le gouvernement impérial de Corée lui donnera toutes facilités pour agir.
Le Japon pourra occuper, si les circonstances le
réclament, les places stratégiques. Et les gouvernements des deux pays ne pourront, sans un
consentement mutuel, conclure avec un troisième
pouvoir aucun arrangement qui puisse être contraire à ces principes.

Tel est le traité, dont le baron Komura, ministre
des Affaires étrangères, a dit qu'il était de forme
satisfaisante et suffisante, et il ajoutait : « Tout dépend
maintenant de la manière de l'appliquer [1]. » Or, dans

1. Discours prononcé le 11 novembre 1904 chez le premier
ministre. Le professeur Nakamura, professeur à l'École des
nobles, dans la *Revue diplomatique* japonaise du 20 mars
1904, trouve que « l'indétermination des stipulations est le
caractère le plus intéressant du traité. Car, grâce à elle, il
sera possible de placer la Corée sous le protectorat du
Japon et même d'en faire une colonie japonaise.... Tout

sa forme même, on se demande ce qu'un pareil traité laisse subsister de l'intégrité territoriale et de l'indépendance de la Corée : il permet aux Japonais de contrôler l'administration, de protéger la dynastie, et il autorise l'occupation permanente du pays en cas de troubles intérieurs ou extérieurs.

Tous les actes du Japon, depuis, ne tendent qu'à en rendre obligatoire l'exécution stricte. En mars 1904, le marquis Ito, envoyé extraordinaire, va faire comprendre à l'empereur de Corée la nécessité d'adopter les réformes japonaises. Le 22 août, le gouvernement coréen promet d'engager comme conseiller financier un sujet japonais, qui donnera son avis sur toutes les questions de finances. Promesse semblable d'engager comme conseiller diplomatique un étranger recommandé par le gouvernement japo-

dépend de l'habileté de nos diplomates. » Dans le même numéro de la *Revue diplomatique*, le professeur Ariga Nagao déclare que « le traité semble caduc à cause d'une contradiction entre sa forme et son contenu. Il peut mener à des conflits, car « les Coréens, s'appuyant sur l'apparence extérieure du traité, voudront agir librement, tandis que le gouvernement japonais, s'appuyant sur le vrai contenu, voudra imposer son intervention. Pour éviter une nouvelle guerre, au cas où la Corée aurait recours à la Russie, il faut faire un pas de plus, traiter la Corée en colonie. » Dans le *Jidai Shichō*, n° 8, on lit : « Les rapports de la presqu'île coréenne avec l'empire japonais sont du même genre que les rapports entre l'Irlande et l'Angleterre. » Tous ceux qui ont voulu attaquer l'Angleterre l'ont fait par l'Irlande. D'où cette conclusion : « Nous respectons l'indépendance de la Corée, nous désirons reconnaître sa liberté d'action; mais de son indépendance, de sa liberté d'action, nous ne parlons qu'à une condition, c'est que la Corée aura absolument la même politique que l'empire japonais. »

nais ; et Séoul devra consulter Tôkyô avant de conclure aucune convention avec les puissances et de traiter aucune affaire importante, octroi de concessions ou de contrats à des étrangers.

Le conseiller financier, M. Megata, entre en fonctions. La Corée ne frappe plus de numéraire ; la monnaie japonaise est adoptée. Le Japon promet un prêt de cinq millions de *yens* pour aider au rétablissement des finances coréennes. M. Megata proteste quand le gouvernement coréen décide de consacrer un million de yens à l'enterrement de la princesse héritière. Le ministre japonais à Séoul recommande à la Corée de réduire ses forces de terre. Le pays est occupé par des troupes japonaises qui y déclarent la loi martiale. Les chemins de fer Fusan-Séoul et Séoul-Wiju sont construits par des Japonais, et ils aident à la diffusion de la langue. Dans les écoles, on pousse à l'étude du japonais. Du Japon, on envoie des instituteurs et l'on cherche à leur faire donner une subvention par les Coréens : on veut « remplacer au plus vite le coréen par le japonais, et faire que le traité s'étende à tout, à la civilisation, aux mœurs.... Japoniser pour civiliser, c'est le bonheur de la Corée et celui de l'Orient[1]. »

1. *Revue officielle de la Société d'éducation du Japon (Kyoïku Kôho)*, 15 mars 1904 : « Aujourd'hui nous devons nous préparer à être les guides de l'Orient. Nous devons nous préparer à l'éducation littéraire et militaire de la Chine et de la Corée, y établir des écoles primaires, secondaires, supérieures et nous disposer à y envoyer des instituteurs. Nous devons supporter la moitié des dépenses. »

L'opinion japonaise trouve encore que l'action de
son gouvernement est vacillante, trop soucieuse de
respecter les formules d'intégrité et d'indépendance.
En effet, le gouvernement coréen rejette les demandes de concessions de terres non cultivées. En cette
contrée agricole (quatre-vingt-dix pour cent des
exportations coréennes consistent en produits de
la terre), des compagnies japonaises qui s'occupaient d'agriculture n'ont pas réussi, et il leur
sera difficile de réussir tant que les Coréens leur
refuseront le droit de posséder le sol. Les Japonais,
qui ne se sentent pas aimés, insistent donc pour que
leur gouvernement, sans se laisser arrêter par des
scrupules, revendique les devoirs et responsabilités
d'un protectorat sur la Corée. A la fin d'octobre
1904, les progressistes[1] publient un manifeste ré-
clamant l'envoi à Séoul de commissaires-plénipoten-
tiaires, avec autorité de surveiller et de réformer la
politique et l'administration de l'empire : par un
développement de la police et une amélioration du
système monétaire, il faut donner aux étrangers

1. Les progressistes (*Shimpoto* ou *Kensei-honto*) et les
constitutionnels (*Seiyu-kaï*) sont les deux grands partis de
la Chambre des représentants. Avant l'ouverture du Parlement japonais, ils se partagent toutes les places importantes du bureau. Dans sa réunion générale du 26 novembre
1904, le parti constitutionnel (*Seiyu-kaï*) avait aussi émis le
vœu que le Japon établit son protectorat en Corée. A l'ouverture de la Diète (décembre 1904) les deux partis récla=
maient du gouvernement l'exécution de tout le *programme
post-bellum*. Les *Seiyu-Kaï* sont maintenant au pouvoir. Leur
chef, le marquis Saionji, est premier ministre.

toute sécurité et facilité pour commercer et pour placer leurs capitaux.

La grande objection des progressistes à la convention du mois d'août est qu'elle oblige sans doute les Coréens à accepter les avis de conseillers financiers et diplomatiques, mais qu'elle ne fournit aucun moyen de coercition, au cas où les autorités coréennes négligeraient de suivre ces avis. Les progressistes voudraient que, de ce traité d'amitié, sortît un protectorat efficace, comme celui de l'Angleterre en Égypte, de la France en Annam. Dans un projet publié par la Société Orientale *Tobo Kyôkaï*[1], le premier article déclare que la Corée devient un pays

1. La *Tobo Kyôkaï* (Société Orientale) « a pour objet — une note en sous-titre dans tous les numéros du Bulletin de la Société l'explique — de travailler à assurer la *paix de l'Orient* et à développer la civilisation ». Comme cette Société joue un rôle important dans la politique japonaise en Extrême-Orient et que nous aurons souvent à en citer les opinions, il importe de savoir que ses principaux membres sont d'anciens ministres, des membres du Parlement, de hauts fonctionnaires : le marquis Kuroda, du conseil privé, ancien premier ministre; le vicomte Watanabe Kunitake, ancien ministre des Finances; Osaki Yukio, ancien ministre, député, maire de Tôkyô; Inukai, ancien ministre de l'Instruction publique; Aoki Schuzo, ancien ministre des Affaires étrangères, ancien ministre à Berlin; le prince Shimazu; Takata, directeur de l'Université Waseda (fondation du comte Okuma); le baron Kaneko Kentaro, le vicomte Soga, le prince Nijo, l'amiral Isobé Motohiro, membres de la Chambre des pairs; des journalistes très influents comme Hara Kei, ancien ministre du *Mainichi* d'Osaka, et Asa Hina, directeur du *Nitchi Nitchi-Shimbun*, journal semi-officiel; des financiers comme le baron Shibusawa et Hayakawa, administrateurs de la maison Mitsui; des professeurs : Tomizu, Nakamura, Taguchi, Yamada, etc.; Takakusu, l'orientaliste le plus connu du Japon, directeur de

uni au Japon; les affaires intérieures et extérieures
seront réglées par la même autorité. « L'intégrité et
l'indépendance de la Corée ne sont pas des questions
qui n'importent qu'à son existence ou à sa chute :
elles constituent un grave problème pour la sécurité
des pays orientaux. » Étant donnée l'anarchie politique du pays, « si on l'abandonne en l'état actuel,
c'est sottement inciter les menées des autres peuples, et cela revient à créer, de nouveau, des dan-
gers extérieurs et intérieurs. C'est pourquoi notre
système actuel consiste à développer le traité conclu
et à le transformer en traité d'union et de gouvernement commun, de telle façon que la politique intérieure et extérieure de la Corée soit confiée au Japon.
C'est le seul moyen d'assurer la paix de l'Orient ».

Cette trop ingénieuse interprétation des promesses données au monde relativement à la Corée
inquiétait un peu le gouvernement, pendant la guerre,
qui se sentait observé au dehors par des critiques
peu indulgents. Il prévoyait, en cas d'annexion dis-
simulée, l'opposition non seulement de l'Europe
continentale, mais de l'Angleterre et surtout des
États-Unis. Les puissances lui rappelleraient ses
promesses désintéressées : au contraire de la Russie
absorbant la Mandchourie et la fermant au com-

l'École des langues étrangères; Tsùji, président de la Société
d'éducation du Japon, ancien vice-ministre de l'Instruction
publique; Megata, actuellement conseiller japonais des
finances en Corée; Koga, juge à la Cour suprême, etc., etc.
Parmi les membres ayant versé leurs cotisations, on relève
l'État-major et l'École militaire, etc., etc.

merce du monde, le Japon ne faisait la guerre que pour l'indépendance de la Corée, pour l'intégrité de la Chine. De tels engagements, même pris avec l'idée de ne pas les tenir, gênent toujours quand on est obligé de passer aux actes. Certains Japonais estimaient qu'il faudrait en douceur préparer le monde à cette volte-face :

Il est grand temps, disait un écrivain japonais, que le Japon cesse de se faire passer pour un grand héros moral, un Confucius ou un Jésus-Christ, engagé dans une guerre sainte, sans vues intéressées. Quelques-uns de ses actes et beaucoup des mesures qu'il projette ne s'accordent pas avec ce sublime idéal. Dire que l'on veut une chose et faire juste le contraire, voilà ce que nous devrions éviter. Si nous avons l'intention de prendre des territoires, prenons-les ouvertement. Nous avons besoin de modifier un peu notre langage diplomatique. Il vaut mieux ne pas constamment invoquer la pitié, le droit et la moralité[1].

Après la bataille de Moukden (mars 1905) qui chassait les Russes de la Mandchourie méridionale, l'influence japonaise en Corée fut désormais incontestable et put s'imposer au pays, comme elle l'avait souhaité. La Russie et l'Angleterre, par traités, ont reconnu que le Japon y avait des intérêts politiques, militaires, économiques prépondérants, et par conséquent des droits de direction, de contrôle, de protection. Dès le 17 novembre, le marquis Ito obtient

1. N° 315 du *Tōyō Keizai Shimpō*. Article intitulé « Cessons de prendre des airs de héros moral en diplomatie ».

de l'empereur de Corée que la direction des affaires
étrangères coréennes soit transférée au Japon et
que les représentants diplomatiques et consulaires
du Japon soient chargés de la protection des sujets
et intérêts coréens à l'étranger. Les traités existant
entre la Corée et les autres puissances sont garantis
par le Japon, et c'est seulement par son entremise
que la Corée peut en conclure de nouveaux.

Même au temps où elle reconnaissait la suzeraineté de la Chine, la Corée avait conservé la direction
de ses affaires étrangères. L'Empereur protesta
contre la suppression de sa souveraineté. Les ministres coréens en appelèrent aux gouvernements
étrangers. Les États-Unis répondirent qu'ils avaient
déjà rappelé leur ministre à Séoul et qu'ils trai-
teraient d'affaires diplomatiques avec la Corée à
Tôkyô. Les autres puissances feront de même, ne
gardant que des consulats généraux à Chémulpo.
Le Japon est le protecteur de la Corée : officiers,
sous-officiers, fonctionnaires civils coréens sont sup-
primés en grand nombre.

Mais pour ne pas tout à fait oublier la formule si souvent proclamée, au début de la guerre,
que l'indépendance et l'intégrité territoriale seraient respectées, tout le mécanisme administratif
reste soumis en apparence à l'autorité de l'empereur de Corée; la sécurité et le prestige de la
maison impériale sont garantis par un représentant spécial de l'empereur du Japon, un résident
général domicilié à Séoul, ayant le droit d'audience

particulière et personnelle avec l'empereur de Corée. Le gouvernement japonais aura également le droit d'établir des résidents dans les divers ports ouverts et sur tous les points du territoire coréen où il le jugera nécessaire. En tête du traité se trouve cette phrase : « Les stipulations suivantes serviront jusqu'au moment où l'on constatera que la Corée a reconstitué ses forces naturelles. » Le marquis Ito, l'illustre homme d'état japonais, nommé résident général, en s'adressant à des journalistes de Séoul, ajoutait que le Japon lui-même désirait absolument le retour de l'état de choses ancien.

Néanmoins les Coréens sentirent que c'en était fait de ce qui leur restait d'indépendance. L'Empereur dut signer le traité, les ministres et les hauts fonctionnaires qui lui adressaient des requêtes pour qu'il le répudiât, furent chassés par des gendarmes japonais. Il semble que les japonais officiels aient accompli une sorte de coup d'état pour imposer leur protectorat. Mais le marquis Ito a fait entendre des paroles de paix : « L'attitude des résidents Japonais à l'égard des Coréens a été jusqu'ici sujette à critique ; les Coréens ne sont pas barbares et méritent qu'on tienne compte de leur civilisation. D'aucuns disent que le Japon après ses victoires peut faire ce qu'il veut en Corée. Telle n'est pas notre politique. Il est facile de conquérir la Corée et de terroriser les Coréens ; ce serait là désarmer un enfant ; mais si nous espérons obtenir un bonheur durable en Corée, nous ne devons pas la contraindre... Les yeux de l'Univers sont concentrés sur le Japon, et par cela même sa responsabilité est augmentée. »

Intentions humaines, prudentes aussi. Les Japonais ont l'exemple de Formose, de l'échec de leur colonisation compromise par la brutalité et la cupidité des fonctionnaires et des résidents japonais. La question coréenne au cas où les Japonais seraient incapables d'assurer la tranquillité et la prospérité du pays pourrait renaître comme cause de discorde entre la Chine ou toute autre puissance occidentale et le Japon. « Toutes les guerres que nous eûmes dans le passé, dit le marquis Ito, furent causées par ce pays. »

Actuellement c'est la satisfaction d'avoir résolu une très vieille question qui domine : « Le Japon qui s'est occupé de la Corée depuis le règne de notre grande impératrice Jingô a enfin résolu le problème. » Il semble que la Corée ne doive plus troubler la paix permanente de l'Extrême-Orient, son indépendance et son intégrité territoriale étant sauvegardées par le Japon contre les appétits étrangers.

## II

Le problème coréen n'est qu'une pièce d'un système beaucoup plus vaste sur la paix de l'Extrême-Orient. On a trop cru en Europe, et même en Russie pendant les négociations qui précédèrent la guerre que les ambitions du Japon pourraient être satisfaites par des concessions en Corée. Si les Japonais se sont opposés à l'occupation de la Mandchourie par les Russes, c'est sous le prétexte que cette occupation était une menace constante à l'indépendance de la Corée. Mais là n'était pas la vraie raison de leur insistance. Le 11 novembre 1904 le ministre des Affaires étrangères, le baron Komura, dans une réunion chez le Premier ministre, à laquelle assistaient les principaux chefs des partis parlementaires, demandait la permission de ne pas s'expliquer sur les projets japonais en Mandchourie : « Toute explication sur ce sujet serait assurément saisie par les étrangers et deviendrait un thème de discussion, ce qu'il faut éviter actuellement. »

Néanmoins, il suffisait de suivre, dans les journaux japonais et surtout dans certaines revues spéciales, la marche de l'opinion pour être convaincu que des plans très vastes sur la mission du Japon en Extrême-Orient avaient été repris avec une vigueur toute neuve. La collection des publications de la *Tobo Kyokaï* prouve que dès 1895 ces plans sont très nets. Dans un article sur le « Renouvellement de l'Extrême-Orient[1] », M. Kawasaki dit alors : « Le jour approche où la voix du Japon dominera l'Extrême-Orient ; mais, pour assurer la paix de l'Extrême-Orient avec une Chine faible et vaincue, il faut avant tout — et c'est le devoir principal des Japonais — rendre impossible l'intervention des Européens et leur occupation à long terme des territoires chinois. Les Japonais doivent et pour longtemps s'emparer de certains territoires chinois. » Malheureusement, en 1895, la Russie, la France et l'Allemagne, défendant l'intégrité de l'empire chinois, invitèrent le Japon à évacuer la péninsule du Liao-toung. Seulement, lorsqu'en 1898 la Russie s'installe elle-même dans la presqu'île de Liao-toung, les rôles changent, et le Japon ainsi joué devient tout naturellement contre la Russie et l'Europe, qui se nantissaient de territoires, le défenseur de l'intégrité chinoise.

Dans un discours récent[2] à la Société coréo-mandchourienne, le comte Okuma rappelait un discours qu'il avait prononcé en 1897 devant la *Tobo Kyokaï*, et un autre prononcé en 1898. Ses idées n'ont pas varié. Il protestait alors, comme maintenant, contre

1. Numéro de janvier 1895.
2. 23 octobre 1901. Le comte Okuma est depuis longtemps le leader du grand parti progressiste (*Shimpoto*); plusieurs fois au pouvoir comme ministre des Affaires étrangères et

la politique des sphères d'influence : « Quand j'étais
au ministère en 1898, on parlait beaucoup du partage
de la Chine. Pour moi, j'ai toujours tenu pour l'intégrité de la Chine, et j'ai toujours poussé à ce que
nous encouragions la Chine à ne pas se laisser dé-
truire. La politique des sphères d'influence fut inau-
gurée en Afrique. Mais la Chine est un pays de
quatre cents millions d'habitants : il diffère trop de
l'Afrique pour qu'on y puisse faire de telles stupi-
dités. » Tout de même « la Chine est malade. Qui
doit la guérir? Une seule puissance est capable
d'initier la Chine à la civilisation occidentale, de la
ressusciter, une seule : le Japon ».

Telle est la thèse, vraiment populaire et nationale,
que l'on retrouve exposée partout. Comment, après
la victoire sur le Russe, appliquer ce principe de
l'intégrité chinoise à la question mandchourienne ?
Le professeur Tomizu[1], dans un article de la *Revue
diplomatique* (30 octobre 1904), sur « la suprématie
en Asie orientale », proposait cette solution :

Une révolution dans les idées se prépare en Chine.
La guerre de 1894-95 a révélé à la Chine combien elle
était en retard pour les sciences modernes et la civilisation occidentale. L'échec des Boxers dans le nord a

comme Premier ministre, il a été le fondateur de la grande
Université libre Waseda et de l'école secondaire adjointe.
Il a une grande influence sur la jeunesse.

1. Le professeur Tomizu, professeur de droit international à l'Université de Tôkyô, a beaucoup fait pour préparer la guerre contre la Russie. La citation qui suit n'est
qu'un abrégé de son article qui est très prolixe.

fait sentir aux Chinois intelligents la nécessité d'étudier les sciences et surtout leurs applications à l'armement. Et le résultat a été l'essor du *Nouveau Savoir*, qui peut produire des changements inattendus dans la politique chinoise. Les Chinois, quand ils auront acquis de nouvelles connaissances, ne pourront plus vivre sous le gouvernement actuel. Ils voudront adopter des institutions plus libres, créer un gouvernement civilisé. Actuellement, dans le sud de la Chine, les mécontents sont nombreux. L'année dernière, Kang-Yeou-Weï et d'autres ont essayé une révolution. Le Kouang-si s'agite. Il faudra que le gouvernement chinois se conforme au changement des idées du peuple. S'il aide à la diffusion du *Nouveau Savoir* et s'il manque des moyens de s'y adapter, le mouvement révolutionnaire renversera la dynastie. Si le gouvernement, au contraire, écarte les sciences modernes, il n'aura plus le moyen de remédier à la faiblesse de la Chine : elle sera détruite par les nations étrangères.

Il y a donc danger pour lui à aider cette diffusion du *Nouveau Savoir*, et danger à l'entraver. *La Cour de Chine est réduite à choisir l'un ou l'autre.* Le Japon a eu à passer par la même difficulté au moment de la Restauration; mais les puissances européennes étaient alors moins fortes en Extrême-Orient. La Chine, aujourd'hui, semble avoir perdu l'occasion de devenir une grande puissance. Dès lors, l'intérêt du Japon est d'obtenir sur le continent un territoire touchant celui de la Chine. Pour le dire clairement, si nous rendons la Mandchourie à la Chine, il faut qu'en fait elle devienne possession japonaise....

Si la Mandchourie devient possession japonaise, et que plus tard s'élèvent des troubles dans l'intérieur de la Chine, le Japon pourra les apaiser immédiatement. Or la possibilité d'un mouvement en Chine est immédiate, et tout de suite il éveillera les ambitions des

nations étrangères ; aussi le Japon doit-il être résolu,
si les circonstances l'exigent, à faire entrer son armée
en Chine.... Cette Chine est un pays étonnant : chaque
fois que la dynastie change, elle devient puissante;
puis, après quelques générations, elle devient faible[1].
C'est un pays facile à gouverner. En faisant ce que les
Chinois appellent de la « politique de roi », n'importe
quel étranger peut gouverner. Si donc, forcé par les
circonstances, le Japon s'empare de la Chine, il ne lui
sera pas difficile de la tenir. La longueur même de la
guerre actuelle peut avoir des avantages. Pendant le
temps où son armée restera en Mandchourie, le Japon
nouera des relations amicales avec le peuple, établira
un gouvernement militaire, protégera l'agriculture,
recueillera les impôts, etc., qui lui permettront d'y
maintenir une grande armée sans grands frais et de
préparer le terrain pour une future prise de possession
réelle. L'armée occupe précisément la partie riche de

1. Cette instabilité des dynasties chinoises est un fait sur
lequel ont beaucoup insisté tous les Japonais qui ont
prêché, dès le xviii° siècle, un retour aux origines nationales
et un réveil du pur Shintoïsme, qu'avaient supplanté ou méta-
morphosé des philosophies étrangères comme le bouddhisme
et le confucianisme. « En quoi consiste la valeur d'une
règle de conduite? se demande Mabuchi. En ce qu'elle
conduit au bon ordre de l'État. » Or, tandis que les Chinois
en perpétuelle révolte ont été gouvernés par une succession
de dynasties, le Japon est resté fidèle à une lignée ininter-
rompue de souverains. Toute dynastie chinoise était fondée
sur la rébellion et le parricide. Et Mabuchi ajoute : Une
philosophie qui a produit de tels effets doit être fondée
sur un système faux. » *Satow. The Revival of pure Shintô.
Transactions of the Asiatic Society of Japon*, 1885, p. 13. Cet
argument, familier à une école qui a tant aidé à la restauration impériale au Japon, reparaît donc ici. Le Gouvernement impérial du Japon peut et doit songer à se mêler des
affaires de la dynastie mandchoue, parce qu'il est nécessaire qu'en cas de heurt le stable déplace l'instable.

la Mandchourie. Il serait absurde, après y avoir dépensé tant de vies et tant d'argent, de la rendre à la Chine sans indemnité. Mais, avec ou sans indemnité, il est convenable de ne la rendre que de nom : si les Japonais n'avaient pas combattu les Russes, les Russes auraient gardé la Mandchourie de fait et de nom.

Voilà qui est clair : le Japon ayant abattu la puissance russe en Extrême-Orient, plus précisément en Mandchourie et dans la Chine du nord, doit hériter de toute l'ambition russe. La Russie, par son chemin de fer et son armée, surveillait Pékin, . protégeait la dynastie mandchoue. C'est le Japon qui possédera la Mandchourie et qui aura l'influence à Pékin. Dans un article, publié en juillet 1904 dans le *Taiyô*, par ce même professeur Tomizu, « pour proposer des sujets de réflexion à ceux qui ont charge de négocier la paix et donner des points de repère à notre peuple et aux étrangers », sont détaillées les diverses conditions de la future paix : reddition nominale de la Mandchourie à la Chine; le chemin de fer de l'Est-Chinois cédé au gouvernement japonais; ouverture du pays au commerce du monde et à l'immigration, chinoise naturellement (les Chinois sont déjà venus en grand nombre du Chan-tong), mais japonaise aussi et européenne : « Les Européens et les Américains y apporteront de grands capitaux, se livreront activement au commerce et à l'industrie, et cela aura les mêmes effets qu'une importation de gros capitaux dans une possession réelle du Japon. »

Il faut donc respecter le titre de propriété de la Chine. L'essentiel est de jouir de la prospérité de ce pays, de développer ses sources de richesses, ou, si quelque événement en rend nécessaire la possession effective, ce ne sera pas le Japon qui, de lui-même, parce qu'il le désirait, aura pris cette terre chinoise, mais une excitation extérieure l'y contraindra. Seulement, dès aujourd'hui, pour posséder le chemin de fer de l'Est-Chinois, il faut que, succédant à la Russie, le Japon reçoive à bail la presqu'île de Liaotoung avec Dalny et Port-Arthur. Mêmes demandes dans le *Bulletin* de la *Tobo Kyôkaï* du 20 août 1904 : « C'est la faiblesse de la Chine qui a fait en partie l'ambition russe. C'est pourquoi il faut qu'une entente avec la Chine intervienne après la guerre au sujet de la Mandchourie. Il faut prévoir des préparatifs militaires. Et même il faut que l'administration civile soit placée sous la surveillance du Japon. » Tel est aussi l'avis du comte Okuma[1] :

Qu'est-ce que le gouvernement japonais va faire de la Mandchourie? Ceci est une question entre le Japon et la Chine, et non entre le Japon et la Russie[2]. La Mandchourie est immense, son territoire est environ le double de celui du Japon, et cependant la population

----

1. Discours prononcé à la Société coréo-mandchourienne, 25 octobre 1904.

2. La Chine ayant demandé à envoyer des plénipotentiaires aux conférences de Portsmouth, le Japon refusa. Il préférait sauvegarder seul les intérêts de Pékin contre la Russie pendant les conférences comme pendant la guerre, et, après seulement, entrer en négociations directes avec la Chine.

y est rare et le développement économique encore dans
l'enfance[1]. La raison en est dans une mauvaise administration et dans un manque de sécurité. Si on rend
la Mandchourie à la Chine dans ces conditions, Pékin
sera-t-il capable de la gouverner? S'il n'en est pas capable, le désordre appellera finalement une intervention étrangère, et de là sortiront beaucoup de malheurs,
une atteinte nouvelle à la paix de l'Extrême-Orient.
Comme on l'a répété souvent, le Japon doit, par bien-
veillance, rendre la Mandchourie à la Chine, mais sous
beaucoup de conditions.

Telle est bien l'idée que presque tous les Japonais
adoptèrent. Justifiée encore par des professeurs de
l'Université de Tòkyò comme MM. Nakamura[2] et
Takahashi, on la trouvait exposée dans les journaux
et dans les nombreuses publications populaires.

En Corée où, nominalement, le Japon luttait pour

1. On publie une grande quantité de guides de Mandchourie, destinés à la propagande, tel ce *Guide de Mandchourie* avec le sous-titre : « Mandchourie, le grenier de
l'Orient », publié par la revue *Le Japon industriel et commercial*; préface du comte Okuma. Voici la dernière phrase :
« Il faut que le peuple soit prêt à se livrer aux travaux de
la paix en suivant pas à pas la marche des armées. » Pendant la guerre la *Yokohama Specie Bank* ouvrit des succursales à Dalny et Liao-Yang.

2. Le docteur Nakamura, professeur à l'École des nobles.
— dans la *Revue diplomatique*, 21 juin 1904, sur la solution
de la question mandchourienne. — prouve que la Mandchourie, tirée des mains des Russes, ne peut être aban-
donnée à la Chine : « Les causes profondes pour lesquelles
nous faisons la guerre à la Russie se reproduiraient avec
les désordres. » Il est dangereux également de neutraliser
la Mandchourie : qui protégerait cette neutralité contre l'ambition russe? « Il n'y a pas d'autre solution de la question
mandchourienne qu'une possession de longue durée par le

l'indépendance et pour l'intégrité territoriale, tous ses actes, pratiquement, tendent à l'annexion. En Mandchourie, nominalement, le Japon luttait pour l'intégrité de la Chine; pratiquement, ses projets considèrent déjà cette terre chinoise comme une possession japonaise. Et tout cela pour le maintien d'une paix durable en Extrême-Orient! On part du principe que les conditions de la Corée et de la Chine sont telles que, sans une protection efficace du Japon, les étrangers trouveraient bientôt prétexte à intervention, et l'on arrive à cette conclusion paradoxale : il faut prendre la Corée aux Coréens pour sauvegarder l'intégrité et l'indépendance de la Corée, il faut prendre la Mandchourie aux Chinois pour sauvegarder l'intégrité de la Chine contre les étrangers.

La situation de la Mandchourie après la guerre a été réglée par le traité Russo-Japonais et le traité Sino-Japonais. Le traité Anglo-Japonais ne parle pas de la Mandchourie.

Japon. « Dans le numéro du 20 septembre, M. Nakamura reproduit une critique de son article parue dans un journal chinois : « Notre territoire de Mandchourie sort de la bouche des Russes, mais il entre dans le ventre des Japonais. » Et il reprend : « La Chine croit-elle avoir, à elle seule, la force de maintenir la paix en Mandchourie?... Notre thèse, en admettant que la Mandchourie reste sous l'autorité suprême de la Chine, ne porte aucune atteinte à l'intégrité de la Chine, et nous ne nous refuserons pas à reconnaître l'autorité du gouvernement chinois le jour où la Chine aura la force de gouverner elle-même la Mandchourie. »

Le premier article concernant la Mandchourie dans le traité Russo-Japonais contient l'engagement mutuel du Japon et de la Russie « d'évacuer complètement et simultanément la Mandchourie, de rétrocéder entièrement et complètement à l'administration de la Chine toutes les parties de la Mandchourie actuellement occupées ». Nominalement, la Mandchourie est donc rendue à la Chine, mais une clause annexée au traité ne prévoit le retrait simultané des troupes russes et japonaises que dans un délai de dix-huit mois (à partir de la signature du traité, 5 septembre). De plus, ce retrait ne sera pas absolu, car pour la garde du chemin de fer on doit laisser, aussi bien du côté russe que du côté japonais, un contingent de quinze soldats par kilomètre. Multipliez ces quinze soldats par le nombre de kilomètres de la ligne, ajoutez les troupes montantes et descendantes qui assureront la relève, et vous aurez une sérieuse armée. Voilà donc la souveraineté et l'intégrité de la Chine en Mandchourie proclamées — de fait sérieusement limitées — tout comme avant la guerre lorsque les troupes russes gardaient aussi le chemin de fer.

Cependant, l'art. 2 de l'accord qui suit le traité Sino-Japonais, dit : « Étant donné le désir sincère que le gouvernement impérial chinois a exprimé de voir retirer les troupes et gardes du chemin de fer japonais et russe, aussitôt que possible... le gouvernement japonais, dans le cas où la Russie accepterait le départ de ses gardes de chemin de fer ou bien dans le cas où d'autres mesures convenables seraient acceptées d'un commun accord entre la Chine et la Russie, consent à prendre des mesures analogues. » La promesse est adroite. Le Japon paraît tout disposé à déférer au désir de la Chine. Les Japonais en Chine cherchent toujours à inspirer confiance; déjà, en 1900, alors qu'ils marchaient avec les troupes européennes, ils surent se faire pardonner par les Chinois leur intervention, se montrer modérés dans leurs réclamations pécuniaires; de même pendant la campagne de Mandchourie, ils témoignèrent des égards à la population, se rappelant, selon les paroles du général Kuroki « qu'ils combattaient leurs ennemis dans le pays de leurs amis ».

Mais cette promesse de retirer les gardes de chemin de fer n'est que conditionnelle; tant que la Russie n'aura pas consenti le même avantage à la Chine, le Japon ne s'engage à rien. Or, le traité Russo-Chinois n'est pas encore publié et il est à présumer que la Russie entend n'accorder cet avantage à la Chine qu'à condition que la Chine lui consentira d'autres avantages : concessions minières ou privilèges commerciaux au Turkestan, en Mongolie. Au surplus, l'accord se termine par la déclaration que le retrait des gardes japonais et russes du chemin de fer se fera « une fois que la tranquillité sera rétablie en Mandchourie et que la Chine sera elle-même en mesure d'accorder pleine protection aux personnes et aux biens des étrangers ». Supposer une Mandchourie parfaitement sûre, sans brigands, surveillée par

une bonne armée de réguliers Chinois, c'est sans
doute penser que la date de l'évacuation définitive
n'est pas prochaine. Le Japon, en dépit de ses concessions de forme, paraît donc retenir pour longtemps encore un contrôle militaire de la Mandchourie.

La Russie transfère au Japon le bail de Port-Arthur
et du territoire adjacent, les eaux territoriales et
tous les droits, privilèges et concessions inclus dans
le bail avec tous les travaux publics et propriétés;
elle transfère aussi au Japon sans compensation la
voie ferrée entre Kouan-Chang-Tsou et Port-Arthur
avec tous ses embranchements; elle transfère enfin
tous les droits, privilèges et propriétés qui s'y ratta-
chent dans cette région, y compris les mines de charbon appartenant à la voie ferrée.

Le gouvernement chinois accepte tous ces transferts et assignements.

Le Japon et la Russie ne s'opposent pas aux mesures communes à toutes les puissances que la Chine
pourra prendre pour le développement du commerce
et de l'industrie en Mandchourie; la Chine promet,
aussitôt que les troupes russes et chinoises auront
évacué le pays, d'ouvrir comme places de commerce
et de résidence internationales les villes mandchouriennes suivantes : (Province de Chin-King): Toung
Hoang-Tcheng, Liao-Yang, Sin-Min-Ting, Tiéline,
Toung-Kiang-Tsou et Takoumen. (Province de Girine) : Kouang-Tcheng-Tsou, Girine, Kharbine, Nin-
goula, Houn-Tchoun, San-Sing. (Province de Hé-

Loung-Kiong) : Tsitsikar, Khaïlar, Aïgoun et Man-
chuli.

Quant aux voies ferrées qui eurent une si grande
influence sur les destinées mandchouriennes, le
Japon et la Russie s'engagent à les exploiter commercialement; pour faciliter le trafic, ils conclu-
ront une convention distincte pour le fonctionnement parallèle des services. Le transmandchourien
restera donc une voie de trafic international. Le
traité Sino-Japonais prévoit les moyens de le raccorder vers l'Ouest avec les lignes chinoises et
vers l'Est avec les lignes japonaises de Corée.
La Chine, en effet, reconnaît au Japon le droit de
maintenir et exploiter la ligne de chemin de fer
militaire construite entre Antoung et Moukden et
de l'améliorer de façon qu'elle puisse servir à transporter les marchandises de toutes les nations. Ce
droit est concédé pour un terme de quinze ans à
partir de la date où les améliorations auront été
achevées (d'ici trois années). A l'expiration de ce
terme, ce chemin de fer doit être vendu à la Chine
au prix évalué par un expert étranger choisi par les
deux parties.

Ces accords relatifs à la Mandchourie répondent à
l'attente de l'opinion japonaise. Il faut — disait-elle
— que le Japon, comme naguère la Russie, contrôle
la Mandchourie, pour surveiller Pékin. Or la Mandchourie méridionale est surveillée par les soldats
japonais qui gardent le chemin de fer, et le raccordement du transcoréen aux chemins de fer de

la Chine du Nord par la ligne Antoung-Moukden permettra au Japon d'y envoyer des troupes très rapidement en cas de besoin. Le droit qu'a la Chine — disait encore l'opinion japonaise — de garder la Mandchourie n'est qu'un mot tant qu'il ne s'appuie pas sur une force réelle. Or, le Japon n'évacuera complètement la Mandchourie que le jour seulement où la Chine aura la force de la défendre contre l'étranger et d'y assurer l'ordre. La Mandchourie enfin doit pourvoir le Japon de matières premières et lui acheter des articles manufacturés. L'ouverture de nouveaux centres au trafic international, le traitement de la nation la plus favorisée, la possession de la presqu'île du Liao-Toung et du chemin de fer préparent l'expansion économique du Japon.

*<br>* *

Mais pendant la guerre, la paix, de l'Extrême-Orient réclamait davantage. « Le principe du traité, disait-on, devra être : supprimer toute cause de troubles en Extrême-Orient. Il faut que la Russie ne soit plus une puissance bordière du Pacifique ou du moins qu'elle n'y possède plus de base navale. Elle doit abandonner non seulement la Mandchourie, mais aussi Vladivostok. Il est très dangereux, pour la tranquillité des mers de Chine et du Japon, qu'il soit possible à l'avenir de réunir à Vladivostok une flotte puissante. » Par droit de conquête le Japon devait se faire céder aussi l'île Sakhaline et les Provinces maritimes[1]. Pour l'île Sakhaline, c'est une simple réparation d'abus de confiance et de force, que les Russes autrefois ont commis, et quant aux Provinces maritimes, elles sont nécessaires pour assurer aux pêcheurs japonais le privilège de ces riches mers du Nord[2]. Reste la Sibérie.... Le comte Okuma[3] n'insiste pas sur une réclamation de territoires en Sibérie. L'essentiel, c'est que le Japon possède le chemin de fer de l'Est-Chinois et la ligne transsibérienne aboutissant à Vladivostok.

La *Tobo Kyōkaï*[4] et le professeur Tomizu[5] étaient plus exigeants : la Russie doit céder au Japon toute la Sibérie à l'est du 100ᵉ de longitude, c'est-à-dire à l'est du Baïkal. Il faut « couper le mal à sa racine », « abattre l'esprit de malheur de la Russie », en la repoussant jusqu'à l'Iénisséi ou, tout au moins, jusqu'à la Léna. On autorisera le pays transbaïkalien à se gouverner lui-même, sous l'autorité suprême de l'empereur du Japon : un *self government* sur le modèle canadien ou australien, les questions militaires et diplomatiques restant sous le contrôle japonais. On favoriserait une immigration russe, japonaise, chinoise, juive, etc. Peu à peu, l'intérêt de toutes les nations s'attacherait à ce jeune État qui

1. Discours du comte Okuma, 25 octobre 1904.
2. Professeur Tomizu, *Taiyō*, juillet 1904.
3. Discours du 25 octobre 1904.
4. Bulletin du 20 août 1905.
5. *Taiyō*, juillet 1904.

ne serait pas exclusivement japonais, mais qui barrerait la route à une tentative de revanche russe. Le système des Russes est de fermer l'entrée des pays qu'ils absorbent, d'en accaparer tous les avantages. Le système japonais, au contraire, tendrait à créer de nouvelles occasions de profit pour tout le monde. La Russie céderait donc au Japon toute la ligne du Transsibérien (à partir de l'Obi), et le Japon en ferait une œuvre internationale, une ligne de communication mondiale, et non plus seulement d'intérêt stratégique.

Il faut se rappeler ces conditions de paix présentées pendant des mois à l'opinion japonaise par des hommes considérables pour comprendre la déception éprouvée par une partie du peuple lors de la publication des conditions réelles du traité [1]. Au vrai, plusieurs d'entre elles sont assurées. La Russie cède au Japon à perpétuité et en toute souveraineté la partie méridionale de l'île Sakhaline, toutes les îles adjacentes ainsi que les travaux publics et les propriétés qui s'y trouvent. Sans doute Russes et Japonais s'engagent à ne prendre aucune mesure militaire de nature à entraver la libre navigation du détroit de la Pérouse. Il n'importe ; maître du sud de l'île

---

1. Le parti progressiste (Shimpoto), parti dirigé par le comte Okuma, a été unanime à protester contre le traité. Les Seiyu-Kaï, parti dirigé par le marquis Saionji, maintenant au pouvoir, était divisé. A noter aussi parmi les mémoires présentés à l'Empereur contre la paix, celui de six professeurs d'Université (dont Nakamura, Tomizu, que nous avons cités).

Sakhaline, le Japon surveille les côtes des provinces méridionales de la Sibérie. Il commande ainsi le détroit de la Pérouse qui, avec le détroit de Corée qu'il contrôle également, sont les deux seuls débouchés de la mer du Japon sur le Pacifique. Vladivostock n'a plus de passage libre vers l'Océan. Précaution essentielle prise contre une nouvelle agression de l'expansion russe, qui se trouve maintenant refoulée dans la Sibérie et la Province Maritime. Enfin la Russie doit accorder aux sujets japonais des droits de pêche le long des côtes russes dans les mers du Japon, d'Okhotsk et de Bering.

# III

Pendant la guerre, cette énumération des conditions
de paix était toujours coupée par le refrain : « Le but
de cette guerre n'est pas de nous emparer de territoires, de prendre des peuples : c'est pour avoir la
paix que nous avons fait cette guerre[1] ».

Essaye-t-on d'absorber la Corée? C'est pour la paix
de l'Extrême-Orient. Projette-t-on de prendre l'île
Sakhaline, Vladivostock, la Sibérie jusqu'au Baïkal,
la presqu'île du Liaotoung, etc., et d'occuper définitivement la Mandchourie ? C'est encore pour la
paix de l'Extrême-Orient. Etrange, cette paix japonaise ! Assurément, elle signifierait, non pas une
remise en place, suivie d'un temps d'arrêt, mais un
formidable effort de reconstruction, de révolutionnaire organisation. Il est des Japonais qui déjà
réclament la reconstitution de la Chine :

Bien qu'on dise fièrement[2] que c'est pour la paix de
l'Orient que nous dépensons tant de millions, tant de
vies et que nous risquons le développement de notre
pays, nous ne sommes ni des bienfaiteurs assez fémi-
nins pour nous dépouiller de toutes nos richesses et
les donner aux autres, ni des serviteurs du passé assez

1. Comte Okuma. Dicours du 23 octobre 1901 à la Société
coréo-mandchourienne.
2. Art. du *Nihonjin*, n° 219. « L'administration de l'Asie

fidèles pour dépenser nos forces à vouloir garder absolument telles quelles toutes les institutions de l'Orient et prolonger sans raison leur existence. Si nous n'avions pas quelque chose de considérable à espérer pour nous-mêmes, pourquoi nous charger de cette énorme responsabilité? Que signifie donc cette paix de l'Extrême-Orient?

La question d'Orient, au début, c'était le partage de la Chine. Elle était de caractère destructeur. Aujourd'hui, au contraire, c'est l'intégrité de la Chine pour la paix durable de l'Orient. La question a pris un caractère constructif. D'où vient cela? C'est qu'au début on prétendait que la question d'Orient devait être résolue par les seuls Européens et Américains, les peuples étrangers à l'Orient ; maintenant, la question d'Orient doit-être résolue, les Européens et les Américains se tenant au second plan, par un empire qui s'est dressé dans un coin de l'Orient, le Japon. La paix de l'Orient exige que, par une union des Orientaux, sous l'influence transformatrice du Japon, un grand empire se forme sur le continent extrême-asiatique, si bien que militairement, politiquement, financièrement, les caprices et les violences des Européens et des Américains ne soient plus possibles, mais que les Orientaux eux-mêmes assurent l'ordre en toutes choses.

L'action du Japon, depuis la Restauration, a toujours été dirigée en ce sens. Maintenant, nous ne permettrons plus les injures ou les violences des étrangers. S'ils veulent considérer ces territoires comme l'Inde ou

orientale par le Japon. » Publication hebdomadaire du *Nihon*, journal conservateur, assez anti-étranger, s'adressant aux classes instruites. En effet, les caractères chinois employés pour les articles de fond, quoique mélangés de caractères syllabiques (*hira gana*), ne portent pas en regard — comme dans les autres journaux — leur transcription en *kana*.

l'Égypte, s'ils perdent le respect, et, sans faire de distinction entre les races, entre les degrés de civilisation, emploient la violence envers des peuples qui ont le droit de vivre sur ces territoires, nous les précipiterons dans des malheurs dont ils ne pourront plus se relever. C'est ce que nous avons voulu faire savoir au monde et les événements tournent chaque jour à notre avantage. Chaque bataille montre plus clairement la grande force de notre droit. « Nous croyons de plus en plus fermement à la vérité, à la justice, de notre idéal d'une *Paix Japonaise de l'Orient.* »

*Paix Japonaise de l'Extrême-Orient*, comme jadis il y eut une *Pax Romana* dans le monde méditerranéen, comme aujourd'hui il y a une paix Britannique aux Indes, une paix Américaine dans les deux Amériques, c'est-à-dire la paix dans une partie du monde imposée par un peuple fort qui ne tolère point de querelles privées ou d'agression étrangère sur le territoire qu'il protége. Arbitre souverain entre les peuples Extrême-Orientaux et leur défenseur contre toute attaque des puissances occidentales, tel peut apparaître le Japon.

« Le territoire et la nation sont inséparables. Donc le peuple né sur ce territoire au moins lorsqu'il a la force de se défendre, a le droit d'y tenir. » L'Asie aux Asiatiques, tel est le cri de ces Monroe japonais, l'Asie ne doit plus être traitée, comme l'Afrique, en terre de colonisation européenne. « Faisons comme les États-Unis, dit le comte Okuma[1]. Ils se sont

_______

1. Disc. du 25 oct. 1901.

occupés d'abord de leur hémisphère avant de s'occuper du monde. Occupons-nous de l'Asie orientale ».

« Le peuple japonais est le peuple éminent de l'Asie orientale ; il est en cette Asie orientale comme la tête[1]. » Idée ancienne, familière aux lettrés qui, dès le XVIIIe siècle, travaillèrent à un retour vers le pur Shintoïsme. « Le Japon est le pays qui donna naissance à la déesse du Soleil, ce qui prouve sa supériorité sur tous les autres pays qui partagent aussi les bienfaits de la déesse. Jusqu'à la fin des temps, le mikado est le fils de la déesse. L'âge des dieux et l'âge présent ne sont pas deux âges, mais un seul[2]. » Et, comme le fait remarquer un autre écrivain de la même école, Hirata : « Le Japon étant le pays des dieux, et ses habitants les descendants des dieux, entre les Japonais et les Chinois, les Coréens, les Hindous, les Russes, les Hollandais, les Siamois, les Cambodgiens et les autres nations du monde, il y a une différence de nature, plutôt qu'une différence de degré ».

L'orgueil de ce peuple élu est aujourd'hui moins mythologique, mais tout aussi fort. Il proclame que sa terre du Japon n'a jamais été envahie ; l'expédition des Mongols, au XIIIe siècle, finit en désastre. Le sentiment de cette immunité nationale entre pour beaucoup dans leur orgueil d'insulaires. Ils disent qu'ils ont su se rénover, sans révolution intérieure et en échappant à l'emprise de l'Europe ; seuls entre les Asiatiques, ils ont su le faire à temps, quand la

1. *Nihonjin*, n° 210.
2. Motomori, cité par E. Satow, *loc. cit.*, p. 22 et 41.

puissance de l'Europe en Extrême-Orient n'était qu'à ses débuts ; il est trop tard maintenant pour que la Corée, la Chine, le Siam le fassent sans leur aide. Au surplus le Japon vit, hanté par l'exemple de l'Angleterre : l'Angleterre « Japon de l'Europe », le Japon « Angleterre de l'Extrême-Orient », formules courantes. Or, le développement des idées impérialistes en Angleterre a justement coïncidé avec le premier rapprochement anglo-japonais : M. Chamberlain a fourni de formules les partisans du « plus grand Japon », qui parlent des partisans du « petit Japon » avec un mépris que les impérialistes anglais ne désavoueraient pas.

Sans doute, on reconnaît qu'en religion, en philosophie, en littérature, en art, en méthodes de gouvernement, ce peuple japonais, qui, « en Asie orientale, est comme la tête », a presque tout reçu de la Chine. Mais on se hâte d'ajouter que le Japon reste toujours le pays privilégié, où ont abouti toutes ces grandes influences asiatiques, et que, venues de Perse, de l'Inde, de Chine ou de Corée, c'est au Japon qu'elles ont trouvé leur expression la plus parfaite. L'art japonais n'est-il pas l'art asiatique par excellence ? et n'est-ce pas au Japon que l'on peut le mieux étudier l'art de tout l'Extrême-Orient ? Les plus belles œuvres chinoises et coréennes y ont été conservées, alors que dans leurs pays d'origine elles étaient détruites[1]. De même en religion : c'est au Japon que

1. Cf. Publication officielle sur les beaux-arts japonais à propos de l'Exposition de 1900.

se sont rencontrées et heurtées les grandes religions
du monde, bouddhisme, catholicisme, protestantisme,
foi orthodoxe, comme si c'était la mission spéciale
du Japon de trouver, par un effort de synthèse, la
formule religieuse de l'avenir.... Et cette fameuse
science occidentale, qui donne la force, le Japon ne
la possède t-il pas aujourd'hui ? n'a-t-il pas la force
scientifique, même contre une grande puissance
occidentale ?

Le Japon est humain, au moins aussi humain
envers ses prisonniers que son ennemi lui-même,
qui est chrétien. Il est juste, désintéressé : dans la
lutte, il a risqué de compromettre son existence pour
affranchir l'Asie de toute ingérence européenne. Il est
donc bien « la tête de l'Extrême-Orient » ; il réunit
« l'antique splendeur de la civilisation asiatique » à
la science occidentale. « En dehors du Japon, les
peuples de l'Asie orientale, n'ayant qu'une civilisation inférieure, ne peuvent pas jouir d'une indépendance absolue. Dès lors ils seront transformés,
absorbés par lui, ou ils cesseront d'exister. Les Japonais ont ce droit et ce devoir; ils peuvent, à cause
de cela, parler de la paix de l'Orient et en faire l'idéal
à proposer à leur action[1]. »

1. *Nihonjin*, n° 219.

# IV

Quelles sont les méthodes pour rénover l'Asie orientale par cette paix japonaise ? Les actes en Corée et les projets sur la Mandchourie permettent de les esquisser.

Tout d'abord l'amélioration de l'administration. Le gouvernement coréen a déjà dû placer toute sa confiance dans le gouvernement du Japon. Les dynasties, tant qu'elles se prêteront aux réformes, seront protégées : le Japon, dans un esprit de ferme amitié, veille sur la maison impériale de Corée ; la dynastie mandchoue à Pékin disparaîtra ou elle sera japonophile. Le Japon contrôlera les finances. Le Gouvernement coréen a engagé comme conseiller financier un sujet japonais, auquel on doit soumettre toutes les questions de finances coréennes. Dans le traité supplémentaire de commerce et de navigation conclu avec le Japon, en janvier 1904, la Chine, par l'article 6, promet d'établir elle-même, aussitôt que possible, un système de frappe uniforme et de se donner un système monétaire uniforme, qui sera employé librement et légalement pour le paiement de tous les droits, taxes et autres obligations, par les sujets japonais aussi bien que par les sujets chinois, dans tout l'Empire. De même, le gouvernement chinois a exprimé le désir de réformer son système judiciaire et de le mettre en accord avec celui du Japon et des nations occidentales[1]. Le Japon promet de donner toute son assistance à une telle réforme : il abandonnera ses droits d'extra-territorialité dès que les lois chinoises, les arrangements administratifs et autres considérations justifieront cette marque de confiance.

Toutes ces réformes ont pour objet d'« écarter les entraves au progrès du commerce ». Après cette guerre, le Japon escompte une énorme expansion commerciale, industrielle, — comme l'Allemagne en connut une après 1871, — pour compenser ses pertes et pour permettre la grande politique de protectorat sur l'Asie orientale. Le Japon possède le droit supérieur de développer — même chez les autres — les sources de richesses non encore développées. De plus, son territoire a des limites étroites; l'augmentation de sa population est rapide :

Employer toujours ce territoire étroit comme terrain d'agriculture, et pourvoir ainsi aux besoins d'une population décuplée n'est certainement pas un procédé habile. Heureusement, l'esprit scientifique a fait de grands progrès parmi nous, au point d'étonner les étrangers; il y a partout dans le pays des mines de charbon; les pentes des montagnes sont raides, et l'on peut aisément utiliser l'eau comme force motrice. Nous devons abandonner complètement l'idée d'être à

---

1. C'est le désir de se débarrasser de toute juridiction consulaire qui a récemment inspiré le conflit des autorités chinoises avec les consuls européens de Shanghaï, à propos du tribunal mixte et d'un assesseur anglais.

l'avenir un peuple agricole, mais devenir un peuple industriel et commerçant, et laisser l'agriculture à la Chine et à la Corée; autrement nous ne pourrons pas résister à l'Europe et à l'Amérique. Mais pour cela il faudrait établir une base solide en Mandchourie et en Corée, et commencer ainsi l'exploitation de l'Orient. C'est un droit qui résulte pour le Japon de son développement intérieur[1].

Entre l'usine japonaise et la ferme coréenne ou mandchoue, la paix qui doit créer la solidarité de l'Extrême-Orient mènera-t-elle à un *Zollverein*? Comme autrefois la Prusse aux États allemands, comme les Impérialistes anglais aux *Commonwealths* et aux colonies anglaises, le Japon proposera-t-il ou imposera-t-il aux empires de l'Asie orientale une union douanière? Actuellement, il ne peut en être question. C'est comme défenseur de la « porte ouverte » contre l'exclusivisme russe que le Japon s'est acquis l'appui anglais et américain. Au reste, pour mettre en valeur ces énormes territoires coréens et mandchouriens, de grands capitaux sont nécessaires : la Russie avait dû emprunter des milliards pour son avance asiatique. Or, le Japon manque de capitaux. Et ses lois, qui ne permettent pas à un étranger de posséder une propriété ni de prendre des hypothèques sur les propriétés, ont éloigné les capitaux étrangers. La « porte ouverte » est d'une nécessité absolue pour les attirer vers ces

1. *Tobo Kyōkaï*. Bulletin du 20 août 1901.

nouveaux territoires. En Corée comme en Mandchourie elle a exigé l'ouverture de nouvelles places aux commerçants et aux résidents internationaux.

A défaut de *Zollverein* économique, on devra chercher une union diplomatique. On supprime la représentation coréenne à l'étranger, on obtient aussi la suppression de la représentation diplomatique des pays étrangers à Séoul. La direction des affaires diplomatiques passe de ce fait à Tôkyô. C'est le principe que le Japon voudrait généraliser, appliquer à tous les autres pays de l'Asie orientale. La *Tobo Kyôkaï*[1] demande qu'il y ait un « accord avec les puissances étrangères pour que toutes les questions entre l'Orient et ces puissances ne soient résolues qu'après entente avec le Japon et qu'aucune d'entre les puissances ne soit autorisée à agir à l'insu du Japon.... Notre pays aura l'énorme responsabilité de garantir la paix. Aussi faut-il qu'il connaisse complètement toutes les questions internationales ».

C'est en cette organisation diplomatique que l'on met ou que l'on affecte la plus grande confiance : on renie toujours les procédés violents; cette grande œuvre de la rénovation asiatique se fera par la paix, « la paix japonaise ». « Mon avis n'est pas de prendre un pays par la force des armes, dit le comte Okuma, mais il y a des choses que les gens vous offrent : ne pas les accepter, c'est appeler sur soi le

1. « Projet au sujet du régime après la guerre. » Article 6, publié le 20 août 1901.

malheur. (*Applaudissements.*) Vouloir se saisir des populations, c'est le propre des conquérants. Nous ne faisons pas cela. Mais nous voulons le progrès de la civilisation en Orient; nous voulons retirer le misérable peuple chinois de son enfer pour le conduire au ciel, et cette œuvre de paix, nous pouvons certainement l'accomplir par la paix. Il pourra y avoir des erreurs : immédiatement, on aura recours au soldat. (*Applaudissements.*) Le vrai moyen pourtant c'est l'union de l'empereur et de son peuple pour la paix du monde. En cas d'erreur, c'est l'appel au soldat[1]. »

Une reconstruction de l'Extrême-Orient par des méthodes pacifiques, mais avec la menace de l'appel au soldat : telle est l'Idée japonaise. Mais on sait bien que la seule Force du Japon protégera l'Idée. On a déjà prévu le cas où la sécurité de la maison impériale de Corée ou bien l'intégrité territoriale de la Corée seraient mises en danger : le Japon occuperait alors toutes les places stratégiques. L'occupation permanente de la Mandchourie pourra toujours se justifier par la nécessité d'une opération de police contre les brigands.

Voilà donc le Japon, comme les États-Unis dans les deux Amériques, se chargeant de faire la police

1. Cet élan pour émanciper ses voisins du joug des tyrans, ce besoin irrésistible d'enseigner aux hommes des vérités toutes neuves, de les sommer d'accepter les vrais principes ou d'être soumis par la force, cette menace d'un recours aux armes pour rétablir l'âge d'or d'une paix universelle, tout cela rappelle nos guerres de la Révolution.

en Extrême-Orient, où les puissances étrangères doivent laisser le champ libre : « Si la Russie après la guerre perd tout point d'appui militaire en Orient, l'Angleterre, la France, l'Allemagne, les États-Unis, l'Italie, la Hollande, et même l'Espagne ne se verront plus obligées d'entretenir de puissantes flottes en Extrême-Orient, surtout si le Japon, la Corée et la Chine, unis par une solide alliance, adoptent une politique garantissant la paix de l'Orient.... Quel soulagement pour tous les peuples! C'est, croyons-nous, le point le plus important du régime *post bellum* que notre pays doive régler. »

# V

Or, de la guerre, la puissance militaire de l'Europe en Extrême-Orient sort diminuée, l'influence du Japon développée d'autant. Après les destructions et les captures des vaisseaux russes pendant les batailles du 10 août et de Tsushima, après la reddition de Port-Arthur, et le retour en Russie des bateaux réfugiés dans les ports neutres, la force navale des Russes n'est plus qu'un souvenir.

L'Allemagne aussi est affaiblie par le désastre russe : Guillaume II, prêcheur de la manière forte contre le péril jaune, « qui appesantit son poing ganté de fer » en 1897 sur le Chan-Tong et imposa l'audience expiatoire de Potsdam au prince Tchoun, a proposé aux puissances qui, depuis 1900, ont des détachements au Tche-li de retirer leurs troupes. La situation de l'Allemagne en Extrême-Orient n'est plus brillante; vis à vis des Chinois elle est responsable de la politique des sphères d'influence, et de l'attitude souvent blessante et brutale de ses officiers et fonctionnaires au Chan-Tong. D'autre part, en dépit du télégramme de Guillaume II au général Nogi, de tous ses égards à Berlin pour le prince Arisugawa et des cadeaux qu'il envoya aux prisonniers japonais traversant l'Allemagne, le Japon n'a pas oublié la complicité intéressée de l'Allemagne dans l'avance russe et ses considérations sur le péril jaune. L'Allemagne sait qu'elle ne pourrait repousser une attaque sérieuse, japonaise ou chinoise contre Kiao-Tchéou, aussi prend-elle une attitude politique plus modeste. Au reste, sa situation privilégiée au Chan-Tong, ses projets d'expansion hors du territoire loué à bail, et ses ambitions de monopole industriel et commercial se trouvent limités par l'article 2 du traité anglo-japonais qui « préserve les intérêts communs de toutes les puissances en Chine en assurant l'indépendance et l'intégrité de l'empire chinois, et le principe des facilités égales pour le commerce et l'industrie de toutes les puissances ». A ce propos la presse allemande a parlé de trahison des intérêts de l'Occident par l'Angleterre, trahison qui devrait unir immédiatement l'Europe continentale contre le péril jaune.

Tout de même, en novembre 1905, peu après la publication du traité anglo-japonais, une note officieuse de Berlin annonçait que l'Allemagne allait retirer celles de ses troupes qui étaient stationnées hors du territoire pris à bail, dont la ville même de Kiao-Tchéou ne fait pas partie. Le chemin de fer hors ce territoire doit être mis sous la protection des autorités chinoises. La note ajoutait que ces propositions allemandes avaient été communiquées à l'impératrice de Chine avant l'arrivée à Pékin du baron Komura, plénipotentiaire japonais, venant traiter avec la Chine — comme pour marquer que l'Allemagne se retirait de son plein gré.

Auprès de l'Angleterre les journaux et le gouvernement chinois insistent pour l'évacuation de Weï-Haï-Weï qui lui fut dévolu comme compensation de la cession à bail de Port-Arthur aux Russes : les Russes ayant abandonné Port-Arthur, les Anglais doivent abandonner Weï-Haï-Weï ; c'est aussi l'opinion des Japonais. Déjà l'amirauté anglaise a renoncé définitivement à faire de Weï-Haï-Weï une base navale ; le crédit, l'an dernier, fut maintenu malgré l'opposition des libéraux, alors en minorité, aujourd'hui au pouvoir. Les Anglais accepteront sans doute de traiter cette question avec la Chine après que le traité sino-russe aura été publié.

Les grandes puissances européennes qui, en 1898, s'étaient installées dans la Chine du Nord et en Mandchourie, l'Angleterre, la Russie, l'Allemagne, se retirent donc, ou modèrent leurs ambitions, après la victoire du Japon. Aussitôt après la bataille de Tsushima qui anéantit la flotte russe, l'Angleterre a rappelé en Europe les cinq cuirassés de son escadre d'Extrême-Orient ; le seul concurrent naval sérieux pour le Japon en Extrême-Orient paraît s'effacer devant lui.

Cette situation privilégiée qu'acquiert ainsi le Japon dans la Chine du Nord est reconnue par le traité anglo-japonais : le premier article établit l'accord sur le maintien de la paix dans les régions d'Asie orientale. Voilà donc la paix, la *paix japonaise* assurée pour dix années. Par contre, le Japon assume la charge de travailler au maintien de la paix en Asie centrale sur les frontières de l'Inde. Or, cet accroissement de charge est pour lui un gros accroissement de prestige : c'est un prolongement, sur l'Asie entière, des conséquences de la victoire japonaise. Déjà cette victoire a été célébrée par les Asiatiques : Philippins, Annamites, Siamois; tous ceux qu'a effrayés l'ambition européenne ou américaine ont assuré le Japon de leur reconnaissance et de leur admiration; les remerciements des Hindous furent particulièrement chaleureux, et des étudiants hindous viennent s'instruire au Japon. L'Angleterre, en s'assurant l'appui du soldat japonais pour défendre les frontières de l'Inde, donne aux Asiatiques ce sentiment que la puissance du Japon s'étend jusqu'au golfe Persique et qu'elle est le meilleur garant de la domination anglaise sur l'Inde.

A la politique des sphères d'influence territoriales en Chine, le traité anglo-japonais substitue une politique de sphères d'influence maritimes. D'Aden jusqu'au détroit de la Pérouse, Anglais et Japonais se partagent la maîtrise de la mer. Les mers extrême-orientales sont laissées à l'influence spéciale du Japon, tandis que l'Angleterre fortifie sa position dans l'océan Indien; chacun son domaine. Autour de l'océan Indien s'ordonne magnifiquement l'empire anglais. L'Egypte, Périm, Aden à l'ouest, Singapoure à l'est, en tiennent les entrées. Sur la côte est de l'Afrique, l'influence anglaise est prépondérante jusqu'au Cap; à l'autre extrémité sud-est de l'Océan est l'Australie. Au centre, l'Inde, « corner stone of the

Empire », pierre angulaire de l'énorme édifice, l'Inde et son formidable système de glacis qui s'étalent à l'ouest, au nord, au sud, vers la Perse, l'Afghanistan, le Thibet, la Birmanie.

Entre les deux domaines spéciaux de l'Angleterre et du Japon alliés, entre les deux océans et les mondes qu'ils enserrent, Singapoure devient la guette qu'il importe de tenir. Aussi l'amirauté anglaise s'est-elle préoccupée dès la victoire japonaise d'y créer un grand port militaire. Point de concentration et de ravitaillement pour les escadres anglaises de Chine, de l'Inde et d'Australie, Singapoure deviendrait ainsi dans une guerre asiatique engageant Anglais et Japonais le point stratégique où se joindraient leurs forces où se nouerait leur action combinée. Déjà est prévue, dans la réorganisation de la flotte japonaise, une escadre constituée spécialement pour croiser dans les mers du Sud jusqu'à Singapoure. Et pour renforcer Singapoure à l'entrée des mers de Chine, une station navale anglaise va être établie à l'île Labouan sur la côte ouest de Bornéo, entre Brunei et Sarawak que les Anglais viennent d'annexer. D'un chapelet ininterrompu d'îles, de territoires, de stations navales, en bordure sur les mers libres qu'ils surveillent de leurs flottes, Anglais et Japonais entourent le continent asiatique.

Pour dix années, la victoire sur la Russie et l'alliance avec l'Angleterre donnent aux Japonais le pouvoir de développer leur plan de *paix japonaise* de l'Extrême-Orient, garantit la Chine contre les agressions menaçant son intégrité, assure à la France, aux États-Unis, leurs possessions d'Indo-Chine et des Philippines, et aussi à l'Allemagne Tsing-Tao ; au Japon elles donnent encore le prestige d'arparaître comme le défenseur éventuel de l'Inde, et aussi des satisfactions à son orgueil national : ses plus hauts représentants diplomatiques deviennent ambassadeurs, le Mikado reçoit l'ordre de la Jarretière ; des officiers japonais sont envoyés dans l'armée des Indes, des officiers anglais dans l'armée japonaise ; les deux gouvernements japonais et anglais se promettent pleine et franche communication sur les mesures à prendre au cas où l'un des deux jugerait les intérêts de son pays menacés, les autorités navales et militaires des deux pays se consultent, les escadres se visitent.

Pendant la guerre, on vendait dans les rues japonaises une image représentant la Russie, énorme araignée qui enveloppait l'Asie de sa toile. Le Japon et l'Inde seuls n'étaient pas encore pris. Maintenant, Anglais et Japonais s'entendent pour refouler, loin des mers tropicales et tempérées qu'ils tiennent, la bête monstrueuse dans sa solitude du Nord.

----

# CHAPITRE II

# LE JAPON ET LA CHINE

## I

La paix japonaise de l'Extrême-Orient, plus précisément la japonisation de la Chine, comment les Japonais entendent-ils l'assurer? Par l'éducation. Le Japon, en effet, ne peut traiter la Chine comme il traite la Corée ; il ne peut lui imposer son protectorat politique, financier, militaire, en effrayant le Souverain avec ses gendarmes. Dans cette Chine énorme dont les puissances occidentales ne se désintéressent pas, l'influence doit s'insinuer lentement, doucement. C'est une propagande par l'éducation qui convient en Chine plus qu'en aucun autre pays.

Le prestige du Japon en Asie orientale tient à la réussite d'un programme d'éducation. En moins de cinquante ans il a su prendre de la science européenne ce qui donne la force, tout en sauvegardant son ancienne civilisation qui, presque entièrement, est d'origine chinoise. Sa victoire est la preuve qu'il a trouvé pour les pays d'Asie la vraie formule d'éducation occidentale. Au surplus, en Chine, où les emplois s'obtiennent par des examens et des concours, l'éducation, pour des raisons philosophiques, a un grand prestige. Disciples de Confucius et de Mencius, ils croient à la bonté de la nature, à l'égalité à peu près chez tous des facultés naturelles. Ils n'ont guère notre idée du *don* auquel rien ne peut suppléer. Pour eux c'est l'éducation, bonne ou mauvaise, qui crée la vraie différence entre les hommes. L'éducation forme un bon poète, un bon général. Le génie ne compte guère. Historiquement, on comprend ce prestige de l'éducation en Chine, car c'est la culture chinoise qui a sauvé la Chine si souvent envahie; les envahisseurs Turcs, Mongols, Mandchous, à la longue sont devenus Chinois. Tout changement profond en Chine se traduit immédiatement par un changement d'éducation. L'inquiétude actuelle de la Chine s'exprime par le désir d'un *Nouveau Savoir*.

Les Japonais qui reviennent de Chine signalent chez les Chinois une grande curiosité d'esprit pour le *Nouveau Savoir*, surtout depuis le mouvement des Boxers :

Le mouvement vers les réformes s'est accentué. On s'est aperçu que, sans elles, c'est la ruine complète du pays, et partout germe l'idée qu'il faut prendre modèle sur la révolution du Japon. Le peuple chinois est très curieux de nouveautés, surtout depuis la guerre avec le Japon. La défaite les a secoués; ils ont reconnu la nécessité d'étudier les sciences nouvelles[1].

Sans doute, dit M. Ichimura Sanjirô[2], jusqu'à présent l'instruction pratique n'a guère été développée chez les Chinois, mais tous ont cette idée que le savoir est une chose di‹    ›l'estime et beaucoup sont convaincus que l'instruction a fait le Japon ce qu'il est.


Dans beaucoup de provinces, M. Nezu a vu s'ouvrir de petites écoles privées, semblables à ces petites écoles du Japon qui, autrefois, faisaient sourire les étrangers. Un Chinois accroche une pancarte à sa porte : *Ici on enseigne le chinois, l'anglais et l'arithmétique.* 7 ou 8 élèves y fréquentent[3]. Ces petites écoles sont maintenant innombrables : « cela me fait croire, ajoute M. Nezu, que nous sommes à la veille d'un grand changement en Chine ». M. Ichimura, qui a visité la plupart des hauts fonctionnaires du Ho-nan et du Chen-si, les a trouvés

1. M. Nezu, directeur de la *Dôbun-Shoin*, école japonaise à Shanghaï fondée par la Société japonaise *Toa Dobunkai*, dans une conférence publiée en mai 1902 par la revue japonaise *le Monde financier* (édition supplémentaire consacrée à la question chinoise).

2. Ichimura Sanjirô, professeur à l'Université impériale de Tôkyô, dans une conférence faite le 27 février 1901 à la « Société d'Éducation », sur un voyage de trois mois qu'il avait fait en Chine l'année précédente.

3. A Canton, par exemple, il y a de nombreuses écoles chinoises où, pour plaire aux exigences d'une clientèle nouvelle, on étudie des rudiments de science occidentale et d'anglais. Le ministère de l'Instruction publique s'intéresse à la diffusion de ces écoles.

jeunes avec des idées nouvelles. Dès 1902, deux vice-rois du sud, Liu-Kwun-Yi et Tchang-Tche-Tong, ont présenté au gouvernement de Pékin un mémoire divisé en trois parties. La première partie, consacrée aux réformes pour l'éducation, comprend quatre articles.

1° Établissement dans toutes les provinces d'écoles civiles et militaires. *d'après le modèle japonais*;

2° Suppression de l'ancien système d'examens (questions de style, habileté dans le choix des caractères, etc.) pour le recrutement des fonctionnaires civils ;

3° Suppression des méthodes de recrutement des militaires (lancer une pierre, tirer de l'arc, etc.) ; faire que tous les officiers sortent d'écoles où ils auront appris les méthodes européennes;

4° Envoi d'étudiants chinois à l'étranger et introduction de nouveaux professeurs étrangers en Chine.

Les *taotaï* et les préfets ont manifesté à M. Ichimura le désir d'avoir des écoles et d'y appeler des professeurs japonais ; beaucoup de Chinois se proposent d'envoyer leurs enfants étudier au Japon. Dans les nombreuses écoles militaires fondées dans les provinces, on a engagé des officiers japonais, et dans les villes principales de toutes les provinces on veut établir au plus vite des écoles civiles (écoles littéraires) : « l'ennemi de cette transformation en Chine, c'est la Russie ; le Japon, guide de la Chine, doit, pour ses intérêts politiques et financiers, s'efforcer d'écarter cette entrave russe. Pour développer la

Chine, ce qui importe, ce sont les écoles ; ce qui est le plus nécessaire, comme le dit l'adresse des vice-rois, c'est le développement intellectuel : si l'on veut conquérir l'influence politique et financière, il faut d'abord s'emparer des esprits par l'éducation. »

Et M. Nezu ajoute : « Les étrangers de tous les pays s'en sont aperçus. Les missionnaires anglais, qui disposent de grandes ressources, les auraient, en temps ordinaire, employées à la prédication. Actuellement ils s'en servent pour construire des écoles[1] qui donnent aux Chinois l'instruction élémentaire. La lutte aujourd'hui est entre les différents pays pour l'éducation[2] ; le Japon ne doit le céder à personne. »

[1]. Construction d'écoles à Hongkong, collèges anglo-saxons de Hongkong, collège de Nanyang, dirigé par des missionnaires américains. Il existe une « Society for the Diffusion of Christian and general knowledge among the Chinese », composée d'Anglais et d'Américains qui essaye de profiter du mouvement de réforme parmi les Chinois, pour leur rendre un peu plus familière la civilisation occidentale. Elle traduit de nombreux livres à l'usage des Chinois. Dans un de ses derniers rapports, cette Société citait quelques sujets de compositions écrites proposés dans certaines provinces pour le *Chu Jen* examen analogue au M. A. degree. *Kiangsi* : What is the bearing of the Congress of Vienna, of the Treaty of Berlin, of the Monroe doctrine on the Far East? *Fokien* : What are the government, industries, education of Switzerland, which though small is independent of surrounding great powers? *Hounan* : *What is the policy of Japan; only following other nations or what? Chantong* : How best to develop the resources of China by mines and railways?

[2]. Effort russe en Mandchourie avant la guerre. Effort allemand au Chantong. Pour la diffusion du français, il faudrait une entreprise hardie qui profitât de l'intérêt

Jamais les dispositions des Chinois n'ont paru plus favorables à cette propagande japonaise. Il y a dix ans, lors de son premier voyage en Chine, M. Ichimura Sanjirô avait rencontré froideur et indifférence. Beaucoup de Chinois ignoraient l'existence du Japon ; d'autres, qui occupaient cependant des situations élevées, le confondaient avec la Corée. Suivant qu'il portait le costume japonais ou le costume européen, il était pris pour un Coréen ou pour un « diable étranger » et on lui jetait des écorces de melon. En 1903, au contraire, le Japon est connu partout. Bien que voyageant en habit européen, l'auteur a été parfois pris pour un Cantonais ou un Thibétain ; mais quand il disait qu'il était Japonais, « il n'y avait personne qui ne remuât la tête en disant : — Ah le Japon ! »

Il y a dix ans, il ne pouvait obtenir une audience des personnages officiels. Cette fois, réception chaleureuse partout, escortes plus importantes que celles qu'on donne généralement aux étrangers, et elles allaient même parfois à sa rencontre ; logement spécial dans les hôtels et certains gouverneurs y envoyaient le dîner : « Je n'avais rien vu de semblable il y a dix ans ; manifestement, chez les Chinois, il y a aujourd'hui de l'amitié, du respect, de

pour notre langue qu'a déjà développé le chemin de fer Hankéou-Pékin. L'école franco-chinoise de Shanghaï réussit bien. Le collège ouvert par les Jésuites à Zikawei, près Sanghaï, n'est qu'un essai encore trop timide. Néanmoins, des fils de chrétiens de l'intérieur font un voyage de plusieurs semaines pour venir y étudier.

le confiance pour les Japonais. » Les Puissances, qui après la guerre de 1895 s'étaient entremises pour la Chine, ont été tellement avides que les Chinois ont perdu toute confiance en elles et se sont retournés vers le Japon. La conduite de l'armée et de la diplomatie japonaises en 1900 a effacé toute rancune chinoise.

Dans la vie quotidienne, l'emploi des mêmes caractères d'écriture contribue à rapprocher les deux peuples. La *Toa-Dobunkaï*[1], « Société des pays ayant la même écriture », s'est fondée au Japon :

Dans la conversation, si les Chinois, dit M. Ichimura Sanjirô, ont besoin de préciser un détail, ils recourent tout de suite au pinceau, et immédiatement ils perdent le sentiment que nous sommes des étrangers. « J'ai entendu dire que dans votre pays on a abandonné les caractères chinois pour adopter l'écriture européenne ; mais vous, comprenez-vous nos caractères ? » demandent-ils souvent. Et lorsqu'on répond que chez nous les caractères chinois ne sont pas du tout abandonnés, qu'on les enseigne, qu'ils font partie des programmes, que toute personne ayant reçu l'éducation secondaire comprend le chinois, alors c'est une joie. Cela semble peu de chose, mais le fait que nous nous comprenons par l'écriture a pour résultat que nous ne leur paraissons plus étrangers. « Même écriture, même race, disent-ils... ». Il est nécessaire que ceux qui vont là-bas lisent le chinois ; si de plus ils le parlent, ils attireront facilement la confiance.

1. La Toa Dobunkaï créa, en 1898 à ses débuts, une école au Fokien.

Et M. Ichimura conclut son récit de voyage :

Avec les gens de la classe supérieure, j'amenais toujours la question de Mandchourie : « N'est-ce pas lamentable, disais-je, de voir votre pays laisser une partie de son territoire sous le talon russe ? » Presque tous s'en déclaraient désolés. « Mais, disaient-ils, l'empire est trop faible et doit se résigner. Si vous connaissez un bon moyen de faire autrement, indiquez-le-nous. » Je parlais alors de l'alliance du Japon avec l'Angleterre. Elle était connue à peu près partout, mais très peu en connaissaient l'esprit : « Cette alliance, disais-je, a pour but d'empêcher la Russie de s'emparer de votre pays. »

— Est-ce bien vrai ?

— Absolument.

— Mais le Japon voudrait-il ainsi travailler pour nous ?

— Le Japon travaille non pas seulement pour vous, mais aussi pour lui-même. Si la Mandchourie devient russe, la Corée est en danger et le Japon aussi.

Quand on parle ainsi, ils manifestent une grande joie ; quelques-uns pleurent. Si l'on écrit ces choses, ils brûlent ces écrits, les considérant comme des secrets qu'il ne faut pas laisser voir aux étrangers.

## II

Jamais propagande n'a eu terrain mieux préparé. Aussi les résultats ne se sont pas fait attendre. Des écoles nouvelles s'élèvent en beaucoup d'endroits, dans le Ho-nan, le Chen-si, dans la vallée du Yang-tsé. Les plus importantes sont les écoles militaires fondées après la guerre de 1895. Il y a maintenant, presque dans chaque province de la Chine, une école militaire, parfois deux ou trois comme au Tche-li, comprenant chacune de 100 à 500 cadets. L'École militaire de Tchentou (capitale du Setchouen), par exemple, avec deux cents élèves environ, est dirigée par des Japonais. L'École militaire de Canton a plusieurs instructeurs japonais. Dans toutes, on trouve des officiers japonais, trois ou quatre, quelquefois jusqu'à six ou sept : l'influence du Japon est énorme sur toutes les choses militaires[1].

Il existe aussi des écoles normales, dans le Hou-pé avec M. Tono Shujirô comme directeur, dans le Pe-tchi-li, — directeur M. Watanabe Ryûsei, — à Nankin[2], le directeur de l'École normale des trois

---

1. Les Japonais sont nombreux à l'arsenal de Sanghaï.

2. Il y a plus de douze Japonais comme instructeurs à l'Université de Nankin. Les instructeurs militaires allemands du collège militaire de Nankin sont, à mesure qu'ils s'en vont, remplacés par des Japonais.

Kiangs est M. Kikuchi Kenjirô. Dans toutes, des Japonais sont employés. Leurs élèves deviennent ensuite professeurs en d'autres écoles qu'ils contribuent à réformer. Les programmes nouveaux d'enseignement en Chine ont adopté des divisions primaires, secondaires, supérieures correspondant aux divisions de l'enseignement au Japon. Les livres pour cet enseignement occidentalisé sont fournis surtout par les Japonais. Des universités nouvelles à Pékin, au Chan-si, au Chan-tong et ailleurs délivrent des diplômes donnant accès aux places officielles. Naturellement l'influence japonaise y est grande.

A Shanghaï, la *Toa-Dobunkaï* a transporté, pour qu'elle ait un plus grand rayonnement d'influence, une école, la *Dobun-Shoin*[1], fondée en 1900 à Nankin ; Pékin occupant dans l'Empire une position excentrique, la moitié des affaires diplomatiques se traite à Shanghaï. Les élèves de cette école sont divisés en deux classes : une classe politique, une classe commerciale. Les cours durent trois années. Les élèves de troisième année, au nombre de cinquante-six, en décembre 1904 venaient de faire un voyage d'études dans la région de Pékin à Tientsin et avaient dû rédiger des rapports sur des sujets tels que : le régime des *settlements* du nord de la Chine ; le commerce et les habitudes commerciales du nord de la Chine ; les transports par eau, par terre ; les

1. Cf. conférence déjà citée de M. Nezu, directeur de la *Dobun-Shoin*.

douanes; les mines, — et plus spécialement pour les élèves de la partie politique : état actuel de l'éducation dans la région de Pékin; prévisions sur l'influence que quelques lignes de chemins de fer en construction exerceront sur l'administration, les finances et, d'une manière générale, sur la société dans le nord de la Chine; quels sont les partis dans la haute administration chinoise, leurs opinions, leurs rapports; quels sont les sentiments du peuple envers le christianisme dans le nord de la Chine depuis l'insurrection des Boxers; raconter l'établissement de la dynastie actuelle; études sur le gouvernement chinois des provinces de l'est (Mandchourie); études sur l'organisation intérieure et les dépenses de la cour de Pékin. Cette tournée était de caractère officiel. Les élèves ont été photographiés avec le ministre du Japon et des fonctionnaires japonais.

Il y a trois ans, la même société *Toa-Dobunkaï* avait l'intention d'établir à Shanghaï une école secondaire, destinée aux enfants des classes moyennes et aisées du Kian-gsou; on préparait l'établissement d'une nouvelle succursale à Nankin pour les populations du Hou-nan et du Hou-pé; on était en pourparlers pour pousser la propagande du côté du Setchouen, quand la guerre est survenue. Les élèves de ces écoles sont Chinois et Japonais. Entre ces amis de collège, M. Nezu prévoit déjà une camaraderie et une aide mutuelle, qui faciliteront le développement des relations industrielles et commerciales du Japon et de la Chine. « Parmi nos élèves chinois de la section politique, beaucoup deviendront, peu à peu, gouverneurs de villes et de provinces, conseillers politiques. Nos élèves de la section commerciale, tout en faisant leurs affaires, pourront devenir chefs d'écoles. Le cumul est fréquent en Chine, car on y honore beaucoup le savoir; les directeurs d'écoles sont haut placés hiérarchiquement : ils viennent tout de suite après les grands personnages publics et s'attirent confiance et respect. »

De ces écoles militaires, de ces écoles normales, de ces écoles politiques et commerciales, sortiront, en effet, des officiers, des professeurs, des hommes publics, des industriels, des commerçants qui seront en même temps directeurs d'écoles, — bref des instructeurs, des hommes appelés à enseigner, à diriger, à commander, à propager, chacun dans sa sphère, l'influence japonaise.

# III

Pour l'organisation des écoles, les vice-rois, dans leur mémoire au trône, recommandaient de suivre le modèle japonais. L'idée a été adoptée : les livres de classe sont publiés à Shanghaï en chinois, mais suivant le programme des écoles japonaises. En vue de cette propagande par le livre, les Japonais ont eu soin de spécifier par l'article v du supplément à leur traité de commerce avec la Chine (janvier 1904) « la protection des droits d'auteurs pour des livres, pamphlets, cartes, etc., écrits en chinois et spécialement préparés pour l'usage du peuple chinois ».

Pour cette diffusion des livres japonais, plusieurs librairies ont été établies à Shanghaï. La société *Seitō Dōbun Kyoku*, dont M. Isawa Shūji est président, y possède une succursale. Les ouvrages qu'elle publie se trouvent encore dans deux autres maisons de la même ville, — toutes sur la concession an-

---

1. *Un cours de géographie des cinq parties du monde*, par Tsuji Takeo, membre de la Toa-Dobunkaï, directeur de la revue *Kyōikujiron* (questions actuelles d'éducation.) — *Trois méthodes de japonais*, l'une d'elles (2ᵉ édition), par Isawa Shūji, membre de la Chambre des pairs, directeur de l'École normale supérieure, président de la Société. — Un ouvrage d'éducation militaire. — Un *Manuel de droit international*, par Takahashi Sakuye, professeur à l'Université de Tōkyō. — *Livre de lectures chinoises* (éducation et morale), par

glaise. On vend également ces livres à Pékin, Tien-tsin, dans le Hou-pé, dans le Kiang-sou et dans le Tche-kiang.

Une autre librairie (*Shomuin Shokan*) est établie à Shanghaï, avec une succursale à Hankéou. Son catalogue, publié en chinois, comprend trois cents volumes : livres d'histoire des différents pays de l'Europe et de leur civilisation (tous écrits ou tra-duits par des Japonais, quelques-uns portant l'appro-bation de l'Université de Pékin), une série de petits volumes sur les grandes guerres d'indépendance (avec ce sous-titre en chinois : *Exemple à suivre pour notre pays*); des vies d'hommes célèbres, Japonais et autres; une traduction du livre de Stuart Mill, *On liberty*; une traduction du *Contrat Social* de Rousseau par un Chinois, et une traduction de l'*Esprit des Lois* de Montesquieu par un Japonais; des traités de finances; une série de livres classiques sur l'Empire du Milieu, destinés aux écoles secondaires; des his-toires de Chine; des livres de science (physique, chi-mie, physiologie, etc.); des éléments de morale, une histoir de la morale orientale et occidentale; des livres sur la psychologie de l'éducation et la pédago gie; quatre dictionnaires chinois-anglais[1]; une com-paraison de la puissance des différents pays; des ouvrages sur l'organisation des écoles en Allemagne

Isawa Shûji. — Une *Histoire contemporaine de l'Extrême-Orient*, par Kuwabara, professeur à l'École normale supé-rieure. — Une *Histoire de l'Europe*, etc.

1. Il est sûr que toute cette propagande japonaise aide

et au Japon[1], sur les armées modernes, sur l'éducation militaire au Japon ; une importante série de livres sur les sciences politiques traduits par des Japonais d'après des traités japonais ou américains ; de nombreuses études sur les constitutions des nations européennes et des États-Unis, des comparaisons entre ces constitutions, leur fonctionnement ; des livres sur les partis politiques[2] ; des collections complètes pour les écoles primaires, inférieures et supérieures, et pour les écoles secondaires ; enfin, des revues, des publications illustrées, des cartes. La *Shomuin Shokan* publiait une revue, sur la guerre russo-japonaise.

grandement à la diffusion de la langue anglaise. Les avantages pour l'Angleterre de l'alliance avec le Japon ne sont pas exclusivement d'ordre politique ou économique.

1. L'influence du maître d'école sur la politique allemande est un précédent souvent invoqué au Japon pour justifier l'importance de l'éducation dans leur action extrême-orientale.

2. L'intérêt pour les constitutions dont témoigne ce catalogue de librairie est confirmé par les mesures que le gouvernement chinois a prises après la guerre. Il vient d'envoyer deux commissions, l'une au Japon, en France, en Angleterre et Belgique ; l'autre aux États-Unis, en Autriche, Allemagne, Italie et Russie, pour faire une enquête sur les diverses méthodes gouvernementales et sur les constitutions. Les rapports de ces deux missions, présidées l'une par S. A. Tsaï Tché et l'autre par le vice-roi Touan-Fang, seront adressés à un office spécialement créé à Pékin pour rassembler les renseignements des missions. A la suite des Japonais, les Chinois réformistes attribuent une grande vertu aux constitutions. Ils pensent que la Constitution japonaise a préparé la victoire et que l'autocratie russe est responsable de la défaite. Ils croient que pour réformer et fortifier la Chine il convient d'abord de remplacer l'absolutisme par un régime de plus grande légalité. Ils songent même à un Parlement.

Inutile de dire qu'elle était très japonophile. Voici quelques titres d'articles : Opinions des différents pays sur l'état actuel de Port-Arthur. — La faiblesse du Gouvernement et du pouvoir central en Chine. — Les chemins de fer français au Yun-nan. — Raisons de la victoire des Japonais, de la défaite des Russes. — Études sur différentes écoles établies et à établir, etc. Cette revue contenait de nombreuses photographies de princes et d'officiers japonais.

Parcourez seulement les titres de ces livres, écrits ou traduits par des Japonais à l'usage des Chinois, vendus dans quatre maisons de Shanghaï et dans plusieurs provinces de l'Empire, répandus facilement par les nouveaux moyens de communication : vous vous rendrez compte de l'intérêt que les Chinois commencent à prendre au *Nouveau Savoir*, et de l'énorme effort, sérieux, organisé, que font les Japonais pour publier en chinois, annoncer en chinois, faire approuver par des établissements ou des personnages chinois ces ouvrages de propagande. Presque tous les livres occidentaux traduits pour les Chinois l'ont été par des Japonais. Les livres écrits spécialement par des Japonais et les traductions par des Japonais d'ouvrages européens ou américains sont présentés ensemble, sur le même plan, pour que le lecteur chinois garde l'impression que les idées européennes, américaines et japonaises forment en bloc les idées occidentales, et que les Japonais en sont les intermédiaires les plus autorisés et les plus empressés.

Plus rapide encore est l'action du journal. A Shanghaï, à Tientsin, dans l'intérieur, les Japonais dirigent plusieurs journaux chinois. A Pékin, le *Shun-tien Shihpao* a pour principal rédacteur le neveu du ministre du Japon.

## I V

Toutes les personnes qui reviennent de Chine parlent de l'activité japonaise, des officiers, des professeurs, des journalistes japonais qu'elles ont rencontrés. Avant la guerre, les changements perpétuels qu'on a remarqués dans l'état-major japonais s'expliquaient par les allées et venues des officiers en Chine. Dans toutes les villes chinoises, on est frappé du nombre de perruquiers, de photographes, d'entremetteurs, de coolies qui s'intéressent à la propagande japonaise. Pendant la guerre, dans le moindre bureau japonais en Chine, de poste ou de consulat, il y avait trois fois plus de personnel que n'en exigeait l'expédition des affaires, — en un temps où le Japon avait besoin de tous ses hommes. Ils eurent soin de ne pas distraire de leur tâche tous ces instructeurs engagés dans la propagande japonaise en Chine. Des pamphlets, des journaux, des livres, des images circulèrent et continuent de circuler, exaltant la puissance du Japon, son effort désintéressé pour sauver l'indépendance chinoise. Des bulletins étaient distribués, annonçant les victoires japonaises. Il y a quelque temps, un professeur européen de l'Université de Tôkyô, rencontrant un de ses collègues japonais qui revenait de Chine, lui demanda : « Qu'alliez-vous donc faire là-bas? — Agiter contre vous », lui fut-il répondu avec une belle franchise.

Au début de novembre 1904, le marquis Saionji[1] est rentré d'un voyage politique dans la vallée du Yang-tsé et à la réunion générale (26 novembre 1905) du parti constitutionnel, dont il est le leader, il déclarait que jamais l'occasion n'avait été meilleure pour agir efficacement en Chine. Les Japonais qui font la campagne d'agitation ont su frapper à la tête. Ils sont nombreux dans les yamens provinciaux. Sachant l'énorme pouvoir des vice-rois, surtout depuis 1900, à cause de l'incurie et de la faiblesse du gouvernement de Pékin; sachant aussi les tendances réformistes de plusieurs des grands administrateurs comme Yuan-Che-Kai au Tche-li, Tchang-Tche-Tong vice-roi des deux Hou, Touan-fang au Kiang-Sou, etc., ils ont cherché à les concilier à leur cause. Le vice-roi du Setchouen, Sileang, qui, dans sa province, — la plus peuplée et la plus riche de la Chine, — est un véritable potentat, a comme conseiller légiste un Japonais.

Pour le Chan-tong, voici les impressions d'un Japonais, M. Uchihori, Wakabumi, résidant à Tsinan-fu[2] :

L'Allemagne a beaucoup développé son influence, grâce surtout à son chemin de fer. Cependant la

---

1. Membre de la Chambre des pairs, ancien ministre, président du conseil privé; il a succédé comme leader du parti constitutionnel au marquis Ito. Il est actuellement premier ministre.

2. Conférence faite à la Société d'Éducation, et publiée dans la revue d'éducation *Kyōiku Jiron.*

guerre a eu un grand retentissement. Les premiers succès des Japonais ont été interprétés comme signifiant qu'aucune puissance étrangère, en Extrême-Orient, n'était capable de résister au Japon. Les progrès de l'occupation allemande seraient plutôt arrêtés : elle aurait même une tendance à reculer. L'occasion est donc très propice pour la propagande japonaise. Cependant, comme l'Allemagne est forte et habile, les Japonais doivent faire très attention pour réussir.

Or, au même moment (novembre 1904), dans les journaux, on pouvait lire des plaintes allemandes sur l'activité commerciale et politique des Japonais au Chan-tong, et une dépêche de Pékin annonçait que le nouveau vice-roi de Leang-Kiang, naguère gouverneur du Chan-tong, dans une communication à un ministre, se plaignait du tort que l'administration allemande faisait au prestige de la Chine et réclamait, pour faire échec au progrès des Allemands, que la Chine se décidât rapidement à ouvrir comme marchés deux ou trois villes de la province. Nul doute que ce réveil des susceptibilités chinoises ne soit dû à l'influence japonaise.

La propagande japonaise en Chine est plutôt agnostique que confessionnelle : elle a surtout un caractère scientifique et utilitaire. Les Japonais fondent des hôpitaux en Chine et y viennent nombreux comme médecins et comme dentistes. La médecine leur est un bon moyen d'influence. Mais parfois la communauté de la religion est invoquée et il existe des associations chinoises qui sont ouvertement bouddhistes en religion et pro-japonaises en politique. Dans le numéro de janvier 1904 du *Taiyô*, le docteur Enryô exprime le vœu que le Japon prenne la tête d'un grand mouvement religieux et éthique. Il souhaite :

1º Qu'une Université confucéenne et bouddhiste soit établie au Japon ;

2º Que le Japon devienne le centre de tout le savoir oriental ; qu'une académie y soit fondée, qui serait représentée en Corée, en Mandchourie, en Mongolie ;

3º Qu'un grand congrès bouddhiste soit tenu au Japon, où tous les bouddhistes orientaux seraient invités.

Il serait curieux que l'étude du bouddhisme, comme l'étude des caractères et de la littérature chinoise, que les tendances utilitaires du Japon moderne sacrifient de plus en plus, fussent remises en honneur comme auxiliaires de la propagande politique en Extrême-Orient. En fait les Japonais paraissent bien se servir des bonzes bouddhistes pour leur action politique en Chine, à l'imitation des gouvernements occidentaux et de leurs missions chrétiennes. Les journaux anglais et français d'Extrême-Orient signalent l'activité des bonzes japonais à s'installer dans les bonzeries chinoises. Parfois la tâche leur est inconsciemment facilitée par le gouvernement chinois. Quand il cherche à mettre la main sur les biens des bonzeries et des couvents pour créer des écoles, les bonzes chinois, afin d'échapper à cette mainmise, placent leurs biens en possession des Japonais.

Mais cette propagande bouddhique japonaise paraît rencontrer des obstacles. Le gouvernement chinois fait observer que les traités passés avec les étrangers ne prévoient que la propagande du catholicisme et du protestantisme, que les missions japonaises bouddhistes ne sont pas assimilables aux missions européennes et qu'elles ne peuvent être considérées comme étrangères chez des bouddhistes. On paraît en outre se méfier de la qualité de leur propagande qui provoque parfois des conflits avec les populations.

# V

Les partisans du *Nouveau Savoir* songent naturellement à compléter eux-mêmes, ou à faire compléter aux élèves formés par les nouvelles méthodes, leurs études à l'étranger. En Chine, ils manquent de maîtres. Dans le mémoire des deux vice-rois, le quatrième article de la première partie recommande l'envoi d'étudiants à l'étranger, et M. Nezu, commentant cet article, remarque : « C'est ce point qui nous intéresse le plus, nous autres Japonais, car, entre tous les autres pays, c'est au Japon que les auteurs de l'adresse demandent qu'on envoie le plus de monde. » Voici les raisons données par les vice-rois[1] : « Les méthodes d'enseignement du Japon paraissent être les meilleures ; les littératures des deux pays sont très voisines ; leurs mœurs se rapprochent ; les dépenses seront moindres, et les voyages plus courts. Si l'on calcule les dépenses à faire pour envoyer des élèves en pays étrangers ou pour faire venir des professeurs étrangers, on s'aperçoit que s'adresser au Japon fait une différence de deux tiers. » Et les vice-rois ajoutent : « Du Kiang-sou et du Hou-pé, sont déjà partis beaucoup d'élèves pour les

1. Citation soulignée dans la traduction japonaise.

écoles du Japon, et c'est par eux que nous nous sommes renseignés[1]. »

Au surplus, il y a ce fait que la morale japonaise a été formée en partie sous l'influence des règles de Confucius et de Mencius, que c'est aussi de Chine que vint le bouddhisme japonais. Depuis plus de mille ans, le Japon vit de cette civilisation chinoise. Le fonds moral, d'où sortent tous les sentiments, est le même dans les deux pays; il y aura donc moins d'inconvénients à envoyer les jeunes Chinois au Japon qu'en Europe. Au Japon, ils ne seront pas exposés à perdre leurs croyances. Et l'on ajoute que le Chinois a, en commun avec le Japonais, de grandes qualités inconnues aux Aryens : avant tout, le mépris de la mort. Il ne lui manque que d'acquérir le sentiment patriotique et le goût militaire. Cette communauté de morale (bouddhisme, confucianisme, etc.), de sentiments et de qualités entre Chinois et Japonais est très souvent invoquée par les Japonais (le comte Okuma, par exemple).

Pratiquement, l'emploi en commun par les deux peuples d'un grand nombre de mots et des mêmes caractères d'écriture permet aux étudiants chinois de comprendre rapidement le japonais et réciproquement. En 1901, on comptait environ deux cents étudiants chinois au Japon. En 1902, M. Nezu, parlant du mémoire des deux vice-rois, disait : « Si ces

---

1. Au Japon, un étudiant peut vivre à la rigueur avec dix yens (vingt-cinq francs quarante) par mois.

idées sont appliquées, le nombre des étudiants chinois au Japon va augmenter considérablement. Supposons qu'on en envoie seulement 50 par province; comme il y a 18 provinces, nous arrivons au chiffre de 540. » En fait, ce résultat fut atteint, comme l'a reconnu en 1905 la Société d'Éducation du Japon.

Une statistique, fournie par le ministère japonais et datée du mois de mars 1904, indique la présence au Japon de 1202 étudiants chinois. Ce chiffre, à l'époque même où il fut donné, était déjà inexact. Tout d'abord il comprend les Chinois étudiant dans les écoles publiques du Japon; mais il ne comprend pas les élèves chinois étudiant dans les écoles fondées spécialement pour eux[1], où, nouveaux arrivés, ils peuvent apprendre le japonais et acquérir les connaissances nécessaires pour suivre les cours de telle ou telle école publique. De plus, cette statisti-

---

1. De ce type est la Kôbun Gakuin, école spéciale pour étudiants chinois ne parlant pas encore le japonais. Il y a quelques mois, elle a été transportée à la lisière extrême de Tôkyô, sur le territoire du village de Sugamo et sur un terrain appartenant à la secte bouddhiste Hongwanji. Bâtiments vastes de belle apparence, comprenant environ 150 élèves de tout âge (quelques-uns portant 35 à 40 ans) *tous du Hou-pé ou du Kiang-sou*. Impossible d'en trouver parlant le cantonais ou le comprenant sur les 10 à 12 que nous avons vus. Les professeurs sont Japonais. Une toute petite boutique de librairie s'est ouverte en face l'école. On semble y donner des leçons de japonais. On y trouve quelques ouvrages pour l'étude du japonais et quelques livres élémentaires, publiés par la Société *Seitô Dôbun Kyoku*. La Dôbun Shoin est une école du même genre. Et il y en a beaucoup d'autres.

que compte 95 élèves chinois à l'école militaire ; or, à la fin d'octobre 1904, sont sortis de cette école, où les cours durent deux années, 98 sous-lieutenants chinois. Il faut donc au moins doubler le chiffre annoncé pour avoir le nombre total de Chinois étudiant dans cette école militaire. Enfin, depuis le commencement de la guerre, il ne s'est pas passé de semaine sans que les journaux aient annoncé par de courtes notes l'arrivée d'étudiants chinois.

Ils débarquent par paquets de trente à cent, envoyés par le gouvernement chinois, ou par les gouvernements locaux, ou venant à leur compte. Presque tous vont et restent à Tôkyô. Au début, on voulait éviter de les concentrer dans la capitale où ils pourraient prendre des idées subversives; mais pratiquement ils y sont presque tous réunis, ou du moins ils y sont maintenant en très grand nombre. Ils ont formé un club : beaucoup sont inscrits à la Société d'Étudiants d'Extrême-Asie [1]. Dans les rues de Tôkyô, on rencontre de longues files de ces Chinois en promenade, visitant la ville. Ils sont frais débarqués, en costume chinois, avec la queue, guidés par un Chinois, résident plus ancien, qui est déjà vêtu à l'européenne et qui, souvent, a sacrifié

1. Vient de se fonder. Parmi les membres du bureau : MM. Watanabe Kunitake (ancien ministre des finances). Haomaya (ancien président de la Chambre), Takada (professeur à l'Université de Waseda, fondée par le comte Okuma), etc.

sa natte. Parmi ces nouveaux venus, il y a des jeunes filles : très vite aussi, elles changent leurs vêtements et prennent le costume de l'étudiante japonaise. C'est un changement radical dans les mœurs chinoises que cette émancipation de jeunes filles : jusqu'ici on ne les instruisait pas pour les garder plus soumises à leur mari et à leurs beaux-parents[1].

Au début de l'année 1905 on ne devait pas être très au-dessus de la vérité en fixant le nombre total de ces étudiants chinois au Japon à environ quatre mille. Depuis, leur nombre a certainement beaucoup augmenté, peut-être doublé.

Deux faits sont intéressants à noter. C'est d'abord la répartition de ces étudiants chinois dans un grand nombre d'écoles différentes : ils commencent par aller dans les écoles spéciales pour ceux qui ne parlent pas encore japonais; puis, c'est aux écoles militaires de toute nature qu'ils vont en plus grand nombre : c'est l'éducation militaire qui, maintenant, en Chine et au dehors, est la plus recherchée des Chinois. Mais, dans les écoles secondaires et supérieures, à l'Université de Tôkyô, à l'Université de Waseda[2], à l'École normale supérieure, aux écoles

---

1. En Chine s'ouvrent des écoles pour jeunes filles, souvent avec des maîtresses japonaises. Yuan-Che-Kai s'intéresse à cet enseignement. L'Impératrice aussi. Les deux missions chinoises actuellement en Europe ont reçu, paraît-il, l'ordre de l'Impératrice d'étudier l'enseignement occidental donné aux filles.

2. Université privée, fondée par le comte Okuma.

où l'on enseigne l'anglais, aux écoles de droit et surtout de droit politique, ils fréquentent aussi en grand nombre, pour devenir professeurs ou se préparer aux carrières officielles. On les trouve encore dans les écoles de médecine de Chiba, de Kanagawa, de Tôkyô, de Kumamoto, d'Osaka, à l'école de pharmacie de Tôkyô, dans les écoles d'agriculture et de sériciculture, dans les écoles d'industrie et de commerce de Tôkyô et d'Osaka, à l'école des chemins de fer d'Iwakura, de teinturerie de Kyôto, dans les écoles de sciences physiques et des arts et métiers, à l'école de police, dans les écoles de gymnastique, — partout[1].

L'autre fait à noter est que tous ces étudiants viennent des dix-huit provinces de la Chine, même des plus reculées, comme le Kan-sou. Néanmoins, c'est des provinces du nord qu'ils viennent surtout, Pe-tchi-li et Chan-tong, puis, en suivant la côte, Kiang-sou, Tche-kiang, Fo-kien, Kouang-toung et Kouang-si.

Tous ces étudiants ont été envoyés au Japon, soit spontanément par les Réformistes chinois, à titre officiel ou privé, soit sur les conseils des Japonais enseignant en Chine. Si l'on songe qu'une fois rentrés en Chine ils feront nécessairement une propagande active pour le *Nouveau Savoir*, dans l'armée, dans l'administration [1], comme agriculteurs, com-

----

1. Le gouvernement central confie les plus hautes situations administratives aux fonctionnaires chinois qui revien-

merçants, industriels, et surtout comme professeurs [1] et comme chefs d'école, il faut estimer à sa juste valeur cette présence de plus de quatre mille jeunes gens à Tôkyô pendant la guerre et après. Nul doute qu'ils y perdent beaucoup de leur respect pour la dynastie mandchoue et les mandarins, et qu'ils y gagnent de l'estime, peut-être même du dévouement pour les Japonais, en tout cas de la défiance hostile pour l'Europe.

Ces étudiants sont remuants. Pour les surveiller, on avait décidé de créer, dès 1902, un poste d'inspecteur général. Maintenant c'est le ministre chinois de Tôkyô qui a cette charge. En Chine même, dans les Universités, au Japon surtout, ces étudiants du *Nouveau Savoir* passent leur temps à protester, à s'organiser. En 1902, quelques-uns soumirent la légation chinoise de Tôkyô à un véritable siège ; en 1903, ils résolurent de former une troupe pour aller défendre leur pays contre l'avance Russe. Après la

nent de faire un stage à l'étranger, aux États-Unis, en Europe, au Japon surtout, soit comme étudiants, soit comme attachés aux légations ou secrétaires des missions d'enquêtes.

1. Dans la *Revue d'éducation japonaise*, extrait d'une conférence faite à la Société d'éducation par un Japonais résidant à Tsinanfu : « Le peuple se tourne vers l'éducation. Des écoles s'élèvent. L'an dernier (1903), plusieurs élèves avaient été envoyés à Tôkyô pour recevoir une formation rapide de professeurs. Ils sont revenus au printemps et ont été répartis pendant l'été dans les différentes écoles. Les résultats obtenus ont été si beaux que, cette année, on a déjà envoyé douze élèves à une école d'agriculture au Japon, six à des écoles commerciales et industrielles. »

réaction de 1898 contre les idées modernes beaucoup de réformistes se réfugièrent au Japon, et dans le procès du *Soupao*, à Shanghaï, en 1903, les deux journalistes accusés d'attaquer la dynastie mandchoue et de prêcher les réformes avaient longuement séjourné au Japon. L'un même y avait étudié la Révolution française de Carlyle, les œuvres de Stuart Mill et de Spencer.

Très souvent dans les journaux, on signale l'influence de ces étudiants chinois au Japon sur tous les mouvements réformistes anti-dynastiques, ou sur les mouvements nationalistes anti-étrangers : mouvements révolutionnaires du Kouang-si, émeutes de Shanghaï, mouvement de boycottage des marchandises américaines, dénonciation d'ambitions allemandes et même japonaises (à propos du traité sino-japonais), pression pour que le gouvernement refuse aux étrangers de nouvelles concessions de chemins de fer, de mines, etc.

Ils croient, encouragés d'ailleurs par les Japonais que la Chine peut rapidement se suffire à elle-même. Ce groupe d'hommes jeunes, pleins d'ardeur pour les réformes et la cause nationale, excités et remuants, exerce de Tôkyô une réelle influence sur l'opinion en Chine.

Ainsi s'établissent entre la Chine et le Japon des relations intellectuelles, toutes contraires à ce qu'elles ont été pendant des dizaines de siècles. Depuis le ve siècle de notre ère, c'était en Chine que les plus intelligents des Japonais allaient prendre des leçons de politique et chercher leur inspiration morale, philosophique et artistique. Maintenant le Japonais éprouve un orgueil infini à voir ces Chinois venir étudier dans ce Japon que leurs ancêtres méprisèrent.

# VI

On a dit que le Japon attendait avec anxiété le moment de prendre le commandement en Extrême-Orient, et que, s'il y réussissait, ce serait pour tourner l'Orient contre l'Occident. Est-ce vraiment la destinée du Japon d'être le chef en Extrême-Orient? Personne ne le sait encore. Mais si jamais cette responsabilité nous incombe, le monde peut être bien sûr que le Japon ne reviendra pas volontairement sur ses pas et qu'au moins il tentera de persuader à l'Orient de faire ce qu'il a fait lui-même ou ce qu'il essaie de faire encore plus parfaitement.

Ainsi s'exprimait, au mois de mai 1904, le comte Katsura, alors premier ministre, dans une conversation [1] avec un journaliste américain sur le péril jaune. Et niant que la propagande japonaise en Chine se servît du sentiment anti-étranger, il affirmait qu'il était absurde de prêter au Japon le désir de créer un nouveau mouvement Boxer, — au Japon qui, en 1900, en dépit de la situation difficile où il se mettait vis-à-vis de la Chine, n'avait pas hésité à aider les puissances d'Occident à délivrer les légations; au Japon qui, dès les origines du conflit avec la Russie, avait fait tous ses efforts pour convaincre la Chine de rester neutre, précisément

1. Reproduite par le *Japan Weekly Mail*, 28 mai 1904. Le texte de cet entretien, rédigé par le journaliste, a été revu par le comte Katsura avant d'être publié.

par peur de déchaîner le sentiment anti-étranger [1].
« Par conséquent, — concluait le comte Katsura, — quand le Japon parle de la paix permanente en Orient, il ne veut pas parler de l'Orient en armes contre les justes intérêts de l'Occident ou de la civilisation du monde. »

Quand on étudie les projets japonais de rénovation de l'Asie, il semble, en effet, que l'on doive renoncer à cette vision populaire et dramatique d'un péril jaune, se dressant sous la forme d'une levée de hordes et aboutissant à une catastrophe soudaine et sanglante. Sans doute la propagande japonaise en Extrême-Orient pourra, par accident, causer des soulèvements passagers; mais, en elle-même, c'est bien plutôt une campagne d'agitation et d'éducation pour une organisation raisonnée, lente et pacifique de la révolte.

L'Europe surtout est responsable du malaise chinois. C'est elle qui a forcé la Chine de s'ouvrir, et l'a traitée en terre qu'on se partage, sans consulter les habitants. Puis elle y a déversé tout le surplus de sa production à bon marché, y compris des armes. Elle a envoyé des missionnaires, des ingénieurs, des commerçants qui ont prouvé aux Chinois que, de

---

1. Cette raison n'a pas été la seule. Le Japon n'avait peut-être pas intérêt à ce que l'aide de la petite armée chinoise, si précieuse qu'elle pût être au début de la guerre, amenât la France à intervenir. De plus, l'Angleterre, et surtout les États-Unis (note du secrétaire Hay aux puissances), insistèrent pour que le champ des opérations fût limité et la neutralité de la Chine respectée en dehors de la Mandchourie.

toutes leurs idées traditionnelles dont ils s'enorgueillissaient, ils ne tireraient que faiblesse. Et tous les beaux outils de civilisation, chemins de fer, télégraphe, poste, journaux, n'ont servi qu'à une diffusion rapide d'idées qui niaient ou ruinaient le passé.

L'œuvre de destruction est donc en bonne voie. Mais, comme on ne supprime pas une race très ancienne, représentée par 400 millions d'hommes, même en se les partageant, il y a' une place à prendre en Chine : les Japonais la prennent. Ils ont compris que l'œuvre de critique était assez avancée et qu'il était temps d'entreprendre par l'éducation une œuvre de reconstruction : même si les Japonais, dans leur propagande, ne sont pas tendres pour les Européens, nous serons mal venus de crier à la trahison, tant que nous n'aurons pas institué avec autant d'énergie et d'esprit de suite un contre-mouvement.

La Chine est remuée. Fiévreusement elle veut s'assimiler la science occidentale qui, greffée sur les vertus orientales, sur la résistance physique, le calme des nerfs, le mépris de la mort des races jaunes, leur donne la force de battre les puissances d'Occident. Aussi ne sépare-t-on pas l'entraînement militaire du mouvement d'éducation inspiré par le désir national de résister à l'empiétement étranger. A Canton, en décembre 1904, on m'a signalé une poussée de militarisme qui étonnait, surtout en cette Chine du Sud, où la classe militaire a jusqu'ici été assez méprisée. Les élèves de l'école française (école Pichon) demandaient qu'on leur fît faire l'exercice; des images exaltant les attaques victorieuses de Port-Arthur et les explosions de cuirassés russes, étaient répandues à profusion par les Japonais. Le *Nouveau Savoir* s'achève ainsi en leçon militaire. Ce sont les écoles militaires que fréquentent surtout les étudiants chinois au Japon. Nombreuses aussi sont les écoles militaires fondées en Chine depuis dix ans, presque toutes sous l'influence japonaise, et qui fournissent des officiers.

Ce n'est pas un réveil de ces soudards de profession, de ces Tartares armés d'arcs et de fusils à mèches, que l'on voit errer amollis et désœuvrés dans les yamens, pauvres gueux à maigre pitance de riz, encore un peu respectés, méprisés au fond, parce qu'ils représentent en chaque grande ville l'autorité militaire de la dynastie mandchoue; mais c'est vraiment l'éveil des populations Chinoises. Les armées du Nord et du Hou-pé sont équipées et exercées. Les Européens n'eurent pas à lutter contre ces troupes en 1900 à Tientsin ou à Pékin. L'armée du Nord en octobre 1905 a manœuvré en présence de Yuan-che-kai et d'officiers étrangers qui ont été étonnés des progrès accomplis.

Avant de sourire de la force militaire des Chinois n'oublions pas que M. J. R. Black, qui fut au Japon de 1858 à 1879, nous rapporte dans son « Young Japan » que les troupes japonaises prêtaient à rire quand, après l'ouverture du pays, les premiers

Européens les virent; n'oublions pas non plus que Gordon contre les Taïpings a prouvé que les Chinois bien encadrés devenaient de bons soldats. Les instructeurs japonais et les élèves chinois qu'ils forment peuvent fournir ces cadres.

Sur des points très distants il y a des mouvements locaux dont il est malaisé de connaître en chaque cas les raisons. Ce sont des mouvements populaires, inspirés, semble-t-il, par l'inquiétude et l'excitation du sentiment national. Il y a une irritabilité générale que le moindre incident affecte. A propos de questions diverses on constate, jusqu'ici, des froissements, des heurts avec des étrangers, plutôt qu'un mouvement général, organisé, dirigé contre l'Étranger.

A Shanghaï les troubles éclatent (décembre 1905) à propos d'un incident au tribunal mixte : les consuls refusent d'accepter le renvoi de l'assesseur consulaire anglais. Les Chinois veulent que le droit à diriger le tribunal soit reconnu aux fonctionnaires chinois. En réalité c'est l'existence même des tribunaux mixtes qui leur déplaît. Le Japon a su se débarrasser de cette juridiction consulaire, les tribunaux japonais sont seuls à juger au Japon. L'ingérence de l'Europe en leurs affaires irrite les Chinois. Un incident suffit pour amener une émeute.

De même pour le boycottage des marchandises américaines. Les États-Unis appliquent avec une rigueur croissante le décret qui interdit aux travailleurs chinois de débarquer en Amérique. Je me rappelle dans les docks de San Francisco les salles grillées et cadenassées où l'on empile les nouveaux venus : coolies déguenillés, riches marchands vêtus de soie, confondus pêle-mêle en ces pièces où il n'y a ni place ni air ; je me rappelle aussi les comparutions des Chinois, dont le cas était douteux, devant le tribunal du bureau de l'immigration, et aussi l'empreinte que l'on prend de leur pouce sur des fiches anthropométriques. Les Chinois qui n'hésitent pas à s'expatrier et qu'attirent les États-Unis, depuis longtemps sont froissés d'y subir une loi d'exception et d'y être traités autrement que les hommes des autres nations. Les marchands surtout souffrent de n'être pas distingués des coolies. Au moment où le sentiment national chinois est excité par le succès d'un peuple jaune, et se montre impatient de signifier par des actes aux étrangers que la Chine entend qu'on la respecte, le boycottage, mesure de représailles, a pu être organisé.

Les États-Unis protestent : leurs intérêts sont lésés et les espérances que leur donne ce commerce chinois sont déçues. La Cour de Pékin, les fonctionnaires de l'Empire ordonnent aux marchands de cesser leur obstruction, mais en vain car leur position est très forte : s'ils empêchaient les Américains d'importer des marchandises, ce serait contraire aux traités, mais c'est leur droit de s'entendre avec leurs concitoyens pour ne pas les acheter.

Le mouvement, de Shanghaï et de Canton, s'est

propagé au nord de la Chine, en Indo-Chine, au Siam, au Pérou, dans toutes les grandes communautés commerciales chinoises. Contre un tel mouvement populaire les édits de Pékin ne comptent pas.

Enfin ce même esprit de malaise et de représailles à l'égard des étrangers se manifeste par des refus de concessions (mines, chemins de fer) par des conditions de résidence beaucoup plus sévères que l'on veut imposer dans les places nouvellement ouvertes au trafic.

Dans quelle mesure les Japonais sont-ils responsables de ces mouvements anti-européens et anti-américains? On a dit à propos des émeutes de Shanghaï que, s'il n'est pas prouvé qu'ils en aient été complices, du moins ils n'en ont pas souffert; la populace semblait les mettre hors de cause. Le mouvement serait anti-européen, non pas anti-étranger.

Sans doute ils sont responsables de l'état actuel de l'opinion en Chine, mais de manière assez indirecte. Il est certain que sur la masse chinoise déjà lasse de la dynastie mandchoue, lasse des empiétements des Européens, la victoire japonaise a agi comme un ferment et a fait lever le sentiment national et anti-dynastique.

D'autre part la propagande du Japon en Chine développe aussi ce sentiment. Comme cette propagande est réformiste, elle est naturellement anti-dynastique. Surtout, depuis le coup d'État de 1898, les réformistes sont hostiles aux Mandchous qu'on rend responsables de l'abaissement de la Chine, de son impuissance pendant cette dernière guerre qui pourtant a été faite sur son territoire et à propos de ses territoires. Au surplus, l'action des Chinois qui étudient au Japon est certaine dans ce mouvement de boycottage des produits américains, dans les émeutes de Shanghaï, dans ces refus d'accorder des concessions aux étrangers. Or les Japonais sont responsables de l'état d'esprit turbulent, impatient, orgueilleux de ces quelques milliers de Chinois très influents. S'ils ne les flattaient pas, s'ils n'exaltaient pas leur supériorité d'Asiatiques, si surtout ils essayaient de leur faire comprendre que la réussite du Japon est liée à cinquante ans d'efforts pour s'approprier la culture occidentale et aussi à beaucoup de patience et de soumission, ces Chinois leurs élèves ne seraient pas si intransigeants. Ils croient trop que les réformes doivent avoir des effets immédiats, absolus, et qu'eux-mêmes possèdent déjà l'essentiel de la culture occidentale.

Mais si le Japon est responsable en partie de cet état d'esprit, cause générale des désordres, il est peu vraisemblable qu'il le soit — j'entends le gouvernement japonais et ses agents de propagande, non pas les Japonais isolés, souvent batailleurs, qui errent en Chine disposés aux coups — il est peu vraisemblable qu'il soit directement responsable de telle ou telle émeute contre les Européens.

Car s'il est de l'intérêt du Japon d'augmenter son

prestige et son influence en Chine en prêtant appui aux réformistes, il n'est pas du tout de son intérêt que le mouvement dégénère en agressions anti-étrangères. Son œuvre de propagande a besoin de paix extérieure en Chine; c'est une œuvre d'agitation et de reconstruction qui demande du temps; elle serait compromise par des actes qui amèneraient l'intervention des puissances occidentales dans les affaires de Chine, et peut-être de nouvelles atteintes à l'intégrité de l'Empire. Pour le Japon il faut une Chine à laquelle aucune puissance ne touche, une Chine où pendant des années on lui laisse le champ libre pour sa propagande.

La dynastie mandchoue, que la mort de l'impératrice peut compromettre définitivement, a tout intérêt aussi à ne pas favoriser un nouveau mouvement boxer. De fait, il semble qu'elle soit hostile à ces manifestations anti-étrangères qui presque toutes se produisent dans les régions centrales et méridionales de la Chine où les sentiments anti-dynastiques sont surtout développés. Son sort paraît temporairement lié au sort des étrangers, peut-être même un jour à l'appui des légations contre son peuple. Le vice-roi du Tche-li Yuan-che-kai qui est très japonophile est en même temps le plus ferme soutien de la dynastie. Lui non plus ne doit pas souhaiter un nouveau mouvement boxer.

Le Japon, en cas de révolte générale de la Chine, devrait immédiatement intervenir, mais sa situation n'est pas encore assez prépondérante en Extrême-

Orient pour qu'il soit seul à intervenir, pour qu'il puisse jouer entre la Chine et l'Europe ce rôle d'intermédiaire exclusif que les États-Unis peu à peu s'arrogent entre l'Europe et les républiques Sud-Américaines. L'Angleterre, son alliée, interviendrait, et sûrement aussi les États-Unis qui à la suite du boycottage systématique et persistant dont souffrent leurs marchandises sont les plus excités contre la Chine, et les plus pessimistes sur sa situation. Cette nouvelle intervention des puissances occidentales en Extrême-Orient, juste au moment où, après la victoire japonaise, elles viennent d'y réduire leurs forces et de céder le pas au Japon, marquerait un recul pour la politique japonaise.

Les Japonais ont fait la guerre, puis la paix pour créer une « paix permanente en Extrême-Orient ». Il faut les croire : leur politique cherche sa réussite, non pas d'un coup, dans une catastrophe, mais peu à peu par une bonne organisation. Le peuple qui a imprimé un rythme aussi lent à la guerre contre le Russe, qui, entre les grandes batailles de Liao-Yang, du Cha-ho et de Moukden, a pris de longs mois pour se préparer à l'attaque, et n'avait d'élan à l'assaut que s'il sentait toutes ses précautions prises, qui enfin a vaincu grâce à sa préparation minutieuse ne peut avoir pour sa politique de propagande une conception catastrophique.

# VII

L'influence japonaise en Chine est donc un phénomène dont on peut essayer de prévoir les effets, et auquel on peut résister autrement qu'en tenant sa poudre sèche.

Quels sont les résultats à en attendre? Est-ce le pan-asiastisme rêvé par les Japonais, partisans enthousiastes de la paix japonaise de l'Extrême-Orient? Les Japonais sont-ils de taille à prendre en Asie vis-à-vis du monde l'attitude que les Etats-Unis commencent de prendre dans les deux Amériques? Ont-ils pour cette tâche des ressources suffisantes, ressources matérielles, ressources d'organisation et de prestige?

Dès maintenant, on peut noter une des faiblesses de leur grand projet japonais ; c'est son amplitude. Les Japonais se laissent trop imposer par l'exemple anglo-saxon. Comme les impérialistes de Londres, ils veulent construire un empire, et les belles phrases américaines, sur l'avenir du Pacifique[1] et sur la grandeur des nations qui y domineront, les grisent aussi. Déjà, à deux reprises, ils se sont heurtés sans

1. Cf. *Revue diplomatique japonaise*, 20 oct. 1901 : La Suprématie en Asie orientale, par le professeur Tomizu.

succès à l'avance américaine, aux îles Hawaï et aux Philippines. En Asie, ne se heurteront-ils pas à de pareils obstacles ?

Ils prétendent pousser leur influence jusqu'au golfe Persique. Déjà, ils pensent avoir la Corée et la Chine. Au Siam, — un des trois derniers États indépendants de l'Asie orientale et d'où il faut par conséquent écarter toute ingérence étrangère, — ils ont intrigué contre l'influence française[1]. Les Australiens, méfiants se sentent espionnés. L'activité de propagande japonaise a été découverte aux Indes dans certains clubs. Des Hindous ont été reçus à grands frais au Japon[2]. Les journaux japonais ont souvent fait remarquer que, sans la guerre du Japon contre la Russie, l'Angleterre n'aurait jamais fait une expédition au Thibet, que, par conséquent, cette guerre de Mandchourie a des contre-coups dans l'Asie entière. Et à plus forte raison vont-ils le répétant depuis l'extension du traité anglo-japonais à la défense de l'Inde. Le comte Okuma ou le professeur Tomizu préviennent souvent leurs lecteurs ou leurs auditeurs qu'ils se borneront pour cette fois à étudier la prééminence du Japon en Asie orientale, mais qu'ils parleront un autre jour de son rôle dans le monde.

1. On signalait en décembre 1904 l'envoi au Siam par le Japon de vingt mille fusils.
2. Sur notre bateau, entre Shanghaï et Hong-Kong, deux Japonais rencontrant un Parsi entreprennent, aussitôt de lui parler du Japon et de l'intérêt qu'a pour tous les peuples de Asie a cause qu'il défend (décembre 1904)

Dans ce travail de jalonnement de leur influence future, ils se laissent griser. Une telle propagande asiatique est trop vaste pour n'avoir pas de sérieux déchets. Il est vrai qu'ils remettent aux événements le soin de sérier les points où il importe plus spécialement d'agir. Écoutez un de leurs hommes d'État : « Après l'intervention de la Russie, de l'Allemagne et de la France en 1895, le mot d'ordre fut : « ne rien changer dans le nord (c'est-à-dire en Corée et dans le nord de la Chine), avancer au sud. Déjà le Japon, abandonnant l'idée de s'installer sur le continent, était prêt à s'avancer vers le sud. Au sud, c'étaient les Philippines, et aussi les îles Hawaï, puis, en descendant encore vers l'équateur et le pôle, les îles de l'Océanie et de l'Australie. Les pays voisins se sont inquiétés.... Je ne sais si mes souvenirs sont exacts : en août ou septembre 1895, un traité fut passé entre le Japon et l'Espagne, par lequel les deux pays s'engageaient à respecter leurs possessions. Ainsi l'avance vers le sud fut arrêtée, au nord les choses restaient en état, et notre peuple était décidé à accepter toutes les souffrances[1]. »

Depuis la guerre contre la Russie l'intérêt national s'est reporté et fixé sur la Corée, la Mandchourie et la Chine du nord. L'idée qui l'emporte est qu'après avoir chassé les Russes de Mandchourie, le Japon devra reprendre intégralement pour son compte tout

---

1. Discours prononcé par le comte Okuma au dîner de la Tobo Kyôkai, le 25 décembre 1903.

le lourd héritage d'ambitions russes sur la Chine du nord et sur le gouvernement de Pékin. Ils ne peuvent réussir qu'en limitant leurs ambitions. Déjà l'exécution de leurs plans en Corée et en Chine exigera un effort énorme et continu pendant de longues années.

Quelle sera l'attitude des Chinois ? Se prêteront-ils à un rapprochement durable avec le Japon, accepteront-ils sa direction, feront-ils une exception à leur haine anti-étrangère en sa faveur ? Temporairement il est sûr que le Japon occupe une position privilégiée en Chine. Il a vaincu la Russie dont l'ambition était menaçante pour la Chine. Son prestige est encore renforcé par son alliance avec l'Angleterre qui de toutes les nations européennes a été la moins exigeante en Chine depuis dix ans et qui, par le volume de son commerce, la popularité de son langage et la puissance de sa flotte, apparaît comme la plus forte. Le Japon, garantissant avec l'Angleterre l'intégrité de la Chine, ne peut être actuellement impopulaire parmi les Chinois.

Les Japonais ont pour eux beaucoup de hauts fonctionnaires ennemis d'une révolution mais désireux d'obtenir des réformes d'éducation et des réformes militaires. Le plus illustre est le vice-roi du Tche-li, Yuan-che-kai. Ils veulent profiter des Japonais pour éliminer la domination européenne dans la Chine du nord : les Russes ne sont plus en Mandchourie méridionale, l'Allemagne et les autres puissances vont retirer leurs garnisons du Tche-li, l'Allemagne

se confine à Tsing-Tao, les Anglais vont sans doute
évacuer Weï-Haï-Weï.

La victoire du Japon n'est donc pas sans résultats
immédiats pour la Chine. Mais se servir du Japon
contre l'Europe ne signifie pas céder au Japon, et
Yuan-che-kai, tout japonophile qu'il est, a su défendre
autant qu'il pouvait, en bon Chinois, les intérêts de
la Chine pendant les négociations du traité sino-japonais. Nul doute qu'il n'essaye, par l'accord avec la
Russie, d'obtenir le plus rapidement possible l'évacuation de la Mandchourie par les soldats russes et
japonais. Il serait déjà prêt, dit-on, à y envoyer une
armée chinoise pour retirer aux Japonais tout prétexte d'une police à assurer.

La diplomatie chinoise ayant toujours eu un pays
faible à défendre et des ambitions étrangères exi-
geantes à satisfaire, est habile au jeu de bascule. Li-
Hong-Tchang y était passé maître. Il n'aimait pas
les Japonais; dès le début de la rénovation du *meiji*
il prédit leur ambition, et les disait rusés, prudents,
irritables, dangereux. En 1895, ayant à traiter avec
les Japonais vainqueurs il joua contre eux des ambitions russes et allemandes, et le Japon dut renoncer
à Port-Arthur et à la presqu'île de Liao-Toung. On a
publié récemment une lettre attribuée à Li-Hong-
Tchang[1] et qui aurait été écrite au moment où l'impératrice douairière rentrait à Pékin (1901) et où
les Russes tâchaient d'obtenir de gros avantages en
Mandchourie. Le vieil homme d'État recommandait

1. *Times*, 10 octobre 1904.

à la Cour d'accéder aux demandes russes : la Russie, installée en Mandchourie, serait, disait-il, une menace pour l'influence japonaise en Corée. Ces deux pays seraient amenés à la guerre, et la Chine attendant le résultat probable de la lutte se rangerait du côté du plus fort pour obtenir quelques sérieux avantages ; la Mandchourie lui serait rendue par le vainqueur, qui prendrait la Corée. Le conseil était bon, mais la Chine négligea de s'armer et le Japon put prétendre que cette Mandchourie, que la Chine n'aurait jamais pu reprendre aux Russes, lui seul l'avait reconquise. En dépit de cette faute les hommes d'État chinois continueront la diplomatie de Li-Hong-Tchang : profiter actuellement des avances, et de l'appui que leur offre le Japon, en profiter contre l'ambition européenne, quitte un jour contre le Japon trop exigeant à invoquer l'aide de l'Europe[1].

Favorable à l'appui japonais est aussi le parti

---

1. Voici un passage d'un mémoire remis par le vice-roi réformiste Tchang-tche-tong au gouvernement de Pékin pendant la guerre. Publié par le *Japan Mail*. « Le Japon est tenu d'avoir une politique qu'aucune autre nation occidentale n'aurait. Aussi peut-on concevoir qu'ayant chassé les Russes de Mandchourie après de grands sacrifices en hommes et en argent, il consente à faire ce qu'aucun autre pouvoir du monde ne ferait : s'en aller, s'effacer ; la chose n'est pas tout à fait impossible. Mais il serait utopique de compter dessus, et la Chine ferait mieux de ne pas s'illusionner d'espoirs futiles. Le Japon assurément sera prêt à aider la Chine, à entraîner et même à commander les troupes chinoises, mais il ne va pas perpétuellement se charger sans récompense de défendre l'intégrité chinoise. »

de l'éducation : étudiants au Japon, et Chinois qui les y envoient ou qui appellent en Chine des instructeurs japonais. Les partisans de l'éducation, comme les fonctionnaires japonophiles représentent l'élite intellectuelle du pays, et voient dans le Japon l'intermédiaire le plus utile entre la Chine et les idées occidentales. Mais il s'en faut qu'ils cessent d'être Chinois. C'est parmi les Chinois qui étudient au Japon, parmi ces réformistes, que l'on trouve les patriotes les plus intransigeants. Et de même qu'ils protestent contre toute concession aux étrangers, qu'ils dénoncent dans des lettres à de hauts fonctionnaires l'ambition de l'Allemagne, de même pendant les négociations sino-japonaises ils ont protesté contre certaines des demandes du Japon.

Si la défiance des Japonais subsiste, même parmi l'élite des Chinois japonophiles, à plus forte raison doit-elle exister dans le peuple. Temporairement il est possible que les émeutiers, distinguant les Japonais des Européens, évitent de les toucher. Mais dans les changements qui s'annoncent en Chine, l'élite qui veut les réformes n'aura pas le rôle que l'élite réformiste a eu au Japon depuis cinquante ans. Au Japon ces conseillers de l'Empereur, ces Inoué, ces Ito ont pu faire rapidement passer leurs idées dans le peuple loyaliste et discipliné; en Chine, en l'absence d'un pouvoir fort et populaire, l'action de quelques milliers de réformistes est imprévisible sur ce peuple énorme, très indépendant, assez démocrate. La foule anonyme aura son action,

et elle agira avec ses préjugés tenaces. Or elle est
pour la Chine aux Chinois contre toute intervention
étrangère, et sans doute les Japonais eux-mêmes
sont pour elle des étrangers. Le mépris traditionnel
de la Chine pour le Japonais qui a toujours existé
ne peut disparaître tout d'un coup. Il passe pour un
voisin dangereux, batailleur, sans civilisation origi-
nale, qui a vécu de l'imitation chinoise. Sa force
actuelle tient à sa force militaire, à son imitation
des diables étrangers. L'expansion des Japonais en
Mandchourie, les violences qu'ils commettent dans
cette Corée, qui fut vassale de la Chine, ne contri-
bueront pas à rallier l'opinion chinoise à l'amitié
japonaise. Au reste, le Japon vainqueur sent bien
que l'on se défie de lui, et sa diplomatie ne manque
pas de prudence. La Chine ne lui paraît pas un terrain assez sûr pour qu'il puisse s'y implanter d'un
coup. Il est patient, conciliant.

Toutefois en dépit des limites que l'ambition du
Japon pourra trouver en Chine, son influence y
demeurera très grande. Dans la politique extrême-
orientale il restera désormais, il faut que l'Europe le
reconnaisse, une force dominante : et c'est surtout
de lui que dépendra la paix ou la guerre.

Pour cette Chine, éveillée aux réformes nécessaires par la menace étrangère, le Japon restera longtemps le représentant du « Nouveau Savoir ». Les
Japonais trouveront toujours un point d'appui dans
les provinces du sud et du Yang-Tsé, parmi les vice-
rois partisans des réformes; toujours aussi ils for-

meront contrepoids à la pesée européenne. Et puis, ils ne renonceront jamais à leur mission. Ils ont l'ambition et la rancune tenaces. Tout est raisonné chez eux : c'est la tête qui mène. Ils ont un orgueil intellectuel qui ne cède pas. A l'école, à l'université, leur jeunesse continuera d'apprendre à croire avec enthousiasme à l'Idée nationale. Et tant que la Chine sera agitée et menacée, le Japon pourra attendre le moment, qui sûrement viendra, de reprendre l'exécution de son grand projet de « Paix japonaise » dans l'Extrême-Orient.

# CHAPITRE III

# JAPONAIS ET AMÉRICAINS

Race jaune contre race blanche, barbares contre civilisés, païens contre chrétiens! voilà des mots et des craintes d'Europe qui n'ont point eu de prise sur l'opinion américaine : presque unanimement, elle a témoigné ses sympathies aux Japonais contre les Russes avant et pendant la guerre; et c'est sur son initiative et beaucoup sous son influence que la paix fut conclue.

Après plusieurs siècles de relations par mer et plus de cinquante ans de rapports continus, l'Europe continentale et l'Extrême-Orient s'ignorent presque ou se détestent : depuis que le Turc a coupé les anciennes routes de commerce entre Byzance et la Chine, une route de terre a manqué pour que, d'Europe en Asie et réciproquement, les races et les idées se mêlent. Sur le continent américain, au contraire, dès les origines historiques, on peut suivre continûment les effets d'une attraction vers notre Extrême-Orient.

# I

C'est en cherchant sur la mer de l'Ouest une route vers les Indes orientales que Colomb se bute aux Indes occidentales. Les voyages de Magellan et de Drake au xviᵉ siècle firent soupçonner l'étendue et l'épaisseur du continent qui barrait la route. Mais au xviiᵉ siècle la croyance subsiste chez les premiers explorateurs de l'Amérique du Nord, Espagnols et Français, qu'au travers du continent, il y a une large voie d'eau. Pour ceux-ci, le Saint-Laurent et les Grands Lacs devaient rejoindre la grande masse d'eau vers l'ouest dont les Indiens leur parlaient. C'était le Mississipi, mais ils croyaient la mer toute proche. Aussi quand, en 1634, Jean Nicollet arriva dans une baie du lac Michigan, — aujourd'hui Green-Bay, — il se croyait si bien en route pour la Chine qu'il revêtit une robe de mandarin avant d'aborder sur le rivage, où il s'attendait à trouver des Chinois. En 1673 le père Marquette, l'explorateur du Mississipi quitte sa mission du Saint-Esprit sur le lac Supérieur pour « chercher un passage jusqu'à la mer de Chine par la rivière qui se décharge à la mer Vermeille ». Et sur la carte de Joliet, son compagnon, est marquée la « mer Vermeille où est la Californie par où l'on peut aller au Japon et à la Chine[1] ».

---

1. *The Jesuit relations and allied documents.* Ed. by R. G. Thwaites.

Le père Hennepin, tandis qu'il parcourait les territoires du Minnesota et des Dakotas actuels, pensait aussi qu'on peut « être transporté au Pacifique par des rivières larges et capables de porter de grands vaisseaux, et de là aller très aisément en Chine et au Japon.... » Il ajoutait : « En toute probabilité le Japon est sur le même continent que l'Amérique[1] ».

Après la conquête du Mexique, les Espagnols longent du sud au nord la côte de Californie, pour trouver cette voie d'eau, — le plus court chemin des ports d Europe vers l'Orient. Juan de Fuca, à la fin du xvie siècle, crut l'avoir découverte, quand il trouva l'entrée du Puget-Sound qui porte encore son nom. Il en affirma l'existence aux géographes européens.

Puis les Anglais longtemps cherchent la au Nord-Ouest la passe la plus directe pour eux vers l'Extrême-Orient , car l'Orient continue d'attirer l'Europe par delà cette terre américaine qui a surgi sur le chemin.

Les Espagnols furent les premiers des Européens à établir des relations transpacifiques entre l'Amérique et l'Extrême-Orient. Ils avaient eu la chance d'aborder et d'occuper le continent qui leur barrait la route de mer vers l'Orient, dans sa partie la moins épaisse; elle fut vite franchie : en 1513, Nuñez de Balboa découvrit d'un promontoire du Nicaragua, l'océan pacifique ou la mer du Sud. Entre le Mexique et les Philippines des relations s'établirent très

---

1. *The history of Minnesota by Flandreau.* Béring, en 1729, prouva que cette supposition était fausse.

vite : les premiers colons des Philippines étant partis
de Nouvelle Espagne.

Or, dans ces premières relations entre l'Extrême-
Orient et le continent américain, le Japon fut compris. Des Philippines au Mexique, vents et courants
entraînaient les bateaux espagnols vers les îles du
Japon. En quittant Manille, les galions étaient pris
par le Kouro-Chivo : il les menait le long de la côte
est des îles Japonaises, leur faisait traverser le Pacifique au nord, du 40° de latitude, jusqu'au courant
de Californie qui les faisait virer; ils n'avaient plus
alors qu'à suivre la côte pour gagner Acapulco. Au
retour, en se remettant au courant Nord-Équatorial
du soin de les porter, les galions pouvaient aller
directement, d'Est en Ouest, d'Acapulco à Manille.
La grande boucle des courants nord-équatoriaux dans
le Pacifique, força donc les Espagnols à s'intéresser
aux récifs Japonais.

Au surplus le mirage des richesses de Cipango,
qu'on prétendait fabuleuses troublait les imaginations d'Europe. Marco Polo en avait parlé[1]; la légende subsistait au temps de Colomb. Les Espagnols, déçus de ne point trouver d'or aux Philip-

---

1. Marco-Polo décrit ainsi le Japon : « Sypangu est une
isle en Levant qui est en la haulte mer, loing de la terre
ferme mille cinq cents milles, et est moult grandisme isle.
Les gens sont blancs et de belle manière. Ils sont idolâtres
et se tiennent par eux, et si vous dy qu'ils ont tant d'or que
c'est sans fin, car ils le treuvent en leurs isles. Ils sont pou
de marchans qui la voisent, parce que c'est si loing de
la terre ferme. Si qui pour ceste raison leur habonde l'or
oultre mesure. »

pines, continuèrent de chercher dans le Pacifique
l'El Dorado rêvé.

> Ils allaient conquérir le fabuleux métal
> Que Cipango mûrit dans ses mines lointaines....

Mais en essayant d'aborder les côtes de Cipango ils
s'y échouaient. François Xavier, du Japon, fait savoir
au roi d'Espagne[1] les risques que courent ainsi ses
bateaux : tempêtes, peuple guerrier, redoutable aux
étrangers, « l'île si nue et si dévastée qu'une armée y
mourrait de faim. » — « Moins de vaisseaux, dit-il,
devraient être envoyés de Nouvelle Espagne pour
s'emparer des îles d'Argent, car les bateaux périront
tous infailliblement.... Il serait triste en vérité
d'apprendre que beaucoup de flottes venant de
Nouvelle Espagne ont péri dans leurs recherches des
« Iles d'Argent », car en dehors des îles du Japon, il
n'y a pas d'îles dans cette partie de l'Orient avec des
mines d'argent. » La recommandation n'eut pas
grand effet. A la fin du xvie siècle, les bateaux espagnols allant des Philippines à la Nouvelle Espagne
passaient encore par le Japon et risquaient toujours
de s'y perdre. Leur passage devait être fréquent
puisque Ieyasu finit par publier un édit permettant
à ces bateaux d'aborder[2]. Vers 1611-1613, Sebastiano
Vizcaino cherchait encore l'île d'El Dorado dans le
Pacifique au large des côtes du Japon[3].

1. Lettre à Rodriguez, recteur du collège de Coïmbre. Citée
par Murdoch, *A history of Japan during the century of early
foreign intercourse (1542-1651)*, Kobé, 1903, p. 69.
2. *Id. Ibid.*, p. 461. — 3. *Id. Ibid.*, p. 616.

C'était le moment où par la longue route du Cap de Bonne-Espérance, Hollandais et Anglais, supplantant le Portugal, commençaient d'entrer en rapports commerciaux avec le Japon (Hollandais 1602, Anglais 1613). L'Angleterre, d'autre part, cherchait par la passe du Nord-Ouest, une route vers l'Extrême-Orient. Tous ces appétits européens rôdant autour du Japon, ces désirs assez mal cachés de découvrir de fabuleuses richesses minérales, éveillèrent la méfiance des Japonais et de Ieyasu. « Ils croient, dit le capitaine Cock en 1617 dans une lettre à la East India Company, ils croient vraiment que notre effort pour découvrir le passage du Nord-Ouest n'est qu'un prétexte pour trouver quelques îles riches et non un passage[1]. » Le Shôgun Ieyasu pensait bien que ces îles n'étaient pas le Japon; tout de même, il demanda pour le Japon au roi d'Espagne, cinquante mineurs réputés de Nouvelle Espagne[2].

Les Franciscains espagnols, en lutte avec les Jésuites portugais, attiraient aussi au Japon les marchands espagnols. Ils avaient intérêt à s'en servir pour développer leur propagande catholique auprès des Japonais assez indifférents aux choses de la religion, mais curieux de nouveautés et désireux de trafiquer avec des Européens.

Ainsi mêlés, malgré eux, au commerce transpacifique entre les Philippines et la Nouvelle Espagne, les Japonais ne tardèrent pas à s'y intéresser activement.

1. *Id. Ibid.*, p. 616.
2. *Murdoch Ibid.*, p. 479.

Vers la fin du xvi⁰ siècle nous savons que des Japonais résidaient au Mexique[1]. Ieyasu, au début du xvii⁰ siècle, était très désireux de développer le commerce extérieur du Japon et de créer une marine marchande. Pour marquer son désir d'entente avec le roi d'Espagne il résolut de lui envoyer une ambassade avec de riches présents pour lui et le Vice-Roi de Nouvelle Espagne. En 1610, un Espagnol, don Rodrigo Vivero, venu en ambassadeur, repartit sur un bateau monté par un équipage japonais qui, après une magnifique réception au Mexique, revint au Japon avec un ambassadeur du Vice-Roi[2].

Bien plus, pendant dix années, Ieyasu chercha à nouer des relations commerciales entre le Japon et le Mexique sans passer par Manille. Seule de toutes les possessions espagnoles, Manille pouvait commercer directement avec la Nouvelle Espagne. C'était pour elle une source de très gros gains. D'après le système colonial de l'Espagne toutes les autres colonies ne pouvaient trafiquer directement ni avec des États étrangers, ni même entre elles; toujours il leur fallait prendre comme intermédiaire le port de Séville. Il paraît étrange que ce commerce de Ma-

1. A propos d'un pamphlet contre les Jésuites qui avait été répandu dans tous les pays de langue espagnole, Charlevoix dit : « Un Augustin, Emmanuel, qui heureusement se trouvait à Acapulco à ce moment, y fit une belle réponse; elle fut signée par de nombreux Japonais qui commerçaient au Mexique, et par plusieurs Castillans et Portuguais qui avaient été au Japon ». *Loc. cit.*, p. 292.

2. *Loc. cit.*, p. 480.

3. *Loc. cit.*, p. 601.

nille qui nuisait à l'Espagne ait été permis, mais, comme les premiers colons des Philippines avaient été envoyés du Mexique, les deux possessions espagnoles avaient toujours eu des relations transpacifiques directes. Manille était un entrepôt de marchandises extrême-orientales, en rapport avec la Chine, peuplé de Chinois qui vivaient sous le protectorat espagnol. Au début, le commerce avec l'Amérique se fit avec Callao au Pérou, ensuite avec Acapulco sur la côte de la Nouvelle Espagne. « Un ou deux bateaux quittent annuellement Acapulco avec la permission d'emporter de l'argent pour une somme de 500 000 pesos[1]. En retour ils rapportent des épices, des drogues, des porcelaines chinoises ou japonaises, des calicots, des mousselines, des soies.... Les habitants de la Nouvelle Espagne jouissent d'avantages inconnus aux autres colonies espagnoles. Les articles de l'Extrême-Orient ne sont pas seulement mieux accommodés au climat chaud, et plus plaisants que ceux de l'Europe, mais ils peuvent être vendus à plus bas prix; et les profits qu'on en tire sont si considérables qu'ils enrichissent ceux qui les apportent de Manille et les vendeurs en Nouvelle Espagne.... Quand la flotte arrive d'Europe à la Vera-Cruz elle trouve souvent les besoins du

---

1. Cité par Murdoch, p. 601. Le dollar mexicain est resté monnaie courante dans les ports chinois. Les États-Unis l'ont récemment supprimé aux Philippines, mais ils ont fait frapper un dollar de cours stable, équivalent au dollar mexicain.

peuple déjà pourvus 'par des articles meilleur marché et préférables. »

Cette tentative du Japon d'avoir des relations transpacifiques directes avec la Nouvelle Espagne, ne réussit pas; d'ailleurs, en 1636 le Shôgun décrétait « qu'aucun navire japonais n'avait la permission d'aller à l'étranger; que les Japonais qui essaieraient d'aller à l'étranger en secret seraient punis de mort, le bateau et l'équipage saisis. Tout Japonais résidant à l'étranger devait être exécuté s'il revenait au Japon[1]. » Le Japon se refermait pour plus de deux siècles.

La peur des conséquences politiques de la propagande catholique en fut cause. Les Japonais n'avaient jamais oublié la réflexion d'un pilote espagnol du *San Felipe* qui, alors que des Japonais lui demandaient : comment le roi d'Espagne avait pu acquérir tous ces territoires qu'il indiquait sur la carte du monde, répondit : « Nos rois commencent par envoyer dans les pays qu'ils désirent conquérir, des religieux qui poussent le peuple à embrasser notre religion, et quand ces religieux ont fait des progrès considérables, des troupes sont envoyées qui se joignent aux nouveaux chrétiens et alors nos rois n'ont pas beaucoup de peine à faire le reste[2] ». Le propos rapporté à Hideyoshi (1596) ne fut jamais oublié.

Le Japon s'isola du monde au moment où la puissance de l'Espagne disparaissait. Entre l'Amérique

1. *Murdoch Ibid.*, p. 636.
2. *Id. Ibid.*, p. 288.

et le Japon les relations transpacifiques cessèrent pour ne plus reprendre que deux siècles après[1].

Elles reprirent en 1854 quand le commodore américain Perry imposa au Japon un traité qui ouvrait Shimoda et Hakodate au commerce des États-Unis ; pour la seconde fois le Japon était tiré de son isolement par l'Amérique. Mais alors c'en était finit de l'expansion de l'Amérique centrale latine, la puissance espagnole s'était affaissée, une autre puissance de civilisation anglo-saxonne, formée par des émigrants de toute l'Europe, venait d'achever son mouvement d'expansion sur l'énorme territoire qui aux États-Unis sépare les deux océans. Cette marche vers l'ouest dans le sillage du soleil couchant avait été, une fois de plus, hâtée par le mirage de l'or — de l'or californien.

Mais bien avant d'avoir pris entière possession de leur continent les Américains du Nord, héritiers des Européens qui l'avaient découvert, puis exploré avec l'espoir de trouver un passage direct par eau vers l'Extrême-Orient, s'étaient préoccupés de rechercher ce passage. Les formalités de la cession de la Louisiane ne sont pas achevées que Jefferson envoie Lewis et Clarke explorer les rivières Missouri et Columbia jusqu'au Pacifique. En 1843, le président Tyler dans la première communication officielle

1. Pendant ce temps à la fin du xviii<sup>e</sup> siècle, le Pacifique fut exploré par les Anglais et les Français ; Cook et La Pérouse, surtout, visitèrent les côtes nord-américaines, asiatiques et les îles.

entre les États-Unis et la Chine, fait savoir à l'Empereur de Chine que « les territoires de l'Union s'étendent d'un grand océan à l'autre, et qu'à l'ouest ils ne sont séparés de ses domaines que par la mer ». « En quittant l'embouchure d'une de nos grandes rivières, ajoute-t-il, et en allant toujours vers le soleil couchant, nous arrivons au Japon et à la mer Jaune. »

Ainsi, l'attrait que l'Extrême-Orient avait exercé sur l'imagination des hommes qui découvrirent accidentellement l'Amérique du Nord et l'explorèrent, subsista dans les cerveaux Américains et progressivement se transforma en image de plus en plus nette, familière et active. L'expansion continentale terminée, les Américains virent enfin le reflet du soleil couchant s'allonger « sur la mer Vermeille qui conduit au Japon et à la Chine ». En 1869 le premier chemin de fer transcontinental unit l'Atlantique au Pacifique : le continent américain tout entier se trouvait ainsi rapproché de l'Extrême-Orient. A la même époque, le Japon s'ouvre largement à la civilisation occidentale, le Shôgunat est renversé, l'autorité impériale restaurée. Les deux grandes puissances actuelles du Pacifique, commencent donc ensemble leur mouvement d'expansion.

Et les relations qui s'établissent alors entre elles sont exactement les relations formées plus de deux siècles avant, entre l'Amérique centrale et le Japon, San Francisco remplace Acapulco, les Philippines espagnoles deviennent américaines. Les steamers et les fonctionnaires américains qui vont actuellement des Philippines à San-Francisco font escale au Japon comme jadis les galions et les ambassadeurs espagnols qui allaient de Manille à Acapulco. Les objets qu'exportent Manille et l'Extrême-Orient aux États-Unis sont les mêmes articles qui jadis plaisaient tant aux Mexicains.

Pour leur navigation transpacifique aussi, les Américains ont donc hérité de traditions anciennes. Les lignes de communication entre le Japon et le continent américain depuis longtemps préformées, se sont naturellement compliquées. Les États-Unis deviennent de plus en plus voisins du Japon, intéressés à sa destinée. Ils ont maintenant cinq chemins de fer transcontinentaux. Plusieurs lignes régulières de paquebots les continuent. Déjà les routes du Pacifique sont jalonnées de possessions américaines : de San-Francisco on va en Chine, au Japon et aux Philippines par les îles Hawaï, du Puget Sound au Japon par les îles Aléoutiennes. Avec les îles Aléoutiennes au nord et les Philippines au sud, les États-Unis enserrent les îles Japonaises : les Kouriles sont à 500 milles de la dernière île Aléoutienne; les Philippines à 200 milles de Formose; ce long chapelet d'îles, s'égrenant tout le long du rivage asiatique, le surveille. Les États-Unis ont célébré la victoire de l'amiral Dewey à Manille, qui installa les Américains tout près de la Chine et du Japon, comme une des grandes dates de l'histoire du monde. Enfin le canal de Panama que la France avait commencé — dernier effort de l'Europe pour créer une route vers l'Orient par la mer de l'ouest, sera fait par l'Amérique et donnera à la côte est des États-Unis un débouché direct sur l'Extrême-Orient.

Découverte et explorée d'Est en Ouest par des Européens qu'attirait le mirage oriental, l'Amérique héritière de l'Europe et de ses ambitions entend aujourd'hui reprendre pour elle-même cette marche vers notre Extrême-Orient.

## II

Au lendemain de la première attaque de Port-Arthur, l'opinion américaine, en bloc, fut japonaise. Au cours des longues négociations diplomatiques, la presse l'avait préparée. Cette unanimité de la presse était due, en partie, à l'influence anglaise : depuis cinq ou six ans, les articles sur l'Extrême-Orient avaient été inspirés par Londres, centre d'informations pour le monde entier, et surtout par le *Times*, nettement anti-russe. Les autres nouvelles, venues d'Europe par le monde financier, étaient de source juive : l'influence des Juifs sur les journaux aux États-Unis est très forte; dans les villes, ils possèdent les magasins, le grand commerce de détail; ils donnent aux journaux les annonces qui paient le mieux. Naturellement leur action sur les journaux fut anti-russe.

Et, pour corroborer cette influence de la presse, notons tout de suite un argument sentimental qui a touché *the man in the street*. Quand « l'homme de la rue » assiste à un pugilat dont il ne connaît pas très bien les raisons, quand il voit un gamin fluet provoquer et attaquer avec décision un gros homme qui hésite, l'homme de la rue est content, et de tout son cœur il est pour le petit homme : *the man in the street always sympathises with the under dog*, telle est

l'explication qu'on m'a souvent donnée de l'enthousiasme populaire pour les Japonais. A côté du fleg-
matique Slave, que la caricature représente toujours
engoncé dans une barbe et des bottes, le petit
« Jap », boy imberbe, était évidemment l'*under dog*,
le chien qui devait avoir le dessous. Tout dans le
Japonais plaît à l'Américain de la rue, homme de sport
passant ses loisirs à jouer ou à voir jouer le *foot-ball*
ou le *base-ball*. Le Japonais est dégourdi et rapide,
il est *smart* : sa première attaque de Port-Arthur,
c'est un coup hardi et juste qui assure le match.
Il est scientifique : cette guerre révèle une préparation parfaite, et l'Américain se rappelle que c'est
aussi l'art de ses ingénieurs qui lui gagna la partie,
il y a huit ans, sur une nation qui s'était laissée
vieillir.

Et ce Japon, qui en cinquante ans a tiré tant de
force de sa culture occidentale, c'est l'Américain
qui le réveilla de son engourdissement. L'Américain
ne se souvient pas trop que des étrangers eurent
jadis de l'influence au Japon, avant qu'il y eût des
États-Unis ; que jadis les Japonais empruntèrent tout
ou beaucoup de choses aux Chinois, puis aux Portugais, aux Espagnols et que, même après la grande
réaction antichrétienne et antieuropéenne du XVIIe siècle, les Hollandais firent passer dans les cerveaux
japonais quelques notions occidentales. Au vrai, à
mesurer l'ampleur de la révolution dans les mœurs
et les idées japonaises, il faut avouer que l'appari-
tion du commodore Perry amena la plus grande

transformation et révéla au Japon, gouverné par un féodalisme oriental du xvi<sup>e</sup> siècle, que, pendant son sommeil de de... cents ans, le monde chrétien avait acquis une formidable puissance. Les Japonais s'aperçurent que l'autonomie de leur nation ne tiendrait qu'à sa force et, résolument, ils étudièrent cette civilisation occidentale. Et ils allèrent l'étudier surtout en Amérique où ils pouvaient trouver la dernière édition de cette somme de vérités. Depuis cinquante ans, les Américains ont formé ces excellents élèves.

Le *Census* japonais du 31 décembre 1900 indique que des 123 971 Japonais résidant à l'étranger, 90 146 étaient aux États-Unis et dans les possessions américaines ; sur les 940 étudiants hors du Japon, 554 étaient aux États-Unis. Dans toutes les universités américaines, on rencontre ces Japonais. Ils laissent toujours un bon souvenir à leurs camarades, et tous leurs maîtres louent leur désir d'apprendre, la souplesse de leur esprit. J'étais à l'Université de Yale quand on connut la première attaque de Port-Arthur ; la joie de ce public universitaire fut spontanée et sincère. De nombreux Japonais ont suivi, de même, les cours de l'école navale d'Annapolis.

Au Japon, après 1868, la réforme de l'enseignement fut surtout guidée par des conseils américains. L'homme que Mr. B.-H. Chamberlain a appelé « le père intellectuel de plus de la moitié des hommes qui maintenant dirigent les affaires du pays », Fukuzawa Yukichi, cette manière d'encyclopédiste qui travailla jusqu'à sa mort pour la diffusion des lumières et les réformes sociales, s'imposa la tâche d'éclairer ses compatriotes en les américanisant, car l'Amérique fut toujours sa préférée parmi les terres chrétiennes. La démocratie qu'il avait trouvée là (il était membre de la première ambassade japonaise, envoyée en 1860), la simple vie de famille, et aussi cet empirisme du sens commun, le « Franklinisme » (si on peut l'appeler ainsi) de l'Amérique convenaient exactement à son intelligence fine et pratique, mais quelque peu terre-à-terre[1]. Chacune des grandes réformes japonaises, — frappe de la monnaie sur le système décimal, essai du système des banques nationales, adoption de l'étalon d'or, postes, télégraphe, chemins de fer, téléphone, électricité, système des *public-schools*, forme parlementaire de gouvernement, organisation des partis politiques, jeu du *base-ball*, etc., — a paru aux Américains un emprunt·et un hommage à leur civilisation. L'ambassade japonaise de 1860 et la grande mission de 1870 commencèrent leurs visites des pays étrangers par les États-Unis[2].

Et puis ces Japs sont des élèves si dociles! Ils donnent toujours l'impression de céder; sans doute

---

1. B.-H. Chamberlain. *Things Japanese*, Art. PHILOSOPHY.

2. « Nous sommes venus en Amérique pour connaître votre système de finances et pour acquérir des notions complémentaires sur les autres parties d'un gouvernement civilisé. Ces connaissances nous serviront à nous élever à ce point culminant où vous vous trouvez déjà. » Discours d'Ito prononcé à Washington, 1870.

ils savent bien, de tout ce qu'ils ont adopté en bloc, éliminer en silence ce qui ne leur sert plus, religion, costume, idéal européens ; mais, comme ils retiennent les méthodes scientifiques, industrielles, commerciales qui donnent la force matérielle, les Américains les croient toujours leurs élèves, et l'Amérique est fière de cette nation qui lui doit ses cinquante années de vie nouvelle, un peu comme elle est fière de ses États de l'Ouest qui fêtent maintenant leur cinquantenaire. Là-bas comme ici, les Américains ont inauguré quelque chose qui a réussi en cinquante ans. Et ils se sentent en mesure d'exporter désormais, à tout peuple qui leur en fera la demande, de la richesse et de la victoire.

Le Japon leur doit son avenir ; en retour, il peut leur prêter de son passé. Tout Américain voyage beaucoup ; même dans les petites villes, nombreuses sont les familles qui sont allées en Europe chercher des émotions historiques, qu'elles chercheraient vainement sur leur terre trop neuve. Mais quand on vit dans l'Ouest ou sur la côte du Pacifique : il n'est guère plus long d'aller au Japon qu'en Europe : l'attrait est à peu près égal ; dans les deux directions, on est sûr de trouver de l'histoire, de l'art, une nature humanisée. On quitte le continent américain avec ses quatre ou cinq grandes curiosités naturelles : l'Hudson, les Niagara Falls, les Lacs, le Yellowstone Park, témoins géants et solitaires de ce que fut cette nature américaine avant qu'une humanité industrielle s'y posât lourdement, et l'on trouve de l'autre côté de l'Océan une nature petite, mais proportionnée, où depuis des siècles, par de jolies concessions réciproques, hommes et choses se sont harmonisés. On cite tel Bostonien qui, parti pour sept semaines, est resté là-bas sept ans. « Sans doute, me disait le président de l'Université *Leland Stanford* (près de San-Francisco), de toutes les Universités, la nôtre est la plus éloignée de l'Europe; mais, par compensation, c'est la plus proche de l'Orient. » Il a été quatre ou cinq fois au Japon; il est en rapports constants avec les professeurs de l'Université de Tôkyô.

Tous les officiers, tous les membres du *Civil Service*, qui, depuis six ans, vont et viennent entre les États-Unis et les Philippines, ont touché au Japon, et aussi les troupes américaines des Philippines et de la campagne de Chine; l'armée et la marine américaines étaient tout en faveur des Japonais : « On a toujours été comme des frères, me disait un soldat; en Chine ou quand on était chez eux, ce qu'ils avaient était pour nous, et jamais rien à payer. » Et tout le monde de louer la politesse exquise de ces Japs, leur extrême propreté. La guerre durant, les journaux Américains n'ont cessé de décrire et d'admirer les bains chauds des soldats, l'antisepsie et l'hygiène de l'armée japonaise.

Les Japonais plaisent aussi aux Américains par leur optimisme national, leur foi en l'avenir, par la confiance et le crédit qu'ils donnent aux jeunes gens dans les affaires. De même qu'un étudiant de Harvard ou de Yale gagne souvent ses frais d'université, comme domestique ou comme conducteur de tramways, le *Kurumaya* qui vous traîne au Japon ou le *boy* qui vous sert, est peut-être un étudiant en médecine ou en droit. La vie des deux pays se ressemble par l'audace, la croyance au progrès, par un certain élan de jeunesse.

La plupart des livres importants écrits sur la civilisation japonaise sont en anglais. Le *Mikado's Empire* de Griffis est très populaire aux États-Unis. Les livres qui, après les admirables « guides » de Mr. Chamberlain, nous donnent la peinture la plus subtile du Japon, les essais de Lafcadio Hearn, ont tous été publiés en Amérique : impossible de faire mieux aimer le vieux Japon, monde délicieux où tout, à croire notre auteur, est art, politesse, cœur, sens du devoir, foi simple, héroïsme souriant. Avec un détachement élégant d'agnostique, L. Hearn entreprend même de prouver que la notion bouddhique du *Karma* (l'idée d'hérédité et de préexistence) ou la notion shintô du *Kami* (le culte des ancêtres) sont, de toutes les notions religieuses, les mieux vérifiées par les doctrines modernes de l'évolution : d'instinct, la vieille religion japonaise avait deviné ce que Spencer a prouvé; sur notre christianisme occidental, elle aurait l'avantage d'être plus scientifique, et peut-être aussi d'avoir donné plus de cœur à ses adeptes. « Spencériser » le bouddhisme pour Hearn, c'est en prouver la vérité. Mais c'est aussi l'anglo-saxoniser; aux lecteurs anglo-saxons, ce bouddhisme spencérien devient tout clair, et le mystère religieux qui rend l'Orient si lointain aux imaginations européennes s'évanouit.

Le bouddhisme a des adeptes aux États-Unis, où le positivisme sociologique ne suffit pas à toutes les âmes. Ce peuple est foncièrement religieux : même quand son esprit positif le détache des religions révélées, un fort et vague sentimentalisme le laisse inquiet, avec un vif besoin de croire. De là, ces religions si savoureusement américaines, telles que *Christian Science* et la religion de Dowie à Zion-city, mi-communautés spirituelles, mi-entreprises économiques, et aussi cette disposition à être curieux de toutes les religions. Au Parlement des religions de Chicago, en 1893, tous les représentants des religions furent applaudis, sauf le mahométan parce qu'il parla polygamie. En cette Babel de Chicago où toutes les races du monde vivent mêlées, dans une atmosphère pesante et triste, la classe moyenne, surtout les femmes et les innombrables *clerks* qui, le soir venu, la besogne journalière mécaniquement accomplie, ont des heures vides et désœuvrées, toute cette classe a donné un public aux religions orientales. Adorateurs du feu et guérisseurs persans, en robes de mages, qui dans des salles basses ou dans les carrefours décrivent les signes essentiels, sont le plus souvent de simples farceurs. Il n'importe : pour les désœuvrés mystiques, le seul nom d'oriental a du mystère et de l'attrait. Mais, de tous ces mouvements religieux, le mouvement bouddhique est le plus sérieux; les vies du Bouddha et les catéchismes bouddhiques circulent; de petits cercles de croyants aux idées de réincarnation et de fraternité sont en relations avec des sociétés, des journaux de Bombay et de Londres. De toutes les nations bouddhiques, la plus proche et la plus familière aux Américains, ce n'est pas l'Inde créatrice du dogme, c'est le Japon.

Au reste, même parmi les protestants, les Japs sont plus aimés que les Russes. Les missions protestantes au Japon sont surtout aux mains des Américains. On sait bien qu'il serait prématuré de voir dans le Japon une nation protestante. Au Japon, beaucoup d'hommes influents, il y a trente ans, favorisèrent le christianisme; ils admettaient en bloc tout ce qui, étant occidental, pouvait donner au pays la force même de résister à l'Occident : ils admirent le christianisme comme une école de morale et aussi, selon M. Chamberlain, comme un avantage possible dans les négociations politiques avec les pouvoirs occidentaux. Mais depuis 1888, il y a eu une réaction contre toute mode ou tout idéal européens, et les abus auxquels le christianisme a servi de prétexte en Chine ont excité les défiances. Les Japonais qui restent chrétiens — et leur nombre ne s'accroît pas — ont une tendance à nationaliser leur Église, à fonder un christianisme japonais qui se soucierait assez peu des dogmes. N'importe : les missionnaires gardent le souvenir de l'époque où l'on pouvait s'attendre, dans la débâcle de la vieille société japonaise et le mouvement de réaction contre le bouddhisme, à ce que le Japon devînt chrétien par édit impérial. Vers le milieu de mai 1904, le *Daily Telegraph* de Londres annonçait « qu'un grand meeting religieux avait été tenu dans le parc de Tôkyô pour discuter la question de fonder au Japon une Église chrétienne, mais indépendante ». « Des Japonais influents, ajoutait-il, considèrent qu'il est temps d'adopter des croyances approuvées par la majorité des nations civilisées. Un édit établissant une Église nationale n'est pas improbable. » Et les journaux de faire remarquer que l'amiral Togo et l'amiral Uriu sont chrétiens, que la victoire du Japon, en augmentant son prestige et son importance, l'obligerait à devenir chrétien comme toutes les autres grandes nations du monde. Au surplus, l'article 28 de la nouvelle constitution reconnaît aux sujets japonais « la liberté des croyances religieuses, dans les limites où elles respectent la paix et l'ordre et ne s'opposent pas aux devoirs des citoyens ». Aussi la plupart des Églises américaines croient-elles qu'une domination japonaise en Corée et en Mandchourie vaut mieux pour leur propagande que la règle russe, favorable à la seule orthodoxie[1].

1. Le catholicisme américain profite déjà de la victoire japonaise. Le pape a envoyé au mikado, pour le remercier officiellement des bons traitements de l'armée et des autorités japonaises à l'égard des chrétiens en Corée et en Mandchourie, Mgr O' Connell, évêque américain du Maine. Il est probable que le quasi monopole des missions étrangères françaises au Japon sera supprimé, et que des missionnaires américains y seront envoyés.

Mais, par-dessus tout, c'est l'art japonais qui a conquis les sympathies américaines. Plus aisément que d'autres nations qui ont eu une longue et forte tradition artistique, les États-Unis, à qui s'offrent tous les styles du passé, de l'Égypte, de la Grèce, de l'Italie, de la France, et à qui l'exotisme plaît comme excitant de leur jeune curiosité, les États-Unis ont subi l'influence de l'art japonais. Nombreuses et importantes sont les collections particulières d'objets japonais, et le musée oriental de Boston est sans doute, de tous les musées du monde hors du Japon, le plus complet et le mieux choisi. Les aquarelles de John la Farge et ses écrits sont un commentaire délicieux de cet art qui, naturellement, plaît aux artistes américains presque toujours sensibles à la couleur, amateurs d'une exécution rapide et apparente supposant une grande habileté de métier. Sur Whistler, l'influence japonaise fut évidente, dans ses gris, ses noirs, ses roses, dans son sens raffiné des valeurs, et son goût des harmonies sombres; il aime cette *subdued color* qui fut la couleur de la meilleure période de l'art japonais; il recherche ces effets de lumière diffuse qui, comme dans la plupart des peintures japonaises, ne comportent point d'ombres, et qui, si on les compare à un paysage classique de Ruysdael, construit par une opposition de lumière et d'ombre, sont irréelles et fantomatiques.

Chaque jour, des relations d'affaires rapprochent les Japonais et les Américains non pas seulement dans les ports du Japon, mais dans tous les États-Unis, à San-Francisco comme à Honolulu, Seattle ou New-York. Le Japonais circule librement aux États-Unis, il n'est soumis qu'à la loi commune à tous les Européens. Plus heureux que le Chinois, il n'est gêné par aucune loi ni aucun préjugé d'exclusion, et l'Américain, pourtant assez disposé à considérer comme inférieure toute race différente de la sienne, le traite comme un occidental. Leurs intérêts communs sur le Pacifique les rapprochent : tous deux y ont commencé leur expansion commerciale à peu près à la même époque.

Je dirai le détail de ces relations économiques[1]; mais plus que l'accroissement du commerce entre les deux pays, ce qui a frappé l'imagination populaire, c'est l'importation de 77 573 900 yens d'or du Japon en Amérique, du 1er décembre 1903 à juillet 1904. Très probablement, une partie de cet argent a seulement passé à travers l'Amérique, en route pour l'Europe. Tout de même, cet envoi a frappé l'imagination populaire, peu familière avec ces transferts de numéraire par les banques, et ce flot d'or, pense-t-on, n'a pas pu rouler à travers les États-Unis sans laisser quelques dollars en chemin.

Toutes ces raisons géographiques, historiques, sentimentales, artistiques, religieuses, économiques, expliquent le caractère de familiarité qu'ont les choses et les hommes japonais pour les Américains. Il suffisait d'un tour à la Foire de Saint-Louis

1. *Voir ci-dessous*, chapitre IV.

— où avec coquetterie les Japonais tinrent à montrer, par l'ampleur de leurs expositions, que toutes
leurs forces vives n'étaient pas engagées dans la
guerre — pour observer chez les Américains de
toutes les classes, une tendresse de grand frère à
l'égard de ces petits Japs, aussi hardis et confiants
dans l'avenir que des Yankees[1].

1. Pendant la guerre la *Nation* parlait de la chevaleresque
sympathie du peuple américain pour les « Yankees du Far
East ». Récemment dans un appel invitant les Américains à
souscrire en faveur des victimes de la famine au Japon,
le Président Roosevelt appelait le Japon « la grande nation
amie ».

## III

Et l'opinion américaine fut anti-russe. Longtemps l'amitié russe fut de tradition aux États-Unis : l'achat de l'Alaska avait été une bonne affaire ; c'était une opinion courante que le Tsar, pendant la guerre civile, avait envoyé des bateaux aux États-Unis pour protester contre les dispositions anglaise et française à reconnaître l'indépendance du Sud. On disait le gouvernement russe satisfait du développement de l'Amérique, ce rival anglo-saxon se levant avec une formidable puissance contre l'Angleterre ; il espérait bien profiter de l'hostilité traditionnelle aux États-Unis contre la Grande-Bretagne. Mais, depuis quelques années, c'est l'Allemagne qui est impopulaire aux États-Unis, et la diplomatie anglaise s'est faite conciliante dans l'affaire du Vénézuéla, protectrice pendant la guerre avec l'Espagne, généreuse en abandonnant ses droits sur Panama et en cédant la frontière de l'Alaska.

Au reste, l'entente russo-américaine avait toujours été plus diplomatique que populaire. Les Américains connaissent peu la Russie. Quand ils sortent de chez eux, ils vont en Europe ou au Japon. La Russie ne saurait les attirer : c'est un pays trop neuf, la nature n'y est pas humanisée, artistement transformée comme en France, au Japon, en Italie. Jamais la littérature ni l'art russes n'ont été bien connus aux États-Unis. On connaît Tolstoï, on connaît des fragments de musique russe. Mais le réalisme des conteurs russes ne plaît pas plus que le réalisme de notre Maupassant. J'ai très souvent entendu des Américains déclarer que la Russie n'a point d'art. Leurs voyageurs insistent sur la saleté, l'ignorance du moujik, sa superstition devant les icônes : c'est un pauvre homme, à peine sorti du servage, ne connaissant pas les bienfaits de la *public-school*; ce n'est pas un citoyen, il est rivé pour la vie à une condition basse. L'arrivée récente de sujets russes, polonais, arméniens aux États-Unis, leur triste apparence, leur superstitieuse ignorance confirma toutes ces idées. Or, pour un Américain, toute civilisation qui ne donne pas à un pauvre homme le pouvoir de devenir millionnaire est condamnée.

Quelques citoyens américains eurent des expériences désagréables en Russie ou en Sibérie : leur correspondance fut ouverte; ils eurent des ennuis de passeports; pour un Américain juif, le passeport signé par l'autorité américaine ne donne pas la sécurité. Or, c'est une fierté de tout Américain, exaltée par les démonstrations en Turquie et au Maroc, de se sentir respecté dans le monde entier. De plus, des gens d'affaires qui, à la demande du gouvernement russe, allèrent en Russie fonder des industries, eurent des désagréments : ingérence de l'administration, corruption officielle, conditions imposées par le gouvernement, qui était presque toujours le principal client, duplicité administrative cherchant à décourager les étrangers pour racheter leurs usines à bon compte, après avoir étudié leurs procédés. Peu à peu on sut, dans le peuple, que le gouvernement russe, avec l'appui d'une Église, d'une police et d'une bureaucratie, persécutait les libéraux, qu'une classe d'aristocrates et d'officiers, tyrannique et corrompue, avait la puissance. Le passage du grand-duc Boris aux États-Unis, il y a quatre ans, a laissé un souvenir scandalisé. Et l'on ne fut guère étonné d'apprendre qu'une des origines de la guerre, dénoncée par Tolstoï dans une lettre que tout le monde anglo-saxon a lue, était l'avidité d'une classe de favoris ayant des intérêts dans les bois du Yalou et de Corée.

Le livre de Cannon, *Life in Siberia*, fut très lu : on connut les souffrances des déportés, puis, successivement, les massacres arméniens, le régime d'exception en Finlande, les répressions et noyades en Mandchourie, les persécutions juives; on lut l'adresse sur Kichinev qui fut refusée à Saint-Pétersbourg. Le principal ferment d'indignation dans le peuple fut la présence des Juifs et de tous les anciens sujets russes, Finlandais, Arméniens, Polonais. Pour connaître les pensées de ces hommes, il faut lire les *Songs from the ghetto*, écrits en yeddish par Moritz Rosenfeld. Dans l'un de ces poèmes, *On the bosom of the Ocean*, deux pauvres Juifs, pendant une traversée de retour d'Amérique en Europe, restent affaissés dans un coin du bateau, étrangers

à la joie de vivre qui parfois, le soir, monte de la
mer. Interrogés, ils répondent :

Oui nous sommes des Juifs, de misérables Juifs sans
Amis ni joie, sans espoir de bonheur.
Oh! ne nous interrogez plus, ne nous interrogez plus,
[oh! laissez
Nous en paix! l'Amérique nous renvoie en Russie,
En Russie, d'où nous nous sommes enfuis,
En Russie, parce que nous n'avons pas d'argent; que
Nous reste-t-il à attendre, à espérer? Oh!
A quoi bon la vie, et le monde sombre pour nous?

Il faut avoir vu, dans les cages grillées d'Ellis
Island, l'affaissement de ces Juifs que l'on refuse
d'admettre à New-York, quand ils n'ont aucune res-
source; il faut avoir entendu d'eux l'espoir que leur
donnait le seul nom d'Amérique — terre de liberté,
où cette race, qui espère toujours, croit qu'elle fon-
dera la Jérusalem future, — pour comprendre la
la pression juive sur l'opinion populaire aux États-
Unis. Dans tous leurs meetings publics, les races soumises naguère au joug russe ont souhaité la victoire
japonaise, croyant que c'est seulement de la honte
d'un désastre, plus funeste au régime qu'à la nation,
que sortira pour la Russie une rénovation intérieure[1].

1. L'influence de la question juive sur l'opinion américaine a été très forte. Les Israélites sont un million environ
aux États-Unis. Les souscriptions américaines en faveur des
Juifs de Russie ont atteint le chiffre d'un million de dollars.
Auprès de M. Witte, à Portsmouth, la haute finance américaine a insisté pour que la situation des Israélites en
Russie fût bientôt améliorée. M. Witte le promit alors, dit-on.

L'occasion, qui permit à tous ces sentimens anti-russes de se fondre en une opposition violente et presque unanime de la nation, fut, avant la guerre, une simple passe diplomatique entre Washington et Saint-Pétersbourg. On ne peut accuser le secrétaire John Hay d'avoir à dessein excité l'opinion. Sa politique fut discrète. Il eut à la fois assez d'habileté professionnelle et de connaissance profonde du caractère de ses concitoyens pour trouver une politique et une formule qui furent immédiatement populaires.

Depuis que l'amiral Dewey a détruit la flotte espagnole à Manille et assuré la possession des Philippines, point d'appui militaire et commercial en Extrême-Orient, les affaires d'Orient ont un intérêt spécial pour les Américains. Ils envoyèrent des troupes pour l'expédition internationale contre Pékin en 1900. Puis la diplomatie américaine intervint pour empêcher le démembrement de la Chine, que l'Allemagne avait inauguré par sa politique des sphères d'influence. L'Amérique n'avait point d'intérêt à cette politique des sphères d'influence : d'abord, elle arrivait un peu tard à cette curée où tout le monde avait déjà choisi son port; en outre, elle rêvait surtout d'expansion commerciale, et il était plus à son avantage de garder ouverts à ses produits tous les territoires chinois que d'avoir pour soi seule même un grand fragment de territoire, avec, tout autour, des sphères d'influence étrangère d'où son commerce serait peut-être exclu. Les États-Unis défendirent donc le principe de la porte ouverte. *Open door*, ces deux mots magiques, passèrent instantanément dans les cerveaux américains et, quand les Russes ne tinrent pas leur parole d'évacuer la Mandchourie, ne respectèrent pas l'*open door*, ce fut une belle colère.

Un préjugé aggrava tout : la diplomatie russe, en dépit des grosses erreurs qu'elle a commises en ces dernières années, a gardé la réputation d'être très habile. Le peuple américain la soupçonne secrète et souple, faite par des hommes de carrière habilement formés. Cette flatteuse réputation lui a étrangement nui auprès du public américain. La diplomatie américaine, faite par d'anciens journalistes ou d'anciens avocats et représentant un pays où tout le monde, depuis le président jusqu'à l'homme de la rue, parle tout haut de toutes choses, aime la netteté. Très vite, le peuple américain craignit la « fourberie » russe et fut d'autant moins prêt à s'accommoder de délais.

Aussi un traité avec la Chine fut-il hâté, de caractère surtout commercial en apparence. La clause la plus remarquée fut l'article XII, qui ouvrait Moukden et Antoung au commerce international. Deux consuls américains devaient être installés, en pleine Mandchourie, à Moukden et à Antoung, et tout le monde comprit que ces deux représentants de l'*open door* pourraient être de bons observateurs de la situation politique.

Cette concession de la Chine, seul possesseur nominal de la Mandchourie, la hâte avec laquelle le traité fut ratifié, l'emploi du télégraphe, qui donna aux Yankees l'impression qu'ils bouleversaient les les méthodes diplomatiques, le dépit mal dissimulé de la Russie, sa hâte à proclamer que les États-Unis auraient obtenu les mêmes avantages de la Russie, tout cela flatta l'orgueil national. On était sûr désormais que le nord de la Chine resterait grand ouvert au commerce américain. Et, quand quelques jours après ce succès diplomatique, le Japon se mit officiellement à défendre la même cause, de son argent et de son sang, la sympathie américaine alla vers lui, toute chaude.

Derrière cette passe diplomatique, il faut voir les réalités économiques qui, pour les Américains, donnent tout son prix au maintien de l'*open door*. Voici un lieu commun populaire : la Méditerranée et l'Atlantique ne seront plus, dans un avenir prochain, les mers civilisées; ce sera le Pacifique. La Méditerranée fut importante aux temps des routes de terre vers l'Orient, et l'est redevenue temporairement avec la route de Suez; l'Atlantique fut important depuis la découverte de l'Amérique et l'adoption de la route du cap de Bonne-Espérance. Avec le canal de Panama et l'expansion américaine, le Pacifique deviendra la grande mer commerciale. Les espoirs d'un énorme trafic vers l'Extrême-Orient sont souvent ingénus d'expression, dans l'ouest des États-Unis. A un congrès[1] pour le développement de

1. *The Saint-Paul Daily News*, 15 juin 1904.

l'immigration au Minnesota, un délégué disait :
« La situation des terres du Minnesota sur le marché
américain est aujourd'hui favorable. Il y a eu une
baisse de valeur en allant de Chicago vers le Nord-
Ouest, mais cela sera changé par le développement
du commerce oriental, parce que le Minnesota est
plus proche de la Chine que ne l'est Chicago. »

Or, tandis que les États-Unis rêvaient de domination sur le Pacifique, une autre grande puissance
mi-européenne, mi-asiatique, terminait un long
mouvement d'expansion d'ouest en est, et touchait
le Pacifique en deux points qu'elle fortifiait immédiatement et garnissait d'une flotte de guerre. Cette
avance russe, que des rapports consulaires et des
récits de voyage ont décrite, a frappé l'imagination
américaine, comme frappe une nouvelle dont tous
les détails paraissent familiers. Il y a en effet bien
des analogies entre le mouvement d'avance de cette
troupe russe qui, vers la fin du xvi<sup>e</sup> siècle, franchit
l'Oural et gagna la plaine sibérienne, et la marche
des Anglo-Saxons qui, vers la fin du xviii<sup>e</sup> siècle,
passant les Alleghanys, prirent possession de la
vallée du Mississipi. Dans leur mouvement d'avance,
pionniers russes et américains, explorateurs et tra-
ficants en fourrures, ne se heurtèrent, sur un territoire presque inhabité, qu'à des tribus à demi sauvages, peu résistantes. Mais tandis que, vers le
milieu du xix<sup>e</sup> siècle, l'attrait de l'or faisait franchir
aux Américains les Montagnes Rocheuses, et que,
dès 1869, la construction du premier chemin de fer

transcontinental terminait leur occupation de tout
le continent américain, ce n'est guère qu'en 1850
que la Russie commença de transformer en occupation effective sa possession nominale de la Sibérie,
et c'est en 1900 seulement que le mouvement fut
achevé par la construction du Transsibérien.

La construction du Transsibérien jusqu'à Vladivostock et Port-Arthur marqua dans l'histoire de
l'expansion russe, de son pouvoir et prestige en
Orient, une date dont les Américains, mieux que
tout autre peuple, comprirent l'importance et la
signification. En Europe, où les chemins de fer ont
été établis sur des terres cultivées depuis des siècles,
nous comprenons malaisément l'éveil d'un pays
neuf par le rail. En Amérique, point n'est besoin
pour la génération actuelle de remonter haut dans
le passé. Il y a treize ans seulement que le *Great
Northern* a été achevé et l'histoire est connue de
tous. On sait, on voit ce que donne aussitôt le rail
posé dans des terres vierges, l'installation d'immigrants le long de la ligne, la vente des terres, la
naissance d'une vie agricole, l'éveil d'exploitations
métallurgiques, le développement rapide des villes, etc., etc. Kharbine, Dalny, Vladivostock,
*mushroom cities*, ont poussé à l'américaine. Le consul
américain, lui-même, disait : « c'est un des plus
grands résultats en fait de construction de villes que
le monde a jamais vus [1].... Dans la construction de

1. Pour tout ce qui suit, voir les différents rapports con-

Vladivostock, Dalny et Port-Arthur, la Russie a démontré ce qu'elle voulait et pouvait sur le Pacifique; mais dans la construction de cette admirable ville de Kharbine, elle montre un type d'activité différent de celui que nous étions disposés à lui attribuer. C'est dans cette ville, plus que dans toutes les autres réunies, que la Russie affirme ses intentions de devenir une active puissance industrielle, et le peuple appelle déjà cette ville la Moscou de l'Asie. »

L'opinion américaine apprit que, d'après l'ingénieur en chef des chemins de fer russes de Mandchourie, la Russie avait dépensé en Mandchourie 500 millions de roubles, dont 270 millions en chemin de fer, et le reste en construction de villes. Puis, en février 1903, c'est le premier train express de Saint-Pétersbourg et Moscou arrivant à Dalny. C'est la grande voie de terre entre l'Europe et l'Extrême-Orient achevée, sur le territoire d'une seule puissance, mi-européenne, mi-asiatique, et un service de bateaux prolonge le chemin de fer jusqu'à Shanghaï, jusqu'en Corée et au Japon : le voyage complet de ces ports à Londres en dix-huit jours, bientôt en seize! Tout cela frappa l'imagination américaine. Et tout de suite la question fut posée : quelle importance aura pour nous, Américains, l'expansion commerciale, qui doit venir après cette expansion politique?

Naturellement, des optimistes se rencontrèrent :

sulaires réunis dans *Commercial China*, publié par le Bureau de Statistique de Washington, 1904, plus spécialement les rapports de M. H -B. Miller, consul à Nioutchouang.

le développement de la Mandchourie par les Russes signifiait un énorme marché pour l'Amérique, qui avait déjà en Mandchourie 75 pour 100 des importations. L'enquête des consuls fut moins favorable. Elle montra que, contre le commerce américain, une forte concurrence russe poussait, créée et soutenue par l'administration officielle, par le chemin de fer, par la Banque Russo-Chinoise. Et cette influence gouvernementale ne manqua pas d'effrayer tout l'Ouest des États-Unis, qui a toujours cru en l'efficacité de l'action de l'État. Prenez comme exemple les cotonnades, article d'importation principal de l'Amérique en Mandchourie. Si la concurrence restait libre, les États-Unis garderaient l'avantage. Que se propose de faire le gouvernement russe? Il va fonder une ligne de bateaux subventionnée pour apporter les cotonnades russes à Dalny et Vladivostock où elles entrent sans droits; de plus, ces articles recevront un tarif spécial des chemins de fer mandchouriens pour être transportés dans l'intérieur. Puis la Banque Russo-Chinoise, avec ses succursales dans toutes les villes importantes, inaugure un système de crédit à des marchands chinois qui achèteront les articles russes et les vendront en Mandchourie. Si ces avantages de transports, ces avances de banques ne suffisent pas, les Russes peuvent établir un tarif protecteur contre les produits étrangers. Après enquête, un Américain écrit : « Si la Russie applique aux autres parties de l'Asie ses méthodes de Perse, elle chassera du marché asiatique tous les concurrents. Elle a maintenant le monopole des affaires de coton en Perse, grâce aux primes données à ses manufactures. Pour chaque livre de coton russe envoyé en Perse, l'exportateur de Moscou reçoit 5 cents (un peu plus de 5 sous). Les Anglais ou les Allemands ne peuvent lutter. Le même système sera appliqué en Chine. » Mêmes méthodes pour le pétrole : en plus des réductions de transport et des avances de banques, la Russie établit des réservoirs le long des lignes mandchouriennes, mais on en refuse l'usage aux Américains. Et le consul conclut : « Il me semble qu'en Mandchourie le pétrole russe aura le monopole absolu, si le complet contrôle du pays est acquis à la Russie ».

Pour le blé : « Quand on pense à la quantité de bonnes terres à blé qui se trouvent dans les vallées du Liao, du Soungari, de l'Amour et dans les grandes plaines de Mongolie, c'est une révélation. Le marché naturel sera la Chine et les exportations américaines seront encore menacées. Les Russes le savent et jettent ici des émigrants qui connaissent la culture. Le chemin de fer et la banque le savent aussi et sont prêts à donner des facilités de transports et des avances d'argent. Autre avantage, les Chinois qui vivent en Mandchourie sont pour la plupart des immigrants venant d'autres parties de la Chine et, par conséquent, ne sont pas de cette classe conservatrice opposée aux nouvelles méthodes de commerce et production. » On commence de transformer en farine tout ce blé mandchourien, surtout à

Kharbine. En 1900, Kharbine n'avait pas un seul moulin et ne produisait pas une livre de farine. En octobre 1903, il y avait huit moulins dont la capacité par jour était de 5800 barrels. » En Mandchourie, au début de 1904, des moulins produisant 5000 barrels de farine par jour auront été construits, et le consul américain de Nioutchouang ajoute : « Selon moi, c'est seulement un commencement ». Dans le district voisin du Pacifique, il y a douze moulins à vapeur et d'autres à eau produisant 455344 barrels par an. Or, le prix du blé en 1903 était de 42 cents en or par *bushel*, et les meuniers offraient 37 cents pour la récolte de 1903, un tiers moins cher environ que le blé américain. De plus, à Vladivostock, les moulins sont protégés par un tarif contre la farine américaine; ils demandent le même avantage à Port-Arthur et très probablement ils l'obtiendront. Enfin, quand la farine commencera à atteindre les ports en quantité, les lignes de bateaux subventionnées la transporteront à bas prix aux ports de Chine. » Conclusion : « Après un examen attentif, je crois que d'ici un an notre commerce de farine en Sibérie et en Mandchourie sera sur sa fin, et d'ici trois ans le blé de Sibérie et de Mandchourie pressera vigoureusement sur notre commerce de farine dans les autres parties de la Chine ».

Même menace pour les exportations de bois, qui venaient en Chine de la côte américaine du Pacifique : « La plus importante des entreprises forestières est la Compagnie forestière et minière russe d'Extrême-Orient; siège social, Port-Arthur. Organisée par quelques-uns des hommes les plus en vue du gouvernement russe, ses principales opérations seront sur le Yalou, et elle tirera du bois de Corée et de Mandchourie... Le gouvernement a établi la règle que toutes les fournitures pour l'administration et pour le chemin de fer doivent être achetées à des Compagnies russes, si possible.... Les Russes sont familiers avec les affaires de bois, de grain et de farine, et comme ils ont des avantages naturels et le très sérieux appui de leurs banques, de leur chemin de fer, de leur gouvernement en Mandchourie, je suis convaincu que le développement de ces industries fermera le marché à notre pays.... » Pour l'exploitation des richesses minérales, même défiance russe de l'étranger, même volonté de fermer le pays. Mines de charbon près de Vladivostock, d'argent et de plomb dans la région de l'Oussouri, lacs et sources de naphte dans l'île de Sakhaline attendent d'être exploités : un statut de 1901 défend toute entreprise minière ou industrielle étrangère dans les districts côtiers, dans un rayon de 60 milles de la côte, et pourtant le Comité de la Bourse à Vladivostock est obligé de faire observer dans une pétition à Saint-Pétersbourg que « ce que le pays demande, c'est une complète liberté d'opérations pour les capitalistes, ingénieurs, mineurs étrangers et surtout pour des cerveaux et des énergies d'étrangers ».

Ces rapports consulaires furent réunis et publiés

officiellement deux semaines avant le début de la guerre; commentés par tous les journaux, ils ont frappé les imaginations populaires, après avoir influencé la politique de Washington. Au vrai, ils tracent des possibilités plus que des réalités. En fait, les exportations de bois américain en Mandchourie étaient restées importantes. On continuait d'exporter de la farine au Japon et en Chine. Et les Américains intéressés dans ces affaires disaient très haut que, à conditions égales, leurs produits n'auraient rien à craindre de ces industries russes encore mal organisées, de ces transports coûteux. Tout de même, cette description des méthodes russes donna à penser que le régime russe en Mandchourie amènerait une grande difficulté de concurrence.

Par-dessus les intéressés, ces nouvelles atteignirent le grand public américain qui, lui, tout de suite, d'instinct, comprit le danger. Car il sait ce que peut une volonté ferme pour transformer un pays neuf. Cette force de nature qui porte ces rivaux vers le Pacifique, c'est une force qui est familière aux Américains : elle les portait naguère. Ces descriptions de villes poussées en quelques années, de richesses minérales et agricoles indéfinies, cette histoire d'un mouvement d'expansion pendant plus d'un siècle vers l'Océan, l'issue sur la mer donnant seulement toute leur valeur aux terres de l'intérieur, les mots de *manifest destiny*, de devoir envers la civilisation, le mépris du sort des individus qui ont été et seront sacrifiés à l'idée de la mission natio-

nale, ce sens d'un fatalisme géographique et économique dominant les individus, qui une fois reconnu
ne peut disparaître de l'imagination populaire, et
forcera sa réalisation dans cinquante, cent ans en
dépit de tous les revers, tout cela, les Américains le
connaissent : c'est leur histoire.

Les Américains ne semblent pas avoir compté que
les Japonais victorieux puissent être, un jour, de sérieux rivaux. Et pourtant les Japonais sont ambitieux :
ils guettaient jadis les îles Hawaï; avant l'annexion par
les Américains ils faisaient une forte propagande aux
Philippines et avant la guerre leur consul à Manille
était encore accusé de menées secrètes. Mais les
Américains ont toujours eu pour ces Japs, leurs
élèves, une tendresse bienveillante. D'ailleurs, quand
ils sentirent que les Japonais s'emparaient peu à
peu des Hawaï, ils prirent ces îles, et les Japonais
durent accepter une réponse brève et énergique à
toute réclamation. Aussi, quand il s'agit des Philippines, témoignèrent-ils moins franchement le désir
qu'ils en avaient. Jamais les États-Unis n'ont connu
jusqu'ici un Japon s'opposant décidément à leur
avance. Commercialement, la concurrence japonaise
n'émeut pas beaucoup les Américains. Le Japon s'est
engagé à maintenir la porte ouverte. Et les Yankees,
avec une confiance de gens qui ont toujours réussi,
grâce à leurs immenses richesses naturelles, à leur
supériorité technique et à la perfection de leurs
moyens de transport, ne craignent pas une concurrence à conditions égales. Le Japon tout entier,

disent les Américains, est moins grand que l'État de Californie : 12 pour 100 seulement du pays est cultivé, le sol est montagneux, rocheux, les côtes tiennent une grande place. Or, la population est de 48 millions. La plus grande partie de terre cultivable sera toujours consacrée à nourrir le peuple, le reste sera spécialisé pour la culture de la soie et du thé. Le Japon devra toujours importer des matières premières. De plus, les salaires ont beaucoup augmenté. L'ouvrier japonais est loin de produire autant qu'un ouvrier américain. La situation des étrangers au Japon n'encourage pas les placements européens ou américains. Les facultés commerciales du Japonais, longtemps méprisées ou négligées dans une civilisation militaire et noble, sont loin de valoir celles des Chinois.

En somme, à mettre les choses au pis, que peut devenir le Japon? l'Angleterre d'Extrême-Orient? Mais la concurrence anglaise n'a pas empêché le commerce américain de se développer même en Angleterre? Le Japon, c'est une île découpée et comme transparente, tant elle est effilée : une guerre avec le Japon serait une opération navale et l'oncle Sam n'est pas peu fier de sa marine en formation.

Au reste, il était de l'intérêt des États-Unis de voir ses deux principaux rivaux sur le Pacifique, Russes et Japonais, s'user l'un contre l'autre dans une longue guerre. L'essentiel était de gagner du temps. Le danger le plus pressant, c'était l'avance russe. Une victoire russe aurait été désastreuse aux intérêts américains : c'était la domination politique sur la Chine du Nord et la Corée : c'était le Japon abattu, ruiné, un des meilleurs marchés américains diminué. L'avance russe, au contraire, arrêtée pour vingt ans, c'est Panama creusé, l'avance commerciale américaine en Asie renforcée, les flottes américaines des deux océans pouvant rapidement s'unir; c'est la Chine développée et unifiée par le télégraphe, par le chemin de fer, par l'enseignement japonais, par les journaux, et par un nouveau système monétaire, etc., c'est la Chine se réveillant, prête à se défendre elle-même contre toute ingérence étrangère, et offrant, avec ses 400 millions d'habitants, le plus beau des marchés à pourvoir.... Et c'est à quoi rêvent depuis longtemps les Américains, devant le soleil couchant qui allonge son reflet dans ces rades de San-Francisco et du Puget Sound qui pourraient contenir toutes les flottes du monde et où aboutissent cinq transcontinentaux : ils songent à reprendre la marche de l'Europe sur « cette mer Vermeille... par où l'on peut aller au Japon et à la Chine », comme disait en 1675 le missionnaire français Marquette.

## IV

Directement intéressés à cette guerre qui mettait aux prises leurs deux rivaux dans le Pacifique, satisfaits de la défaite de la Russie, mais, d'autre part, n'ayant rien à gagner d'une victoire trop écrasante du Japon, les États-Unis profitèrent de la lassitude des combattants et du monde pour prendre l'initiative des pourparlers de paix.

Après deux mois d'hésitations, la réunion à Portsmouth des plénipotentiaires japonais et russes fut déjà pour l'opinion américaine une vive satisfaction. De la lutte pour la domination dans le Pacifique, plus précisément en Corée et en Chine, les États-Unis devenaient arbitres. Il leur apparaissait vraiment conforme à leur situation géographique et à leur tradition historique d' « Empire du Milieu » d'être sur leur continent les intermédiaires entre les plénipotentiaires européens et asiatiques venus de l'Est et de l'Ouest.

> Nous avons réuni Russes et Japonais,
> Nous voulons qu'ils fassent la paix.

chantait en refrain le peuple, à Portsmouth.

Dès le début des négociations, *the man in the street* eut son rôle. Au fond, il restait pro-japonais : mais il avait manifesté trop clairement ses préférences, la guerre durant, pour qu'on pût les contester. C'était un fait acquis, inutile à affirmer encore. Aussitôt que les délégués japonais et russes parurent devant la foule, les manifestations de sympathie allèrent aux Russes. Tout de suite, l'attitude froide et silencieuse des Japonais impassibles déplut, et cette impression persista pendant la conférence, propagée par les journalistes qui professionnellement n'aiment pas les gens distants et muets. Les délégués russes, M. Witte surtout, étaient acclamés. En pays anglo-saxon, il est correct après un match où le *play* a été *fair* d'acclamer le vaincu, bien qu'au cours de la partie on n'ait jamais été pour lui. Puis il fallait que cette conférence de Portsmouth, comme toute entreprise américaine, réussît. Or, le premier pas devait surtout coûter aux représentants de la Russie battue. Il fallait les encourager. M. Witte plut beaucoup. Son principal mérite pendant les conférences fut de comprendre l'opinion publique américaine, et d'en appeler à cette opinion pro-japonaise contre les propositions japonaises jugées excessives. Avant qu'il arrivât, il avait une bonne presse. C'était un homme connu, qu'on aimait regarder. On savait que toujours il avait été pacifique; il n'était pas responsable du désastre qu'il avait presque prévu et voulu écarter. Enfin, c'était un financier, un homme d'État à l'américaine.

Il serra toutes les mains qu'on lui tendit, se prêta aux interviews, se déclara enthousiaste du président Roosevelt, remit à la presse une note qui saluait, au nom de la grande puissance de l'Est, la grande puissance de l'Ouest, rappelait les bons rapports traditionnels entre la Russie et les États-Unis, soulignait quelle dérogation aux usages ç'avait été d'accepter une conférence de paix avant de connaître les conditions de son adversaire — dérogation consentie par le tsar par égard pour le président Roosevelt et le peuple américain.

Pendant les conférences, les journalistes américains furent tenus au courant des travaux par les Russes[1]. Les Japonais restèrent silencieux. Peu à peu, on apprit que les Russes cédaient sur la Corée, la presqu'île de Liao-Toung, et sur une partie du chemin de fer mandchourien. Fort habilement, les questions furent sériées et ramenées aux questions de Sakhaline et de l'indemnité. On sut alors que les Japonais proposaient aux Russes le rachat de la moitié de Sakhaline moyennant le prix qu'avait coûté la guerre. A partir du moment où la question de la paix parut aux Américains dépendre d'une question d'argent, les Russes eurent un avantage très net. Dans ses affaires privées, l'Américain tend son énergie *to make money*. Mais plus il est serré

---

1. Dans un article sur les conférences de Portsmouth, *Revue de Paris*, 1er novembre 1905, M. F. de Martens, conseiller juriste russe, dit : « C'est un fait avéré que les négociations les plus secrètes de Portsmouth furent toujours divulguées et immédiatement publiées par les journaux américains.... Dans aucun autre pays et pendant aucune autre conférence internationale la presse n'a joué un rôle si important... j'ajouterai si bienfaisant. »

et âpre au gain en affaires privées, plus il se plaît, quand il disserte sur les affaires publiques, à avoir des sentiments désintéressés, humains. La guerre contre l'Espagne, à propos de Cuba, guerre d'intérêts privés certes, apparut à l'opinion comme une belle croisade contre la barbarie espagnole. Bien vite, on rejeta sur le Japon la responsabilité de verser encore le sang pour la seule question d'argent. A la veille même de la paix[1], le *New-York Herald*, résumant les journaux américains de la semaine, disait : « A propos des négociations, se manifeste dans la presse influente de ce pays un sentiment d'impatience croissante devant cette insistance japonaise à obtenir une indemnité ». Le *Times* disait : « Le Japon hésitera longtemps avant de reprendre les hostilités pour cette simple question de l'indemnité. C'est d'un mauvais calcul, et d'une moralité encore plus mauvaise de faire la guerre pour de l'argent. » Et la *Press* : « Tout se ramène maintenant à une question de prix. Toutes les autres questions étant résolues, il est impossible que la conférence échoue pour cela. »

Le président Roosevelt fit connaître au Mikado quelle était l'opinion américaine. L'appui que le Japon avait trouvé aux États-Unis pendant la guerre, il risquait de le perdre en imposant la reprise de la guerre pour la seule question de l'indemnité. En même temps qu'un appui moral, c'était perdre un

---

1. Le 28 août.

appui financier indispensable. La nouvelle câblée à Tôkyô par le baron Kaneko, décida l'Empereur, sur les conseils du marquis Ito, à céder.

Nous ne connaissons pas tous les détails de cette négociation ; mais il est sûr que l'influence de l'opinion publique américaine, jointe à la lassitude du Japon et à l'avantage d'un nouveau traité signé avec l'Angleterre[1], fut décisive pour engager le Mikado à la modération.

Très probablement derrière cette poussée de l'opinion américaine qu'une question d'argent choqua, les financiers eurent leur rôle. Cela encore est très américain. A Portsmouth vinrent les principaux financiers de New-York, MM. Jacob Schiff, Pierpont Morgan et d'autres M. Morgan vit le président Roosevelt la veille du jour où les Japonais cédèrent sur l'indemnité. Le principal intermédiaire entre le président Roosevelt et le Mikado fut le baron Kaneko, délégué financier du Japon auprès de la haute finance américaine. Quelle influence eut sur la décision des Japonais la question du chemin de fer Hankéou-Canton réglée alors ? Les Japonais obtinrent-ils la promesse qu'ils participeraient à sa construction ? Entre la conclusion de la paix et les

---

1. « Le gouvernement de Sa Majesté est justifié à croire que la conclusion de l'alliance anglo-japonaise (12 août 1905) peut ne pas avoir été sans effet, en facilitant le règlement par lequel la guerre a été si heureusement terminée. » (Lord Lansdowne aux ambassadeurs d'Angleterre, à Saint-Pétersbourg et à Paris.)

épisodes de cette affaire : refus au Syndicat franco-
belge de faire valoir son droit d'option, départ de
Mr. Harriman pour le Japon, vente de la ligne à la
Chine par le Syndicat américain, un synchronisme
curieux existe.

# CHAPITRE IV

# LA LUTTE POUR LE PACIFIQUE

L'expansion économique de la Russie artificielle-
ment soutenue par des primes et des privilèges
douaniers, liée à un prestige politique, diplomatique,
militaire, est arrêtée par la défaite. Voilà donc un
des concurrents éliminé. Restent les Américains et
les Japonais. Cette guerre victorieuse que le Japon
n'a pu entreprendre, soutenir, terminer qu'avec
l'appui des États-Unis, quel avantage économique
lui assure-t-elle en Corée, en Chine, sur ces marchés
que les Américains, eux aussi, rêvent de pourvoir
de dominer? Dans le Pacifique qui exercera la suprématie? C'est pour les Japonais, avec la propagande
d'éducation en Chine, l'affaire la plus importante
que la paix japonaise doive régler.

Depuis l'occupation des Philippines, depuis six ou
sept années surtout, l'Asie Orientale hante les imaginations américaines : un marché neuf, où toute
transaction peut se multiplier par 4 ou 500 millions
de têtes d'habitants! Cet intérêt pour l'Asie, dit un

consul américain, marque « une époque de notre vie nationale[1] ».

La guerre, pendant des mois, a éveillé l'attention des Américains et l'a fixée sur l'Extrême-Orient. Puisque les événements précipitent la lutte pour la suprématie dans le Pacifique, les Américains l'acceptent. L'étendue de leur côte océane, leur puissance économique les contraignent à ne pas s'en désintéresser. Au reste, l'enjeu est beau. Japonais et Américains, quand ils parlent de l'avenir du Pacifique, centre de la civilisation du monde, ne manquent pas de mépris pour la Méditerranée et l'Atlantique, mers d'Europe qui ont eu leur heure d'importance.

Les Japonais, de leur côté, ont fait la guerre pour refouler l'avance territoriale de la Russie. Mais toutes les possibilités d'avantages en Extrême-Orient, si chèrement conquises, peuvent être compromises par la concurrence des États-Unis qui s'avancent sur mer. Le canal de Panama est pour le Japon une menace, comme naguère le Transsibérien; c'est toujours le même effort de l'Amérique et de l'Europe pour se rapprocher des grands marchés du Pacifique. Le Japon, comme puissance riveraine sur l'Océan, et aussi comme protecteur politique des pays qui, économiquement, sont l'enjeu de la lutte, doit, après la guerre d'escadres et d'armées, accepter une guerre de statistiques commerciales.

1. *Monthly consular reports*, Washington, n° 500 (septembre 1905).

# I

La guerre a resserré les relations économiques entre le Japon et les États-Unis. En 1904, les États-Unis ont acheté au Japon un tiers de ses exportations (50 425 000 dollars sur 159 000 000 dollars) et lui ont vendu un sixième de ses importations (29 000 000 sur 185 000 000). Les États-Unis sont le plus important client du Japon et aussi l'un des plus sûrs, car les articles exportés du Japon (soie brute, articles de soie, thé, nattes, bambous, porcelaines, laques, etc.) ne peuvent être produits en Amérique; et les articles exportés des États-Unis au Japon sont des matières premières ou des manufacturés qu'il ne produit pas (coton brut, pétrole, farine, fers et aciers, tabac, etc.). Importations et exportations continuent de s'accroître, — preuve que la guerre a plutôt développé qu'entravé la vie économique du Japon. Pendant les 6 premiers mois de 1905, sur les 142 659 000 dollars d'importations japonaises, les États-Unis ont fourni pour 31 921 000 dollars contre 13 528 000 pendant la même période de 1904. Mais les États-Unis passent, quoique ayant augmenté leurs achats, au deuxième rang des acheteurs, (20 504 000 dollars contre 19 910 000 pour la même période de 1904), après la Chine (21 952 000 dollars contre 14 953 000). Ainsi, pendant les six premiers mois de 1905, les États-Unis ont fourni 22,4 pour 100 de la totalité des importations japonaises, au lieu de 14,7 pour 100 (les importations de coton brut ont presque doublé de valeur, 34 221 000 dollars au lieu de 17 810 000), et ont pris 28,6 pour 100 des exportations japonaises au lieu de 29,1 pour 100[1].

Pendant la guerre, la concurrence des lignes japonaises étant presque supprimée, les cargaisons des steamers américains ont augmenté. Très souvent dans les journaux américains on peut lire des notes comme celles-ci : « 10 000 balles de coton ont été chargées pour le Japon par le vapeur *Minnesota* à son dernier voyage. Voilà qui indique le progrès des Japonais dans la fabrique des cotonnades et qui justifie la prédiction si souvent entendue que le Japon deviendra, pour le commerce du coton en Extrême-Orient, le plus actif rival des États-Unis », ou bien « le *Philadelphia Evening Bulletin* rapporte que le vapeur *Monarch* a quitté Philadelphie avec le plus fort chargement jamais expédié sur un seul bateau : 2 470 700 gallons de pétrole raffiné, 100 barrels d'huile lubrifiante, etc., tout cela pour une entreprise japonaise[2] ». De telles notes secouent les imaginations américaines. Elles supputent ces chiffres, goûtent leur énormité, savourent le *record*; elles se représentent ce coton américain, ce pétrole américain, transportés sur le Pacifique ou con-

---

1. *Monthly Cons. Rep.*, n⁰ˢ 288, 299, 300, 301, 1905 (Septembre 1904, Octobre 1905).

2. *M. C. Rep.*, n⁰ 298 (juillet 1905).

tournant par la route de Suez les deux tiers des continents avant d'atteindre le monde jaune et ses marchés énormes....

Mais tout le monde s'attend à ce que la fin de la guerre marque le début d'une campagne agressive des compagnies japonaises. Après le premier essor du xvie et du xviie siècle, le commerce maritime du Japon fut ruiné. Des édits sévères défendirent de construire des bateaux capables de tenir la mer, ordonnèrent même la destruction de ceux qui existaient. En 1875, la première compagnie maritime se forme, la *Mitsubishi Nav. Co*; en 1885 elle s'allie avec la *Nippon Yusen Kaisha* (Japan Mail Ss. Co) fondée en 1884. Cette compagnie avait alors un capital de 12 200 000 yen[1], 76 vaisseaux représentant 59 870 tonnes et trafiquait entre Yokohama, Shanghaï, Ginsen, Vladivostock. En septembre 1904 elle possédait 70 steamers représentant 256 256 tonnes, et un capital d'environ 57 200 000 de francs. Outre ses lignes orientales, elle avait un service avec l'Europe, une ligne vers les États-Unis, et aussi une ligne vers Melbourne par Manille. Elle faisait construire un steamer de 7200 tonnes. L'autre grande compagnie de navigation japonaise, la *Toyo Kisen Kaisha* (Eastern Ss. Co), a une ligne : Hong-Kong, San Francisco via Kobé, Yokohama; 5 paquebots de 6000 tonnes font partie de sa flotte, et 2 steamers de 12000 tonnes devant filer 19 nœuds et demi ont été commandés.

1. Le yen vaut environ 2 fr. 54.

Elle projette d'établir une ligne transpacifique entre Hong-Kong et le Chili pour y transporter des coolies orientaux et en rapporter des nitrates de soude[1].

Sans doute la situation des Américains dans cette navigation transpacifique n'est pas négligeable. Ils ont trois compagnies régulières de navigation : *The Pacific Mail Ss. Co, The Occidental and Oriental Ss. Co* de San Francisco, et les deux gros bateaux *Minnesota* et *Dakota* appartenant à M. J.-J. Hill. Ces compagnies dépendent des chemins de fer transcontinentaux qu'elles prolongent : la *Pacific Mail* de l'*Union Pacific*, les bateaux de M. Hill du *Great Northern*; des frets globaux peuvent être ainsi obtenus, de New-York et de Chicago aux ports d'Extrême-Orient. Mais tandis que « la *Pacific Mail* et l'*Occidental et Oriental* comptent environ 8 dollars pour transporter une tonne de San Francisco à Shanghaï, le *Nippon Yusen Kaisha* compte environ 5 dollars 50 de Seattle. « Ce tarif pour les envois de farine peut être accepté comme moyenne[2]. » Les produits de l'est américain ont avantage à prendre la route de Suez, plus longue mais exclusivement maritime. La *Standard Oil Co* fait ses envois de pétrole par l'Atlantique[3].

Pour les équipages de leur flotte commerciale, Japonais et Américains éprouvent des difficultés inverses : les compagnies américaines ne pouvant

---

1. *M. C. Rep.*, n°⁸ 298, 300, 205, 299.
2. Id., n° 301 (octobre 1905).
3. Id., n° 300 (septembre 1905).

employer des marins américains, tant leurs demandes
de salaires sont élevées, embauchent des Asiatiques.
Les Japonais ont d'excellents marins, mais manquent encore d'officiers. Les dépenses pour le personnel sont moindres dans les compagnies japonaises que dans les compagnies américaines. Enfin,
les services américains ne sont pas sans reproches :
les bateaux sont bons, mais suivent rarement les
dates et les horaires annoncés et sacrifient beaucoup
leur commerce chinois à leur commerce avec le
Japon, surtout à leur trafic avec les Philippines[1].

1. *M. C. Rep.*, n° 298.

## II

Géographiquement, pour la conquête économique des marchés extrême-orientaux, le Japon a un avantage sur les États-Unis. Les rapports consulaires américains remarquent souvent que « les États-Unis, de toutes les nations occidentales, occupent la situation la plus favorable pour dominer le commerce de l'Orient ». Mais, alors qu'ils répètent : « Comme avantages naturels, nous ne le cédons à personne », ils ajoutent : « sauf au Japon[1] ». Or, après la victoire, en plein mouvement d'optimisme et de confiance, le Japon comprend les avantages de sa situation géographique et paraît vouloir en tirer rapidement tout le parti possible.

« Le commerce oriental exerce un grand attrait sur les flottes marchandes du monde.... Il faut que notre pays devienne le centre de ce grand commerce oriental fait par le monde entier[2]. »

Le Japon doit être l'*emporium* de l'Asie orientale. C'est au Japon que se trouvera le point de croisement des grandes routes du monde vers les marchés orientaux ; là est le terminus de toutes les lignes anglaises, allemandes, françaises, autrichiennes qui viennent par Suez ; la grande voie de terre transsibérienne, et à travers la Mandchourie et la Corée, se prolongera

1. *M C. Rep.*, nᵒˢ 299, 501 (août et octobre 1905).
2. *Commercial Japan*, p. 2916, Washington (1904).

par une courte traversée jusqu'aux ports japonais.
La ligne anglaise canadienne, les lignes américaines,
vers Manille ou Hong-Kong, y font relâche. Au Japon, encore, aboutit une ligne australienne, bientôt
une ligne chilienne.

Dans ces îles japonaises, vers lesquelles cinglent,
comme vers le centre de l'Asie orientale, les flottes
commerciales du monde, il faut des ports commodément installés. Osaka, qui, plus que Tôkyô, doit
par sa position gagner à l'expansion politique et
économique du Japon en Extrême-Orient, achève les
brise-lames, digues, quais, wharfs, grues, magasins
de son immense port. 9 millions de dollars ont déjà
été dépensés, il faudra ajouter 15 ou 20 millions
avant que l'industrieuse cité soit pourvue de ce
qui lui est nécessaire. Osaka se prépare ainsi à devenir le grand port japonais pour le trafic avec la
Chine et la Corée; par la mer intérieure, les bateaux
gagnent le détroit de Simonoseki et débouchent en
quelques heures sur la mer Jaune. A quelques milles
d'Osaka, Kobé, qui lui est unie par des lignes à vapeur et électriques, est le grand port pour l'Europe
et les États-Unis. Avec son *settlement* européen, ses
banques, ses maisons étrangères d'importations et
d'exportations, c'est le guichet par où passe la
moitié des matières premières et des manufacturés
que le monde envoie au Japon. C'est aussi un grand
port d'exportation pour la Corée et les ports du
nord de la Chine, car les usines d'Osaka et des provinces du sud-ouest, transforment les matières pre-

mières importées[1]. Dans la partie nord-ouest de l'île Kyûshû, il y a de très importants gisements de charbon ; à très bon marché il est transporté par bateaux sur la mer intérieure jusqu'à Osaka et à Kobé. Dans cette région sud de l'Empire, le gouvernement a fondé et mis en train beaucoup d'usines qui, plus tard, ont été vendues à des particuliers. Par exemple, à l'ouest du port de Kobé, les chantiers de constructions navales Kawasaki. Des bateaux de 1000 à 8000 tonnes peuvent y être construits. En plus, deux cales vont être achevées pour des bateaux de 20000 tonnes. Bons ports, bons docks[2], chantiers de réparation, stations de charbon[3] : le Japon s'équipe afin de pouvoir héberger le trafic mondial en Extrême-Orient.

Pour rendre les marchés de Corée et de Chine dépendants de ce sud-ouest industriel de l'empire, et pour obliger les nations européennes ou l'Amérique à trafiquer avec ces marchés par son intermédiaire, bref pour tirer à soi tous les avantages de la politique désintéressée de l'*open door* dans les pays qu'il a conquis sur le Russe, il faut que le Japon sache

---

1. *Monthly Cours Rep.*, n° 301 *passim* (octobre 1905).

2. En mai 1905, à Nagasaki, lancement d'un dock flottant en acier pouvant recevoir les plus grands vaisseaux marchands du Japon. *M. C. Rep.*, n° 298 (juillet 1905).

3. Les vapeurs transpacifiques font régulièrement leur charbon au Japon. Le charbon japonais est exporté dans tout l'Extrême-Orient jusqu'à Singapoure. Le charbon indien ne va pas plus loin que Singapoure. Le « Cardiff » seul fait une sérieuse concurrence au charbon japonais. Les marines de guerre le préfèrent.

profiter de sa situation géographique. Ce problème de mise en œuvre scientifique et pratique a été admirablement saisi par les pouvoirs publics et les intérêts privés. Intelligemment, tenacement, les Japonais sont en train d'aménager les lignes de navigation côtières et les chemins de fer pour devenir les rouliers de l'Extrême-Orient. Les Anglais jusqu'à présent jouent ce rôle : ils ont 51 1/2 pour 100 du tonnage en Chine. Hong-Kong est le grand centre distributeur de marchandises pour la Chine du Sud. Pour le Nord, ce sera le Japon. Les Japonais savent toute l'influence économique et politique que donne le contrôle des moyens de communication, l'importance qu'avait pour l'expansion russe la possession du chemin de fer de l'Est chinois, et l'intérêt qu'ont pour la pénétration allemande et française les lignes Tsingtao-Tsinanfou et Hankéou-Pékin. Ils savent aussi l'avantage qu'il y a de montrer le plus possible son pavillon, sur les côtes, dans les ports. « Il est de la plus haute importance que les marchandises américaines soient transportées en Extrême-Orient par des vaisseaux américains, répètent les consuls. La nation qui a la marine la plus importante a naturellement la réputation d'avoir le commerce le plus important, et la nation qui a cette réputation est la mieux placée pour gagner le commerce nouveau. Les intérêts américains ont à souffrir du fait que l'on attribue aux Anglais beaucoup du commerce qui, en réalité, n'est pas anglais[1]. »

1. *M. C. Rep.*, n° 297 (juin 1905).

L'activité de la navigation japonaise transpacifique et côtière n'échappe pas aux périodiques anglais. Le consul américain d'Amoy écrit au mois d'août 1905[1] : « A Londres, dans ces derniers mois, beaucoup de bateaux marchands ont été vendus à des Orientaux. Le nombre s'en accroît chaque semaine. Après que les bateaux sont partis pour l'Extrême-Orient, on apprend généralement que l'acheteur est une société japonaise. Une liste de 27 bateaux jaugeant entre 573 tonnes et 2600 tonnes est donnée par le *Pall Mall Gazette*. D'autre part, les Japonais ont acquis une flotte marchande d'environ 50 steamers de 1re classe qui essayaient de forcer le blocus de Vladivostock. On s'accorde à penser que, dès la fin de la guerre, les Japonais mèneront une campagne très vive dans le commerce transpacifique. Ils auront une très large part, sinon la part prépondérante, dans la navigation côtière chinoise. » Voici l'esquisse des lignes de communication et d'échange que les Japonais ont déjà tracées :

En Corée, le développement des chemins de fer est récent. La première ligne, la ligne Séoul-Chémulpo, construite en 1899 par un concessionnaire américain, et vendue, avant d'être achevée, à une compagnie japonaise, a été reprise par une autre compagnie japonaise, la compagnie du chemin de fer de Séoul à Fusan. Cette dernière ligne, de 268 milles, commencée en 1901 sur le modèle américain, comme la pré-

1. *M. C. Rep.*, n° 207.

cédente, a été mise en exploitation le 1er janvier 1905. Vers la fin de 1903 l'œuvre avait été poussée car on prévoyait déjà l'utilité stratégique d'une ligne de transit à travers la Corée, entre le port de Fusan, le plus rapproché du Japon des ports coréens, et le théâtre probable des hostilités en Mandchourie. Le gouvernement japonais non seulement garantit le capital nécessaire de 25 000 000 de yen, mais souscrivit en plus 2 500 000 yen à condition que ce chemin de fer de Séoul à Fusan serait fini à la fin de 1904. Mais ce capital fut encore insuffisant et l'on dut emprunter 10 000 000 yen aux banques de Tôkyô, puis le gouvernement fit une autre avance de 1 580 000 yen en août 1904. Cette ligne Fusan-Séoul a été prolongée par la ligne Séoul-Wiju sur le Yalou (300 milles). Ces deux lignes forment ainsi, du sud-est au nord-ouest, un transcoréen. Mais tandis que la première ligne fut bâtie par contrat privé, la ligne de Séoul à Wiju fut construite militairement. Elle avait été commencée en 1902, par le gouvernement coréen sous la direction d'ingénieurs français, puis reprise par les Japonais. Il fallait tout sacrifier à la rapidité. Finie au début de 1905, bâtie pendant la première moitié de la guerre, cette ligne aux ponts de bois et aux rails trop légers aura besoin d'être reprise. Enfin une autre ligne de 150 milles environ doit unir Séoul à Gensan, le port de la côte orientale[1].

Le 28 avril 1905 un agrément entre les gouverne-

----

1. *M. C. Rep.*, n° 293 (février 1905).

ments de Corée et du Japon, publié par la gazette officielle, place les chemins de fer, les postes et télégraphes coréens, sous le contrôle du gouvernement japonais parce « qu'il trouve utile pour l'administration et les finances de la Corée de réunir les voies de communication en un système commun aux deux pays ». Sous le contrôle du Japon passent aussi les terres, les bâtiments, mobiliers, instruments, machines, et aussi le droit d'appropriation ou d'expropriation des terres, des bâtiments, nécessaires à une extension éventuelle des lignes. Les dépenses seront supportées par le gouvernement impérial du Japon. Après toutes les dépenses d'entretien, d'extension, de contrôle, s'il reste un profit, le gouvernement coréen en touchera une partie[1].

Construit pendant la guerre, ce Transcoréen est destiné à devenir un prolongement du réseau japonais. Aussi se propose-t-on immédiatement de les unir : « Le chantier Mitsu Bishi à Nagasaki livrera bientôt à la compagnie de chemin de fer Sanyo deux steamers pour le service entre Fusan (Corée) et Simonoseki (Japon) en correspondance avec les chemins de fer Sanyo et Fusan-Séoul-Wiju. La distance entre les deux ports est de 120 milles; elle sera probablement couverte en 8 heures[2]. » Et le rapport conclut : « La mise en service de ces vapeurs placera l'entier système des chemins de fer japonais[3] en

---

1. *M. C. Rep.*, n° 297 (juin 1905).
2. *M. C. Rep.*, n° 298 (juillet 1905).
3. La Chambre des pairs vient de voter la loi sur la na-

étroite relation avec le système coréen, puis avec les chemins de fer de Mandchourie et de Sibérie. Quand le court intervalle entre Wiju et Liaoyang sera comblé, un voyageur pourra faire le voyage de Tôkyô à Londres avec une traversée de moins de 12 heures. ›

On comprend l'importance du Transcoréen pour le Japon. C'est d'abord une ligne stratégique de terre pouvant transporter des troupes en Mandchourie et jusqu'à Pékin (par le chemin de fer de l'Est chinois cédé au Japon et l'embranchement de Shan-haï-kwan). C'est aussi une ligne d'exploitation de la Corée, conduisant de Tôkyô à Séoul en 56 heures au lieu des sept jours d'autrefois, jalonnée à ses 53 stations par des employés japonais, ramassant les récoltes des terres à riz qu'elle traverse, leur distribuant, en échange, les articles japonais.

C'est enfin un tronçon japonais de la grande ligne territoriale d'Europe en Asie. Le terminus du transsibérien ne sera plus Port-Arthur ou Dalny mais Tôkyô. La grande route de terre vers l'Extrême-Orient comme les grandes routes de mer aboutiront au Japon. Naguère encore les points extrêmes de ces routes vers le monde jaune oscillaient autour du golfe de Petchili. La victoire et l'industrie japonaises les concentrent au Japon.

Les Russes, installés à Port-Arthur et à Dalny, avaient bien saisi l'idée japonaise quand avant la guerre ils refusaient de consentir au raccordement

tionalisation des chemins de fer. Tous les réseaux japonais s'unifieront sous le contrôle de l'État.

entre Liaoyang et Wiju, entre leur réseau sibéro-mandchourien et le réseau Coréen ébauché. On comprend aussi l'importance attachée par le Japon, à la cession par la Russie et la Chine de la partie méridionale du Transmandchourien, et à l'autorisation de construire le tronçon Antoung-Moukden. Il veut ainsi rattacher le système de chemins de fer coréo-japonais au Transcontinental chinois Pékin-Hankéou et vers l'Europe au Transsibérien.

Pour la navigation côtière de la Corée les Japonais se sont réservé de grands avantages[1]. Il y a environ 1700 milles de côtes, avec de bons ports à l'ouest et au sud. « Comme ces ports et rivières, dit le journal japonais *Kokumin*, ont été ouverts au Japon, il y pourra faire de gros gains ». Un agrément en 9 articles a été signé, permettant « aux bateaux japonais de naviguer le long de la côte coréenne et dans les eaux territoriales pour commercer. » Au début de la guerre, 13 lignes régulières allaient déjà du Japon en Chine, 2 en Corée[2]. Pendant la guerre ces services furent le mieux possible assurés par des affrétés étrangers. En 1903, de Kobé partirent pour les ports de la Chine du Nord 137 steamers japonais représentant 152 927 tonnes contre 7 steamers étrangers représentant 12167 tonnes. De Kobé, aucun vaisseau étranger ne trafiquait avec la Corée, tandis que 103 bateaux japonais représentant 58 753 tonnes étaient engagés dans ce trafic.

1. *M. C. Rep.*, n⁰ˢ 300, 301 (septembre, octobre 1905).
2. Id., n° 288 (septembre 1904).

A Nioutchang, le port de cette Mandchourie « qui par son sol fertile ressemble à notre *Middle West* américain et qui aura une énorme importance dans le grand mouvement commercial et industriel de l'Extrême-Orient[1] », il y a dix ans, les Japonais n'avaient presque aucune part du trafic; en 1898 ils représentaient 25 pour 100 du tonnage, et 50 pour 100 environ en 1903. L'Angleterre venait après avec 29 pour 100, les Chinois avec 7,79 pour 100. La guerre a temporairement gêné l'avance japonaise. Mais dès que la flotte russe a été anéantie à Tsushima, des services fréquents et réguliers ont été rétablis entre Osaka, Kobé, Moji, Simonoseki et tous les ports coréens et chinois de la mer Jaune et du golfe de Petchili : Fusan, Chemulpo, Mokpo, Chinnampo, Tchefou, Takou, Nioutchang. C'est dans des cales japonaises que beaucoup de marchandises européennes et américaines débarquées au Japon gagnent les ports de Corée et de la Chine du Nord.

Le Japon donne de forts subsides aux bateaux japonais naviguant sur les côtes de Chine. Cette politique leur réussit. A Amoy par exemple, le centre du commerce de la Chine avec Formose, en 1905, sur 1812 steamers, 1084 étaient anglais, 452 japonais, 80 allemands. La guerre, en apparence, entrave ce commerce japonais, « en réalité, écrit le consul américain d'Amoy, elle le gêne peu, car des vapeurs affrétés font l'ouvrage qui sera repris par des va-

1. *M. C. Rep.*, n° 501.

peurs japonais dès la fin de la guerre.... Les Japonais réussissent dans leurs effor's pour contrôler le commerce côtier de la Chine. Leur nouveau service Shanghaï-Hong-Kong, via Foutchéou et Amoy, va bien[1] ». Même effort pour contrôler la navigation du Yang-Tsé. « Les principales lignes japonaises luttent entre elles et avec les lignes étrangères pour établir des relations commerciales à tous les points importants du fleuve[2]. »

Sans doute pour la navigation chinoise l'Angleterre conserve son énorme avance. En 1904, le tonnage anglais représentait 51 1/2 pour 100 des 63 774 706 tonnes de cette navigation. L'Allemagne n'a que 12 pour 100, la France 2 pour 100, les Américains 1 1/2 pour 100. Toutefois, le concurrent que tous les rapports consulaires américains considèrent comme le plus redoutable pour les États-Unis, ce n'est pas l'Anglais qui détient environ deux tiers du commerce étranger de la Chine, c'est le Japonais. « L'avantage anglais, ne tient pas à ce que la Grande-Bretagne est mieux placée que d'autres nations, mieux placée que les États-Unis, pour fabriquer et vendre des articles destinés aux Chinois, mais à ce que les marchands anglais, depuis plus d'un demi-siècle, ont reconnu la valeur de leur marché chinois et ont travaillé à le développer[3]. » Cette belle situation acquise ne décourage pas les

1. *M. C. Rep.*, n° 208 (juillet 1905).
2. *Commercial Japan*, p. 2959 (1904).
3. *M. C. Rep.*, n° 209 (août 1905).

Américains, ne paraît même pas les inquiéter. Ils répètent que pour trafiquer avec l'Extrême-Orient « America is the most favorably situated of all western nations », que depuis quelques années seulement on se préoccupe aux États-Unis du commerce oriental et qu'il suffit d'une « agressive campaign » pour réussir. Et ils concluent : « The United States has the means to dominate the trade of the East if it will properly employ them. » Leur meilleure situation géographique, leur audace et leur énergie en affaires, les tarifs de transports par les lignes transcontinentales et transpacifiques, favorables aux manufacturiers américains comparés aux frets qu'ont à payer les Anglais, tout cela leur permet de lutter contre la Grande-Bretagne. Un consul américain découvre-t-il que les cotons anglais supportent en Corée la concurrence japonaise, immédiatement il en tire cette leçon : « Voilà la meilleure preuve que les cotons américains peuvent trouver en Corée un large marché[1]. »

Par contre, plans japonais, progrès japonais inquiètent les consuls américains. Le Japon a l'avantage d'une position géographique encore bien meilleure que celle des États-Unis. Ils ont aussi cet « agressive spirit » dans la conquête des marchés que les consuls américains voudraient trouver chez tous leurs compatriotes. Les mesures qu'ils prennent pour aménager à leur profit chemins de fer et lignes de navigation en témoignent.

---

1. *M. C. Rep.*, n° 293 (février 1905).

Et ce Japon, qui devient de plus en plus l'intermédiaire indispensable entre les États-Unis et les marchés de Corée et du nord de la Chine, est souvent un intermédiaire gênant. « Beaucoup des articles vendus par le Japon en Corée pendant la guerre sont des contrefaçons de marchandises américaines ou sont présentés avec de fausses marques de fabrique américaines. Comme les clients sont des natifs incapables de distinguer la vraie marque de la contrefaçon, la lutte sera dure pour les Américains[1]. » Plaintes de contrefaçons pour le tabac, pour le savon, — un savon Colgate devenu « Culgate's soap » — pour le lait condensé, pour les pelles[2]. « Rien n'indiquait leur origine japonaise : leur style était américain, leur marque en anglais ». Conclusion : « Pour que le produit américain puisse être identifié quand il est offert sur le marché japonais, spécialement quand il est destiné au marché chinois, il faut absolument y imposer la marque de fabrique avec des caractères chinois[3] ».

1. *M. C. Rep.*, nᵒ 501 (octobre 1905).
2. Id., nᵒ 500 (septembre 1905).
3. Id., nᵒ 501 *passim*.

# III

Jusqu'en 1881, dans le commerce extérieur du Japon, l'Europe avait la première place, suivie par l'Amérique, puis l'Asie. En 1900 l'ordre change, c'est l'Asie qui vient en tête, suivie par l'Amérique, puis par l'Europe. De 1881 à 1901, les exportations japonaises en Asie ont progressé 20 fois et ses importations venant de pays asiatiques 14 fois. L'avenir du commerce japonais est en Asie.

Dans leurs relations commerciales avec l'Europe ou l'Amérique, les Japonais sont obligés encore maintenant d'employer des intermédiaires étrangers, surtout pour l'exportation. Les marchands japonais peuvent aisément importer, ils connaissent les vendeurs en pays étrangers, et font leurs paiements par la *Yokohama specie bank*, agent de la *Banque du Japon* pour toutes les affaires sur le marché extérieur; mais pour exporter il ne leur est pas aussi facile qu'aux intermédiaires étrangers des ports ouverts de connaître et d'atteindre les clients étrangers. Pour le commerce avec l'Extrême-Orient au contraire les marchands japonais n'ont plus besoin d'intermédiaires; ils reprennent alors un grand avantage sur les Américains et les Européens.

Il nous faut, disent les Japonais, le contrôle politique et économique de la Corée et de la Mandchourie[1]. Le sol japonais ne suffit plus à nourrir la population. On doit donc moins compter sur l'agriculture, plus sur le commerce pour la faire vivre. Il faut au Japon la domination politique et économique sur des pays voisins pouvant absorber le surplus de la population, lui fournir des moyens de subsistance, alimenter son commerce et son industrie. La Corée et la Mandchourie répondent à ces besoins. La Corée est une excellente terre à riz, le blé mandchourien vaut le blé canadien. En Mandchourie on peut planter des betteraves. « Le Japon consomme déjà environ 250 000 tonnes de sucre par an. Nous arriverons à ne plus importer de sucre d'Allemagne; et nous exporterons du sucre raffiné en Mandchourie. » Comme marchés pour les articles de manufacture japonaise, Mandchourie et Corée se développent rapidement.

La Corée, déjà avant la guerre, avec ses 6 millions d'habitants en dépit de l'état politique troublé, de ses richesses à peine exploitées, en dépit des fléaux qui ruinaient les récoltes, des maladies sur les bestiaux, en dépit de la dépréciation du numéraire de nickel, et des menaces de conflit entre la Russie et le Japon, la Corée voyait ses importations passer de 7 318 842 dollars en 1901 à 9 075 155 dollars en 1903 : matériel de chemin de fer, farine et pétrole américains, cotonnades pour moitié anglaises et pour

---

1. Cf. le Taiyō (*Sun Trade Journal*), Tōkyō, mai 1905.

moitié japonaises, tabac, cigarettes surtout, fournies par les Japonais et une compagnie anglo-américaine.

Les exportations sont plus lentes (4 214 050 dollars en 1901, 4 719 816 en 1903. Exportations d'or 2 486 688 en 1901, 2 717 285 en 1903). La balance du commerce est défavorable à la Corée; mais, d'après le rapport des douanes, l'équilibre est presque rétabli par la valeur du matériel de chemin de fer importé, et par l'argent que payent en approvisionnements et en gages les compagnies de chemin de fer et les compagnies étrangères. L'exportation consiste surtout en minéraux, fer, cuivre, charbon, et aussi en ginseng. La Corée pourrait produire du coton, de la soie, devenir un centre d'élevage important. Mais le fermier jusqu'ici a été effrayé par les taxes.

Le début de la guerre fut désastreux pour le commerce coréen; les ports furent fermés, les services avec le Japon suspendus; peu à peu ils reprirent. Troupes à nourrir, chemins de fer à construire, ports de Fusan et de Chémulpo à améliorer ont amené de l'argent dans le pays. Jamais le travailleur coréen n'a eu plus d'argent liquide. Les récoltes furent bonnes et se vendirent bien aux Russes et aux Japonais. Les importations en 1904 se sont élevées à 15 701 295 de dollars. Les importations venant du Japon ont été en 1905, pendant les 6 premiers mois, de 5 852 000 dollars (même période de 1904, 3 840 000). La Corée est maintenant le meilleur client du Japon après la Chine et l'Amérique.

Le marché coréen peut donc s'élargir à mesure

que la sécurité politique sera assurée, et que les ressources du pays seront développées. Au lieu de la monnaie de nickel dépréciée, parce que trop abondante et faussée, l'étalon d'or, décrété en théorie depuis 1901, a été établi. La *Daï Ichi Ginko*, la première banque du Japon est chargée du rôle de banque d'État et de l'émission des billets. Elle a déjà ouvert quatre succursales en Corée.

Les Américains voudraient profiter de cette prospérité coréenne. Leur colonie est plus nombreuse dans le pays que n'importe quelle colonie européenne; pour les deux tiers missionnaires presbytériens et méthodistes, ils ont de grosses ambitions de propagande morale et économique. A Séoul il y a un hôpital presbytérien. Les chemins de fer coréens ont presque tous un matériel américain. La ligne Séoul-Chémulpo fut construite en 1899 par des Américains. Les autres lignes faites par des Japonais ont les dimensions américaines et sont pourvues de locomotives et en partie de rails et de ponts américains. Deux des plus importantes entreprises de la Corée sont américaines : l'une *The oriental Consolidated Mining Co.* exploite des mines d'or dans le nord-ouest, l'autre l'*American Korean Electric Co.*, a le monopole des tramways, du téléphone, de l'éclairage, des stations de force à Séoul. Enfin une autre Compagnie a une franchise pour construire les canalisations et les pompes qui amèneront l'eau à Séoul.

Mais les États-Unis, en dépit de leurs missionnaires à Séoul, de leurs entreprises déjà montées, vont se heurter à la concurrence japonaise, soutenue par un protectorat politique et par une forte colonie. Aucun privilège ne sera accordé aux étrangers qu'avec le consentement du Japon. Leurs légations fermées, leurs ministres partis, toutes les puissances occidentales doivent restreindre leurs ambitions d'expansion économique en Corée. Le marché coréen que le Japon va développer, il entend bien le dominer.

Pour les Japonais, la Mandchourie, avec ses richesses agricoles et minérales, avec sa population laborieuse a plus d'importance que la Corée. Tout le monde s'accorde à prédire son grand avenir. Si le sol était cultivé, remarquent tous les consuls américains, si les grains au lieu d'être transportés par charrettes pouvaient l'être par chemins de fer, si les mines étaient exploitées, cette province « étonnerait le monde ». Le commerce américain pourrait alors s'y développer, car « le pays est beaucoup plus proche des États-Unis que d'aucune autre nation industrielle et son commerce est déjà largement entre nos mains ». Les Américains sont les plus gros importateurs à Nioutchang. En 1902 la Russie faisait une forte concurrence à la farine, au pétrole américains. Maintenant qu'elle est éliminée, restent comme concurrents aux cotonnades américaines les fils de coton indiens, les fils de coton et cotonnades japonais, les nankins chinois.

Les industriels japonais s'intéressent aux tissages chinois, dont les produits sont bien accueillis en Mandchourie[1]. Néanmoins, les années 1904 et 1905 ont été excellentes pour les Américains qui avaient le champ libre : ils ont importé du pétrole, des bois, des conserves, de la farine, des cigarettes.

Ainsi la Mandchourie où se battirent en 1894-1895 la Chine et le Japon, qui, en 1900 vit les mouvements boxers et en 1904-1905 la guerre russo-japonaise, en dépit des boulets qui sur terre tombaient et des mines flottantes qui par la mer rôdaient, est tout de même devenu un marché important. « On peut prédire en ce pays d'énormes possibilités commerciales si l'avenir est paisible, si le contrôle politique est énergique et durable, s'il n'y a pas de restrictions au commerce .» Or, la paix est signée ; les Japonais ne promettent de retirer leurs gardes des chemins de fer que lorsque le calme sera rétabli, et que les Chinois seront assez forts pour l'assurer contre les brigands ou contre l'étranger ; *l'open door* enfin est garanti.

De cette prospérité mandchourienne les Japonais veulent prendre la part principale. Déjà leurs achats de terrains à Nioutchang ont fait monter les prix. Le pied carré qui en 1902 valait 1 dollar 15 (or), — en 1903, 75 cents, — en 1904, 60 cents, vaut, en 1905, 3 dollars 35. Les Japonais achètent plus à la Mandchourie que toutes les autres nations étrangères

<hr>

1. *M. C. Rep.,* n° 299 (août 1905).

réunies, ils sont les principaux consommateurs des fèves et des produits de fèves qui forment environ 65 pour 100 des exportations mandchouriennes; ils s'en servent comme engrais.

Pour l'exploitation des mines et des forêts, les Japonais prennent la place des Russes. Le chemin de fer de l'Est-Chinois avait le droit d'exploiter librement les mines de charbon sur une bande de terre d'environ 20 milles des deux côtés du chemin de fer. Or, par traité, la Russie transfère au Japon sans compensation, le chemin de fer entre Kouan-Chang-Tsou et Port-Arthur avec tous ses privilèges et propriétés, y compris les mines de charbon appartenant à la voie ferrée ou exploitées pour son fonctionnement, et dans son traité avec le Japon le gouvernement chinois accepte qu'une compagnie par actions, se composant de capitalistes japonais et chinois soit organisée pour l'exploitation des forêts dans les régions situées sur la rivière Yalou.

# IV

Mais c'est autour du marché chinois que la lutte est la plus âpre. La Chine est le grand marché à pourvoir, le plus mystérieux encore et le plus instable, mais le plus tentant.

Il n'est pas aisé de déterminer exactement la part de chaque pays dans le commerce d'exportation et d'importation de la Chine. Hong-Kong trouble les statistiques. Les marchandises de toutes les nations s'y engouffrent sans être arrêtées par un tarif, et de là sont distribuées dans tout le sud-est de l'Asie; par Hong-Kong aussi passe une bonne partie des exportations chinoises. Au total, les importations et exportations de Hong-Kong représentent 159 560 118 dollars sur un total de 408 482 103 dollars pour toute la Chine. Après Hong-Kong le Japon a le plus gros chiffre d'affaires avec la Chine (61 705 659 dollars en 1904, y compris Formose). Les exportations japonaises ont passé de 14 953 000 dollars, pendant les six premiers mois de 1904, à 21 932 000 dollars pendant les six premiers mois de 1905. Puis viennent, en 1904, la Grande-Bretagne avec 50 743 643 dollars, et les États-Unis avec 39 388 244 dollars. Les chiffres des ventes américaines restent à peu près les mêmes: 24 millions de dollars en 1902, 18 millions en 1903, 20 millions et demi en

1904[1]. L'Europe continentale, en dehors de la Russie, n'a avec la Chine qu'un commerce de 47617855 dollars. La Russie représente seulement 5000000 dollars.

Sans doute, toutes les nations envoyant des marchandises à Hong-Kong peuvent revendiquer une part dans les chiffres de Hong-Kong; mais il est certain que la Grande-Bretagne envoie plus de marchandises à Hong-Kong qu'aucune autre nation, et aussi qu'elle envoie plus de marchandises à Hong-Kong que dans le reste de la Chine. Enfin au commerce britannique vient s'ajouter le commerce indien qui avec la Chine s'élève à 24224545 dollars. L'Angleterre possède donc la part de beaucoup la plus importante dans le commerce chinois; après vient le Japon, puis les États-Unis.

C'est l'avance japonaise qui aux Anglo-Saxons parait la plus menaçante. A la Chambre de commerce de Leeds, un consul anglais en Chine disait qu'après la guerre le plus formidable rival de la Grande-Bretagne serait le Japon[2]. On retrouve la même opinion dans tous les rapports consulaires américains.

Pour les deux principaux articles du marché chinois, les cotonnades à l'importation, la soie à l'exportation, voyons les méthodes japonaises.

Les cotonnades représentent environ un tiers des importations chinoises. Jusqu'à [ces dernières an-

1. *M. C. Rep.*, n° 301 (octobre 1905).
2. Id., n° 299 (août 1805).

nées les Anglais étaient les principaux vendeurs.
« On demandait des classes lourdes de cotons
bruns, maintenant on veut des articles plus légers....
Les Américains envahissent ainsi les marchés qui
jusqu'ici ont été monopolisés par les manufacturiers anglais[1]. » En 1904, les Américains ont
expédié en Chine des produits de coton pour 15 millions de dollars sur une importation totale d'environ 90 millions de dollars. Or, calculent les consuls et les industriels américains, il est probable
que la consommation totale de coton en Chine ne
doit pas être inférieure annuellement à 1 milliard de
dollars. Ils sont environ 400 millions de Chinois,
mettons qu'en moyenne chacun d'eux dépense deux
dollars et demi pour se vêtir par an et nous attei-
gnons le milliard. Tel est le commerce qui s'offre
aux États-Unis[2]. Si les Américains ont vu leurs
importations de cotonnades se développer, c'est
qu'elles sont de meilleure qualité que beaucoup de
cotonnades étrangères souvent chargées de kaolin.
Les Chinois, qui attachent beaucoup d'importance
à leur costume de coton ou de soie, sont aussi bons
connaisseurs en coton qu'en soie. « Neuf Chinois
sur dix ont, peut-être, une connaissance familière et
pratique du coton, ils savent comment il pousse,
comment il est récolté, égrené, cardé, filé, tissé,
teint.... Si le Chinois achète des cotonnades étrangères c'est qu'il les juge supérieures aux cotonnades

1. *M. C. Rep.*, n° 287 (août 1904).
2. Id., n° 301 (octobre 1905).

qu'il fabrique lui-même[1]. Il faut donc que les étrangers maintiennent la qualité de leurs importations, sinon les Chinois se passeront d'eux. D'autre part ces cotonnades sont souvent trop chères pour la masse des Chinois. Le haut prix du coton en Amérique et par conséquent dans le monde, en 1903-1904, a fait monter leur valeur; or, sitôt que « les cotonnades étrangères deviennent trop chères, le paysan chinois achète des fils de coton et tisse lui-même ses chemises et tuniques ».

La Chine a probablement assez de terres pour produire plus de coton qu'il n'en faut à tout le marché chinois. Actuellement le coton chinois fournit environ 70 pour 100 de la consommation domestique et en 1904 la Chine a exporté pour 9 305 229 dollars de coton brut. Mais les terres ne sont guère cultivées que dans les vallées, et servent surtout à nourrir le peuple, car la nourriture serait plus chère à importer que le coton. Le coton chinois n'est pas de bonne qualité; mais si le prix du coton hausse à l'étranger, immédiatement on le cultive davantage.

Depuis quelques années les importations de fils de coton prennent une importance croissante. « D'après les figures fournies dans le rapport des douanes maritimes (1903), les fils de coton en 1872 formaient 6 pour 100 de la valeur totale de tous les cotons importés; en 1882, 20 pour 100; en 1892, 42 pour 100;

1. *M. C. Rep.*, n° 299 (août 1905).

en 1902, 52 pour 100; en 1903, 53 pour 100; pour 1904, sur une importation de 90 379 784 dollars, presque exactement la moitié était en fils de coton. D'autre part, des manufactures chinoises[1] produisent d'immenses quantités de filés « parce que le Chinois trouve meilleur marché de tisser son propre vêtement que d'acheter son vêtement à l'étranger[2]. » Les instruments et les méthodes du vieux temps sont encore en faveur. On file, on tisse à la main; la cotonnade passe directement du petit métier au consommateur, et l'on continuera ainsi tant que le travail restera bon marché, la marchandise étrangère d'un prix élevé et le pouvoir d'achat peu développé. « Nous ne nous rendons pas compte, dit un consul américain, que les marchandises que nous envoyons maintenant sont presque des objets de luxe pour les Chinois[3]. » Aussi, tandis que la vente des catégories d'articles importées par les Américains ou les Anglais n'augmente pas, les statistiques accusent un accroissement d'importations de fils de coton et de fantaisies,

1. *M. C. Rep.*, n° 291 (décembre 1904). Par exemple, dans le district consulaire d'Hang-tchéou une fabrique de cotonnades (Tung Ki Kung Cotton Mill Co) emploie 1300 hommes, femmes et enfants. Travail de jour 13ʰ 1/2, de nuit 10 heures. Travail à la pièce, gain moyen : 12 cents (sous) par jour. En 1903, cette usine a produit 3 000 000 livres de fils ou 7 500 balles vendues au prix moyen de 54 dollars 60 la balle. 70 pour 100 du coton employé était chinois et venait du Tché-Kiang et du Kiang-Sou. 30 pour 100 acheté à Shanghaï était du coton indien. Après des difficultés, par défaut de capital, l'usine en 1904 a marché jour et nuit.

2. *M. C. Rep.*, n° 202 (janvier 1905).

3. Id., n° 202 (janvier 1905).

et cela au profit de l'Inde et du Japon. C'est l'Inde surtout qui fournit les fils. Le Japon en fournit aussi : 66 521 300 livres en 1902, 110 851 100 en 1903. Mais c'est pour les tissus de coton surtout que la concurrence japonaise se fait sentir : les Japonais ont compris qu'il fallait aux Chinois des articles très bon marché et parfaitement appropriés à leurs besoins. Serviettes, mouchoirs teints ou imprimés, imitations de tissus de soie, flanelles de coton viennent du Japon. Les serviettes sont très légères, les Japonais les vendent 40 cents (42 sous) la douzaine[1]. De même pour les vêtements de travail, pour les gilets de dessous. « Les Japonais fournissent un article qui, à cause de son bas prix, prend la place d'une marque américaine[2]. » En 1901 sur 1 759 540 livres de cet article, importé à Shanghaï, 944 900 livres venaient du Japon, 139 700 des États-Unis.

Et c'est un avantage de même ordre qui fait le succès d'autres articles japonais : le savon par exemple : « Il faut que les savons soient très bon marché pour qu'on les vende. Une différence de quelques sous la livre à Hang-tchéou a amené, de 1901 à 1902, un accroissement de vente de 40 pour 100 en valeur et de 80 pour 100 en quantité. La plupart des savons viennent maintenant du Japon, généralement avec de fausses marques eu-

1. *M. C. Rep.*, nº 295 (février 1805).
2. Id., nº 297 (juin 1905).

ropéennes[1]. » Même raison au monopole que les allumettes japonaises ont conquis enExtrême-Orient.

« La production de la soie[2] en Chine a de l'importance non seulement pour les spécialistes, mais encore pour tous les hommes intéressés aux exportations et aux importations de l'Extrême-Orient. En effet, il y a quarante ans, la soie représentait 24 pour 100 de toutes les exportations chinoises et en 1904, 33 pour 100. » Malgré cet accroissement, la production est défectueuse, insuffisante; la Chine n'a plus le même rang qu'autrefois dans la production du monde. Elle fournit, d'après une moyenne pour 1902, 1903 et 1904, 27 pour 100 de cette production, le Japon 28 pour 100, l'Italie 25 pour 100, et tous les autres pays 20 pour 100. Le monde a besoin du marché chinois qui peut être un énorme producteur de soie, avec ses avantages de nature et de main-d'œuvre. Il faut donc que les soins que donnent les Chinois aux mûriers, aux œufs des vers, aux cocons deviennent plus scientifiques. Or, leurs meilleurs éducateurs seront évidemment les Japonais gros producteurs de soie, dressés depuis longtemps à l'élevage scientifique[3].

Les Japonais connaissent bien le marché chinois de la soie, et tandis qu'il est très difficile aux étrangers d'acheter directement aux producteurs, ils y

---

1. *M. C. Rep.*, n°ˢ 293 et 298 (février et juillet 1905).
2. Id. *Ibid.*, n° 297 (juin 1905).
3. Cf., pour tout ce qui suit, un très important rapport du consul américain de Hang-tchéou sur la soie,dans *M. C. Rep.*, n° 298 (juillet 1905).

réussissent. C'est un sérieux avantage, car les intermédiaires font de gros bénéfices : « Par exemple, entre le prix de Hang-tchéou et le prix de Shanghaï, il y a une différence d'au moins 40 pour 100.... Beaucoup de maisons japonaises ont déjà commencé d'acheter directement aux producteurs et aux courtiers de l'intérieur. » Les Japonais, en effet, s'intéressent aux déchets de soie : « A cause de l'importance du commerce d'exportation de la soie, ces années dernières, et de la hausse des prix, les tissages japonais ont employé pour la consommation japonaise, des quantités considérables de déchets venant de Chine, en particulier de la soie de double cocon », et ils parviennent à rendre de meilleure en meilleure la qualité de ces déchets.

La soie brute chinoise est meilleure que la soie brute japonaise et peut être produite à meilleur marché, aussi les Japonais en importent-ils de grandes quantités : « Les Américains doivent considérer que le Japon va devenir, s'il ne l'est déjà, un rival pour ces soieries regardées jusqu'ici comme une spécialité de l'Amérique et de l'Europe. Au Japon, le commerce de la soie commence à se transformer : il ne s'agit plus seulement de produire de la soie, et de l'exporter, mais aussi de manufacturer pour le marché du monde des matières premières étrangères. Les importations de soie brute de Chine au Japon s'accroissent chaque année et après la guerre croîtront encore, marquant un changement stable dans l'industrie de la soie au Japon. »

Bien plus, les Japonais comprennent l'intérêt qu'il y a de posséder des usines en Chine, près des centres de production. Le consul américain de Hang-tchéou parle d'un rapport fait par un expert en soie japonais sur la province de Tche-kiang. « Le résultat de l'enquête est que, tous les arrangements sont pris pour établir une filature à vapeur japonaise à Hang-tchéou, capitale du Tche-kiang, centre du commerce de la soie dans la Chine du Nord et la Chine centrale, comme Kyôto au Japon, et cette filature étendra ses opérations à toute la province. On sent une disposition générale chez les Japonais à mettre des fonds dans l'industrie de la soie en Chine, et à acheter des produits de soie brute directement à l'intérieur de la Chine. »

Le volume du commerce chinois augmente; les statistiques le prouvent et les recettes des douanes d'une année sur l'autre accusent une plus-value. D'autre part, les consuls constatent que le peuple est un peu plus capable d'acheter sa nourriture, de porter de meilleurs vêtements, et que jusqu'à ces derniers temps il avait gardé une certaine curiosité pour les marchandises étrangères.

Néanmoins le pouvoir d'achat de la Chine ne se développe pas aussi vite qu'Européens et Américains le souhaiteraient. Il est gêné par des entraves politiques, économiques, financières, commerciales :

Spasmes de révolte, mouvements anti-dysnastiques

ou anti-étrangers, comme la révolte des Taïpin, le mouvement Boxer, et actuellement comme le boycottage des marchandises américaines. Il faut à la Chine la quiétude politique.

Troubles climatériques suffisant à ruiner ce pays qui a un peuple si nombreux à nourrir, et qui exporte surtout des produits agricoles. Que les pluies soient trop abondantes, que l'immense Yang-tsé déborde, on ne peut transplanter le riz; une mauvaise récolte est un désastre, le pays perd son pouvoir d'achat et son crédit; une bonne récolte et c'est la prospérité. Le développement de l'industrie pourrait seul compenser cet imprévu.

Taxes exorbitantes sur les marchandises importées : droit d'entrée d'environ 5 pour 100 *ad valorem*, puis le *likin* imposé à toutes les marchandises qui quittent les ports vers l'intérieur. Théoriquement, en payant en plus des 5 pour 100 *ad valorem*, 2 1/2 pour 100 on obtient une passe de transit qui exempte de toutes les taxes du *likin*. En fait cette passe n'est pas respectée; des règlements locaux décident que les marchandises ne peuvent être envoyées qu'en un point déterminé. En sortent-elles pour être vendues, des taxes additionnelles leur sont imposées, parfois si lourdes qu'en fin de compte les marchandises sont vendues à perte.

Système monétaire compliqué et incertain : variétés de monnaie en circulation, baisse de la valeur de l'argent, dépréciation de la monnaie de cuivre ou de bronze trop multipliée, incertitudes du change, commissions prélevées par les banquiers étrangers ou indigènes, et par les compradores dans les achats et les ventes. Tout cela taxe lourdement chaque transaction commerciale et les rend incertaine.

Pour développer et rendre stables la importations et les exportations chinoises il faudrait d'abord supprimer ces entraves, calmer ces oscillations. Mais surtout, pour que l'étranger développe ses importations en Chine il faut qu'il crée à la Chine un pouvoir d'achat, en l'aidant à étendre ses exportations.

Sans doute, en dépit des apparences, la balance du commerce ne penche pas au détriment de la Chine. Le surplus des importations sur les exportations en 1904 a été de 104 673 925 kaikwan taels (73 271 747 dollars), environ 371 millions de francs, mais la différence a été plus que comblée par les entrées de numéraire représentant les gains des Chinois à l'étranger, l'argent dépensé en Chine par les étrangers, les exportations chinoises vers l'ouest et le nord que ces figures ne comprennent pas. Tout de même la Chine est un pays pauvre, le Chinois a peu de capital, il ne peut acheter davantage qu'à la condition stricte de trouver à vendre davantage.

On ne peut raisonner sur l'avenir du commerce de la Chine d'après le passé, ni même d'après le présent. « Le total des exportations et des importations ne donne pas plus la mesure exacte du commerce de l'Empire chinois, qu'il ne la donne pour les

États-Unis. Le commerce de la Chine se fait surtout entre Chinois, et son commerce extérieur est beaucoup plus petit en comparaison du commerce total de l'Empire que ce n'est le cas pour toute autre nation. Pendant des siècles, avant que la Chine n'ait été ouverte au commerce étranger, la nation vécut, produisit, commerça, devint riche. Peu à peu, une influence étrangère se fit sentir. Depuis une centaine d'années, la Chine s'est aperçue qu'elle pouvait vendre quelques-uns de ses produits au dehors. Dans le dernier tiers du siècle, elle s'est aperçue qu'elle pouvait vendre aux étrangers autre chose que du thé et de la soie; sa liste d'exportation s'est allongée. Aussitôt qu'elle a trouvé qu'elle pouvait vendre ses marchandises et qu'il lui était avantageux d'acheter des marchandises étrangères, ses importations ont continûment progressé [1]. »

En 1864, le thé et la soie représentaient 58 pour 100 et 24 pour 100 de toutes les exportations (coton 12 pour 100, autres marchandises 6 pour 100). En 1904, le thé ne représente plus que 12 pour 100, la soie 33 pour 100, le coton 10 1/2 pour 100, et les autres marchandises montent à 44 pour 100. Il faut donc continuer de développer l'exportation de ces autres marchandises : fèves, albumine, opium, coton, graines de colza, huiles, peaux, chanvre, tabac, éventails, nattes, etc., il faut, en même temps, aider le thé chinois à lutter contre la concurrence du thé de Cey-

1. *M. C. Rep.*, nº 301 (octobre 1905).

lan et de l'Inde, et développer scientifiquement la production de la soie.

Or de ces produits : fèves, huiles, peaux, chanvre, coton, tabac, les Japonais ont besoin. Ils les achètent déjà en grande quantité. Et ils sont les plus inté ressés à l'amélioration du marché de la soie en Chine. Ils travaillent donc, en même temps qu'ils poussent leurs intétêrs, au développement du pouvoir d'achat de la Chine.

D'autre part, les exportations japonaises ont un grand avenir en Chine. L'Europe et l'Amérique envoient actuellement des cotonnades, puis de l'opium, du pétrole, du sucre, des lainages, de la farine, etc., du matériel de chemin de fer, mais très peu de machines. Le réveil de la Chine par la civilisation occidentale aura-t-il pour effet de développer beaucoup ces importations? A la rigueur, la Chine, qui pendant des siècles a suffi à la nourriture de ses millions d'habitants, peut s'en passer. Admettons même que la farine américaine, que le sucre allemand deviennent nécessaires au bien-être chinois, les provinces du Nord et la Mandchourie pourront fournir grains et betteraves. Dans les provinces du Sud le coton pousse et déjà les importations de cotonnades de l'Empire consistent pour moitié en fils de coton que les Chinois tissent eux-mêmes. Quand on aura enseigné aux Chinois à ne pas tous se grouper le long des vallées, et à réclamer toutes les terres laissées actuellement incultes par ignorance des méthodes modernes de culture, quand des moyens de communication rapides existeront entre les provinces, et qu'il n'y aura plus d'entraves au transport du riz, la Chine suffira à la subsistance des Chinois.

L'avenir des importations européennes et américaines en Chine n'est donc pas dans ces provisions, sucre, pétrole, farine, etc., mais dans la vente d'objets manufacturés, de machines. Or, c'est ce qu'a compris le Japon : de la Chine il entend devenir un gros acheteur de matières premières, mais il entend aussi que l'argent qu'il aura dépensé serve aux Chinois pour acheter tout ce que l'industrie japonaise fabrique. Le commerce ainsi compris entre les deux pays peut comporter une extension illimitée, car il est complémentaire et stable. Tout progrès matériel et moral que la propagande politique et éducative du Japon pourra assurer en Chine, créera des besoins nouveaux que l'industrie japonaise s'empressera de satisfaire.

Une action pacifique d'éducation et de réformes en Chine pour y développer des intérêts économiques, tel est le programme que devraient avoir toutes les nations occidentales. Avant tout il convient de prévenir les mouvements de révolte qui dévastent le pays, excitent des sentiments anti-étrangers; il faut aider la Chine à réformer son système monétaire et ses impôts, l'aider aussi à développer scientifiquement les ressources de son sol.

C'est aussi le programme du Japon. Lui aussi, lui surtout, qui n'a ni pétrole ni farine à vendre,

a besoin pour son industrie d'un marché chinois
avec un grand pouvoir d'achat. Dès maintenant on
peut dire que les Japonais voient plus clairement le
problème que les Européens et les Américains, et
qu'ils réussissent à mieux placer sur le marché chinois tout ce qu'ils fabriquent.

## V

Dans la lutte pour s'assurer les marchés de l'Extrême-Orient, il faut compter aussi avec les aptitudes de chaque peuple et avec son prestige politique.

Si le commerce des États-Unis avec la Chine ne se développe pas aussi rapidement qu'il le devrait, c'est, à en croire les consuls, que les Américains n'y prêtent pas assez d'attention. « Le producteur américain a d'abord travaillé pour le marché national, puis pour le marché européen, un peu à contre-cœur pour les marchés de l'Amérique du Sud, il a même travaillé pour le marché sud-africain, mais il a prêté peu d'attention aux immenses possibilités du commerce oriental, pour lequel l'Amérique est la mieux située de toutes les nations occidentales. » Il est vrai que le sens de cette heureuse fatalité géographique a créé un optimisme confiant. « Le producteur américain considère que ce commerce deviendra américain; peu importe comment. Beaucoup d'hommes d'affaires semblent penser que déjà les États-Unis sont maîtres du commerce chinois, alors qu'ils n'en ont que 10 pour 100 et les Anglais 60 pour 100[1]. » Il faut, répètent les consuls, que le commerçant américain entre en Chine « in an agressive way », c'est-à-dire qu'il dépense à conquérir ce

1. *M. C. Rep.*, n° 299.

marché, la même énergie et la même prévoyance qu'à mener ses affaires en Amérique. Il faut lutter avec l'énergie caractéristique de l'Américain contre les Anglais qui défendent leurs positions, lutter surtout contre les Japonais[1].

Les Américains doivent être directement représentés en Chine par des agents américains. L'acheteur chinois sent ainsi qu'il a un recours, si la livraison n'est pas exacte.

Le marché chinois étant encore très incertain, il faut solliciter des besoins, des demandes, plutôt que compter sur des habitudes stables. « Les méthodes américaines ne peuvent s'appliquer en Chine. Pour un article, on ne peut compter, comme en Amérique ou en Europe, sur un chiffre de vente basé sur la population.... La concurrence y est aussi vive et délicate pour maints articles qu'en Amérique ; en plus, elle comporte un élément d'incertitude tenant aux méthodes d'affaires différentes[2]. » C'est un marché qui peut devenir très ample, mais qui, actuellement, est très sensible et très variable.

Les vieilles maisons de commerce sont anglaises. Ce sont de grosses compagnies avec des agences, faisant la commission. Pour éviter les écarts du change entre le moment où elles commandent et celui où elles reçoivent une marchandise elles emploient le vieux système anglais de ventes aux enchères. C'est un système conservateur pré-

1. *M. C. Rep.*, n° 298 (juillet 1905).
2. Id., n° 301 (octobre 1905).

occupé de satisfaire les demandes qui existent dans le public, non pas d'en faire naître de nouvelles. Naturellement, il favorise la position acquise des Anglais, car ces maisons vendent surtout des produits anglais. Leurs méthodes ne peuvent convenir aux Américains et aux Japonais qui ont leur situation à faire. Les Américains doivent se passer de ces maisons étrangères qui se soucient peu de pousser les intérêts américains. Ils doivent choisir des centres d'entreprise : Shanghaï, Hong-kong, et donner de grands districts en charge à de jeunes Américains qui feront des affaires par l'intermédiaire de Chinois que l'on dresserait dans des écoles de langue anglaise. C'est la méthode dont se servent les missionnaires pour la propagation de la foi, et qui a été adoptée par les deux plus grosses entreprises américaines en Chine, la *Standard oil Company*, la *British-American Tabacco Co.* C'est aussi le vieux système des compradores, presque indispensable en Chine au trafiquant européen qui ne peut connaître les divers dialectes.

Or les Japonais, « ayant l'avantage d'acquérir rapidement une connaissance suffisante du chinois[1] », n'hésitent pas à voyager à l'intérieur du pays, à trafiquer directement avec l'indigène. Pendant la guerre, les Allemands de Kiao-tcheou se plaignaient que leur chemin de fer entre Tsing-tao et Tsinan-fou servît surtout aux détaillants japonais installés le long

1. *M. C. Rep.*, n° 300.

de la ligne. « Les Américains envoient aux consulats des catalogues en anglais, avec l'idée de faire de bonnes affaires. Il n'y a pas un Chinois sur 100 000 qui puisse lire l'anglais, et, le pût-il, il ne comprendrait pas, car l'article qu'on lui propose et qu'on lui vante (lampes à pétrole, jouets, montres, horloges, appareils de photographie, etc., etc.) est nouveau pour lui. Il faut envoyer des agents parmi les Chinois, il faut qu'ils se mêlent au peuple, qu'ils lui montrent les marchandises. Les commerçants qui procéderont ainsi et qui s'adapteront aux besoins des Chinois feront des bénéfices[1]. » Cette démonstration directe, nécessaire en un marché neuf pour créer des besoins, les Japonais, mieux que n'importe qui, peuvent la donner. Ils usent peu de compradores ou de catalogues; n'étant guère gênés par la langue ou par la manière de vivre, ils vont à travers le pays au-devant de l'acheteur.

Chez les jeunes Américains, les consuls constatent un désir de venir tenter la chance en Extrême-Orient. « Un tel mouvement aux États-Unis est nouveau et notable; c'est une époque de la vie nationale qui mérite attention[2]. » Mais tous y viennent ayant entendu parler d'occasions exceptionnelles, de gains ou d'honoraires énormes. « S'il était vrai, ce qui probablement n'est pas le cas, que les gains moyens des diverses professions fussent plus grands ici qu'aux États-Unis, on devrait considérer que le coût

1. *M. Cons. Rep.*, n° 299 (août 1905).
2. Id. *Ibid.*, n° 300 (septembre 1905).

de la vie y est plus cher. » Avocats, médecins, dentistes, ingénieurs, contremaîtres européens ou américains quittent leur pays et vont en Extrême-Orient avec des goûts de luxe et des rêves de gros salaires, de bénéfices énormes qui rachèteront le sacrifice qu'ils consentent en s'exilant. Ils arrivent dans un settlement, où tout coûte plus cher qu'en leur pays, où tout le monde se connaît, s'épie, où l'on est désœuvré, où l'on est obligé de représenter. « A mesure que la clientèle augmente, les obligations sociales et les dépenses s'accroissent. »

Les Japonais aussi, en quittant leur pays, font un sacrifice[1]; naturellement, ils ont le goût d'une vie plus large, mais entre leur conception du luxe et celle d'un Américain la différence est notable; ils se contentent de salaires moindres. « Dans les professions en Chine il faut compter avec les Japonais ayant fait leurs études à l'étranger; comme dentistes par exemple, leur concurrence est sentie par les praticiens étrangers. Ils sont bien entraînés (la plupart ont étudié aux États-Unis) et ils travaillent pour des honoraires qu'un dentiste étranger ne peut accepter. »

Les commerçants américains, habitués depuis longtemps à de beaux bénéfices aux États-Unis, ne veulent se donner la peine de quitter leur pays et risquer de gros capitaux en Extrême-Orient que pour des entreprises qui payent et payent bien. On ne veut que des affaires importantes, on voit les choses de

___

[1]. Cf. le chapitre : *Le paysage japonais.*

haut, on prétend imposer ses marchandises à l'acheteur plutôt que de les adapter au goût chinois ; on considère la Chine, cette Chine qui fatalement sera un marché américain, comme un *dumping ground* où l'on peut déverser le surplus des articles fabriqués pour les Yankees. « Les efforts des Américains tendent à s'assurer le commerce actuel plutôt qu'à préparer l'avenir.... Ils ne doivent pas s'attendre à d'immenses profits sur une affaire dès qu'elle est commencée. La maison qui réussira est celle qui est préparée à perdre de l'argent pendant plusieurs années si c'est nécessaire. Quand des marchandises américaines, adaptées au goût chinois, seront vendues avec un profit dont on se contente généralement dans les affaires internationales, les Américains domineront le marché. »

Les Japonais ont l'avantage de ne pas attaquer le commerce extrême-oriental avec ces allures de grand capitaliste. Ils ne sont pas encore gâtés par la richesse et se montrent peu exigeants. « Le Japonais avec un petit capital débute en affaires souvent d'une manière disproportionnée à ses finances. » Il s'équipe au plus juste, et ne se demande pas « si une usine montée à bon marché n'exigera pas plus de soins et de réparations qu'une usine un peu mieux montée. Le travail n'est pas cher; le temps d'un ouvrier n'a pas une telle valeur que des arrêts dans le travail comptent pour beaucoup. Les circonstances au Japon et au dehors sont telles actuellement que le Japonais ambitieux saisit l'occasion, installe au plus vite le matériel nécessaire autant que le lui permettent ses ressources; il compte sur l'avenir (qui lui apparaît toujours brillant) et sur son épargne pour réussir. Le progrès commercial de la nation entière témoigne de la foi en lui-même qu'a le Japonais, de sa frugalité; il prouve que son optimisme n'était pas malséant ». C'est l'optimisme audacieux d'une nation menée par des jeunes, qui pour marcher n'attendent pas que l'avenir soit parfaitement assuré : il leur suffit que l'occasion soit bonne. La nation entière vit dans le présent et n'a pas encore la hantise de travailler pour l'avenir; frugale, écono o me, sans grands besoins, elle est encore pauvre.

Jean le Chinois achète peu, mais les articles qu'il achète, il les connaît bien, et il a si peu d'argent qu'à chaque dépense il pèse les avantages. Beaucoup de vendeurs étrangers ont sacrifié la qualité au bon marché. Aussi chez Jean le Chinois s'est installé un préjugé contre les marchandises étrangères, difficile à vaincre. Les Américains ont un autre défaut. Leurs articles sont d'assez bonne qualité, mais ils ne sont pas adaptés aux besoins. « Ils envoient en Chine le surplus des objets manufacturés pour les marchés américains ou étrangers. Or, l'écart entre les besoins d'un Américain et ceux d'un Chinois est grand. « Nous ne devons pas oublier, dit un consul américain, qu'ils ne connaissent rien de la vie, *on the american standard*[1]. »

1. *M. C. Rep.*, n° 292 (janvier 1905).

La difficulté est moindre pour les Japonais : leur type de vie n'est pas si différent de celui des Chinois. Les objets fabriqués pour le marché japonais à la rigueur peuvent convenir à des Chinois.

Au reste, les Japonais ont bien compris les exigences spéciales de la clientèle chinoise, comme déjà les Allemands les avaient comprises : bon marché, appropriation aux goûts et aux ressources de l'acheteur, très petit bénéfice sur chaque article ; ils savent que dans un pays comme la Chine, un article passé dans l'usage a fatalement un débouché immense. Au Chan-tong même, où Japonais et Allemands sont en rivalité directe, les Japonais l'emportent sur les Allemands dans le petit commerce par le bon marché, par l'habileté à flatter le goût du client. J'ai déjà parlé des mouchoirs, des serviettes; prenons, comme autre exemple, la poterie. « Les Japonais, suivant leur politique habituelle, importent et vendent en Chine des plats d'un style familier aux Chinois.... L'article japonais devient de plus en plus populaire, parce que pour le même prix les Japonais fournissent un article meilleur et plus artistique que leurs concurrents européens. Les Chinois des hautes classes sont par tradition connaisseurs en porcelaine et ils préfèrent un article artistique à un article plus résistant[1]. » Or sur ces questions de goût chinois, les Japonais, avec leur longue tradition de culture chinoise, sont de bons juges.

1. *M. C. Rep.*, n° 299 (août 1905).

L'effort américain en Chine n'est pas assez organisé. Les cotonniers devraient se grouper[1]. La loi américaine sur les corporations n'est pas assez libérale. « Une compagnie a été formée par des Américains à Manille pour le commerce des engrais sur la côte chinoise, d'après les lois de Hong Kong plus libérales que celles de n'importe quel État américain, à part un ou deux. Cela a coûté moins de peine et moins de frais[2]. » Au Japon par contre l'organisation entreprise à l'instigation ou sous le contrôle de l'État est systématique. « Les Chambres de commerce de plusieurs villes japonaises s'associent pour développer le commerce avec la Chine par des musées commerciaux. On demandera au gouvernement japonais de bâtir des locaux en Chine qu'il louera à l'association pour exposer des marchandises. L'idée n'est pas nouvelle, mais le plan formé par ces Japonais pour faire connaître leurs produits est plus complet et plus systématique que tout ce qui a été tenté par d'autres nations au Japon[3]. »

L'aide prêtée par le gouvernement japonais aux particuliers a toujours été paternelle : il s'est chargé d'établir des industries à une époque où l'entreprise privée, ni intellectuellement ni financièrement, ne le pouvait. Puis la période d'expériences passée, quand

1. *M. C. Rep.*, n°⁵ 200, 501.
2. Id. *Ibid.*
3. Projet d'une Exposition à Tôkyô. Ce serait une Exposition des produits de l'Extrême-Orient.

ces entreprises ont pu se suffire, le gouvernement les a vendues à des particuliers. Ce fut le cas pour les chantiers de constructions Kawasaki à Kobé, et aussi pour des tissages de coton, pour des fonderies[1]. Même méthode pour le commerce d'exportation : les Japonais contrôlent le marché chinois pour les allumettes. Or la protection de l'État est importante pour ce quasi-monopole : 60 pour 100 des allumettes fabriquées au Japon sont vendues en Chine, et dans les provinces chinoises du Nord représentent environ 96 pour 100 des allumettes consommées. Il y a maintenant sept fabriques d'allumettes dans la Chine du Nord ; trois marchent régulièrement, mais toutes sont forcées d'importer des bois du Japon, et il est sûr que si elles devenaient pour le Japon des concurrents redoutables le gouvernement japonais imposerait sur les bois une taxe d'exportation, suffisante pour tuer cette concurrence chinoise. Le gouvernement japonais contrôle les forêts du Japon, il contrôlera les forêts du Yalou ; il vend le bois aux manufactures d'allumettes à un prix très inférieur au prix qu'il vaut aux États-Unis. De plus, les salaires japonais sont petits, les frets entre le Japon et la Chine très bas, la concurrence américaine pour les allumettes est donc impossible.

L'assistance de l'État a été toute-puissante pour la création d'une marine offrant à l'exportation japonaise des frets avantageux. Des deux lois de 1896,

1. *M. C. Rep.*, n° 501 *passim* (octobre 1905).

l'une accorde des subsides à tout bateau de fer ou d'acier de mille tonnes ou plus, possédé exclusivement par des Japonais, battant pavillon japonais, naviguant entre le Japon et un pays étranger, ou entre les ports de pays étrangers; d'autre part aux bateaux de fer et d'acier ne jaugeant pas moins de 700 tonnes et pas plus de 1000 tonnes, construits selon les règlements et sous le contrôle du ministère par des Japonais ou une compagnie formée exclusivement de Japonais, la seconde loi reconnaît une prime de 12 yen par tonne, et chaque bateau de cette espèce ne dépassant pas 1000 tonnes recevra du trésor impérial 20 yen pour chaque tonne, et 5 yen en plus pour chaque cheval-vapeur. En 1902, sous la direction du ministère de la marine, furent payées, une subvention postale de 3 091 981 dollars (or), une prime à la navigation de 351 461 dollars et une prime à la construction de 158 570 dollars.

Cette organisation du commerce d'exportation encouragée par l'État est assurée par les Chambres de commerce, par des groupes d'intérêts privés. La discipline, qui, pendant la guerre, étonnait dans ces armées japonaises et surtout dans le peuple, discret, patient, prêt à tous les sacrifices, se retrouvera dans l'avance pacifique pour conquérir les marchés d'Extrême-Orient. L'appui de l'État qui effrayait les Américains dans l'expansion russe, ils le retrouvent dans l'expansion japonaise. Les Américains de l'Ouest surtout, directement intéressés à ce commerce oriental, et qui pour la question des terres et la question de l'argent ont toujours eu, chez eux, recours à l'action du pouvoir fédéral, sont portés à exagérer l'avantage que donne à leurs concurrents japonais dans le Pacifique l'aide de l'État.

En Chine, pour réussir commercialement, le prestige politique est nécessaire. Il soutenait l'expansion russe, il a servi l'Allemagne pour s'assurer des privilèges au Chan-Tong. Zones d'influence, concessions de chemins de fer n'ont été obtenues que par des démonstrations militaires, des pressions diplomatiques. Les réformes actuellement nécessaires pour développer le pouvoir d'achat de la Chine : réformes des impôts, réformes monétaires, réformes d'éducation, etc., dépendent de réformes politiques.

« En Chine le commerce et la politique ne peuvent être séparés. Les traités commerciaux avec la Chine ne servent à rien si elle ne tient pas ses promesses. Elle ne les tiendra pas, tant qu'une réforme politique n'aura pas établi une autorité responsable en de telles matières, tant que le pays ne sera pas réellement capable de tenir ses promesses. »

Sans doute, les Japonais se prétendent ennemis de la politique des sphères d'influence, ils sont pour l'*open door*. Écoutez le comte Okuma : « L'objet de la guerre est la porte ouverte, non pas une occupation territoriale. La suzeraineté de la Mandchourie doit être restituée à la Chine, quand l'ordre aura été restauré, l'avenir garanti. Les pertes que la guerre nous a coûtées seront plus que compensées par le profit que nous tirerons de l'exploitation de la Mandchourie…. C'est une opinion fausse de croire que l'occupation par le Japon de la Mandchourie et de la Corée soit essentielle pour le développement de nos entreprises économiques. Ils sont impressionnés par le prestige et la puissance que nous donne la victoire. Les circonstances sont favorables à l'extension de notre commerce et de notre industrie dans ces deux pays[1]. » Il ne s'agit donc pas ici d'avantage sur un point spécial, il s'agit de profiter d'un prestige général s'étendant à tout l'Extrême-Orient. Mais il s'agit bien de profiter économiquement du prestige politique actuel.

C'est assurément le prestige de la victoire qui attire au Japon de nombreux étudiants chinois. Or, le profit économique de ce rôle d'éducateur peut être très grand. Parlant de ce mouvement, un consul américain dit : « Ce qu'il a de fâcheux pour les intérêts européens et américains tient au fait que ces étudiants, futurs meneurs du mouvement vers l'éducation et les choses occidentales, seront familiarisés avec les choses japonaises. A supposer qu'ils soient disposés à donner une chance égale à toutes les nations (ce qui est moins que sûr), ils auront tout de même la tendance générale d'améliorer les institutions chinoises selon l'exemple japonais qu'ils connaissent mieux. S'il y a un chemin de fer à

1. Résumé d'un article du comte Okuma, publié dans le Taiyô. Cité dans *M. C. Rep.*, nᵒ 298.

construire, il sera construit à la japonaise, avec du matériel japonais, même si ce type de chemin de fer japonais ne convient pas à la Chine. Si une usine doit être installée, elle le sera selon les principes japonais. Les machines seront japonaises. Bref le Japon gagnera ainsi un ascendant non justifié par sa situation économique[1]. »

Les faits le prouvent déjà. « A Amoy on va bientôt commencer à construire une manufacture de porcelaine. Les promoteurs sont de jeunes Chinois nobles qui ont été éduqués au Japon. Ils se proposent d'employer un Japonais expert en porcelaine et d'envoyer de jeunes Chinois au Japon, pour étudier la fabrication de la porcelaine[2]. » Aux étrangers, par contre, on refuse des concessions. « Le champ est énorme pour l'industrie électrique. Mais en fait d'installations électriques, comme pour les entreprises de chemins de fer, les autorités chinoises sont disposées à n'accorder des franchises qu'à des Chinois, et les Chinois ne sont pas dans une position financière à faire quoi que ce soit[3]. » Derrière ces refus de concessions, il faut voir l'influence des étudiants chinois au Japon. « Ils se pénètrent d'idées extraordinaires sur le pouvoir qu'a la Chine de s'élever elle-même hors de sa position présente. Il est certain que le sentiment actuel en Chine contre

1. *M. C. Rep.*, n° 300 (septembre 1905).
2. Id. n° 299. (août 1905)
3. Id. n° 301 (octobre 1905)

des concessions de chemins de fer aux étrangers est dû très largement à l'influence de ces étudiants chinois au Japon. Ils raisonnent ainsi : « le Japon a construit ses chemins de fer, la Chine peut faire de même. La question financière est secondaire pour eux, ils ne la considèrent même pas[1]. » Ces mêmes étudiants ont soutenu les marchands de Shanghaï quand ils ont organisé le boycottage des marchandises américaines[2]. « Le boycottage a temporairement paralysé l'entreprise américaine en Chine, et, bien qu'officiellement il n'existe plus, on ne peut prédire, à cause de ses très lointains effets, à quel moment des conditions normales seront rétablies. Il a créé un sentiment d'incertitude et de timidité commerciales que ni les édits, ni les proclamations de Pékin ne peuvent immédiatement dissiper, et la malheureuse fin du projet de chemin de fer Hankéou-Canton a augmenté la défiance qu'a l'esprit chinois des méthodes américaines[3]. »

Des restrictions au droit de résidence sont sévèrement appliquées. « Les Américains semblent croire que les limitations au droit de résidence et de commerce en Chine ne sont plus imposées et qu'on peut les tourner. Au vrai, il est douteux qu'il y ait eu, depuis les troubles de 1900, une période où l'on ait fait observer les règles avec plus de sévérité. Afin de gager des emprunts extérieurs sur des droits de

1. *M. C. Rep.*, n° 300 (septembre 1905).
2. Id., n° 301 (octobre 1905).
3. Id. *Ibid.*

douane, on a dû allonger la liste des ports ouverts, et les facultés d'y venir et d'y commercer ont été étendues aussi. Mais le gouvernement de Pékin et surtout les gouvernements locaux des provinces et préfectures maintiennent l'exclusion quand c'est possible. » Pour les 16 villes mandchouriennes et pour Tsi-nan-fou que l'on va ouvrir aux étrangers, Yuan-Che-Kai a établi des règles très rigoureuses. Les étrangers ne pourront acheter des terres, ils ne pourront les louer pour plus de 50 années et qu'à des conditions fixées par le gouvernement impérial. Les services des taxes, de la police, des postes seront assurés par des Chinois.

# VI

Il est certain que, au moins temporairement, les Japonais retireront des avantages économiques de leur prestige politique et du mouvement anti-européen qu'il provoque. Actuellement la Chine ne s'ouvre que parce qu'elle est menacée et ne profite de l'aide japonaise que parce qu'elle lui est indispensable. Il ne peut s'agir de sympathie profonde, durable entre les deux peuples, d'un monopole japonais en Chine excluant peu à peu l'Europe. La Chine, ni économiquement, ni politiquement, ne se laissera absorber par le Japon. Il est plutôt à prévoir que peu à peu elle reprendra les avantages temporaires qu'elle a été obligée de consentir.

Déjà dans le commerce avec les Européens, les Chinois ont su gagner une part croissante des bénéfices : il suffit d'observer l'importance grandissante du compradore. « A l'origine c'était un agent qui engageait les serviteurs, achetait les provisions. Maintenant il est l'intermédiaire dans toutes les affaires entre Chinois et étrangers, qu'il s'agisse d'achat ou de vente, de prêt ou d'emprunt d'argent. Dans beaucoup de maisons il est un associé; souvent il est réellement le possesseur de l'affaire; il fournit le capital, le gère, et se sert du nom d'un étranger pour se garantir contre les injustices des

autorités. Le vrai compradore est un caissier : il
manie l'argent, fait les paiements. Les paiements
sont à son ordre. Il engage les serviteurs, en est
responsable. Bref, il n'y a pas de limite à sa tâche
dans l'état actuel des choses en Chine. » Souvent
le compradore, cet homme indispensable, fait double profit : non seulement il prélève une commission sur la maison pour qui il achète, mais aussi sur
le vendeur. Lui seul tire bénéfice de ce système. Un
bon compradore est un homme pratique, pondéré,
connaissant en Chinois son monde chinois, et aussi,
tout comme un Européen, les points faibles des
Européens. « Il est un facteur dans le commerce
extrême-oriental qui ne peut être négligé. [1] »

Sur les Japonais eux-mêmes, les Chinois conservent leur avantage de fins commerçants. Pour le
trafic des allumettes par exemple, « ce n'est pas le
manufacturier japonais qui fait le profit, mais l'acheteur chinois, l'intermédiaire ». Il prend par contrat
à un manufacturier japonais son entière production, de qualité déterminée, à un prix fixé, avance
une somme suffisante à l'achat des matières premières, et paye la différence au reçu des marchandises[2].

« De source chinoise, dit un consul américain, je
suis informé que le petit manufacturier japonais est
content si son usine lui rapporte de 300 à 500 yen

1. *M. C. Rep.*, n° 299 (août 1905).
2. Id., n° 301 (octobre 1905).

(de 800 à 1300 francs) par an : la différence entre Chinois et Japonais au point de vue commercial est évidente. Les Chinois sont une nation de marchands, instinctivement commerçants, fins, énergiques, conservateurs en affaires, très intègres. Les Japonais sont industrieux et imitateurs; encore incapables ou peu préoccupés de placer leurs produits[1]. » Les étrangers ne peuvent lutter avec les Chinois pour faire marcher une maison à bon compte, pour connaître la main-d'œuvre et le marché. « Les Chinois maintiendront leur contrôle des affaires chinoises par leur mérite[2]. »

Au surplus, il y a péril à vendre aux Chinois de la camelote, même bien adaptée à leurs goûts, si elle se disloque à l'usage. Le Chinois, avec ses petits moyens et sa vieille expérience, est un fin acheteur. « Les méthodes présentes des Japonais n'auront pas pour résultat d'évincer les compétiteurs. Aussitôt que les natifs apprendront la différence entre l'article vrai et l'article imité, ils choisiront le meilleur. Par exemple, pour le tabac, l'article japonais est inférieur à l'article américain; alors même que le tabac monopolisé par l'État au Japon est de bas prix, le produit américain n'a pas été évincé[3]. » Enfin il est probable que, dans beaucoup d'entreprises japonaises hâtivement et trop économiquement équipées, il y aura des déchets et des déboires.

1. *M. C. Rep.*, n° 299.
2. Id., n° 301.
3. Id., n° 301.

Dans une Chine ouverte aux influences occidentales avec un large marché pour des produits industriels il y a place pour tous. L'Europe et l'Amérique ont actuellement sur le Japon une grande avance technique, et, à défaut d'une main-d'œuvre bon marché, une production plus intense et plus soignée. Elles ont surtout l'énorme avantage de disposer de capitaux, et il faudra de gros capitaux, que le Japon n'a pas, pour la mise en valeur de la Chine. Le programme ministériel japonais ne prévoit le remboursement complet des dettes de guerre qu'en 1939, et de la dette pour frais d'administration intérieure qu'en 1942. Toutes les puissances ayant de gros intérêts économiques en Asie orientale sont ses créancières. Le Japon aura déjà de la peine à trouver les capitaux nécessaires à ses entreprises en Corée et en Mandchourie. Pour les grandes entreprises en Chine, pour les chemins de fer surtout, les Chinois ne peuvent se passer actuellement de la compétence technique et du capital européens.

Les Chinois ont un besoin pressant de moyens de transport : le portage humain existe chez eux comme en Afrique, et le gouvernement de Pékin a tout intérêt à pouvoir transporter rapidement ses troupes d'une province à l'autre. Mais ils ne peuvent réussir à établir eux-mêmes ces moyens de transport. Ils n'aiment pas, quand ils emploient leurs capitaux, les calculs à longue échéance, mais préfèrent le profit immédiat. Dans les grandes entreprises, il leur faut des étrangers qui prévoient pour eux. En dehors de la famille et des groupements de métier, l'esprit d'association est encore peu exercé en Chine : on ne s'unit pas pour résoudre un problème d'ordre général, tel que la construction d'un chemin de fer. Si quelques commerçants et fonctionnaires ont de grosses fortunes, la majorité du peuple est très pauvre. Les Chinois riches hésitent à placer leur argent dans des entreprises exclusivement chinoises, car ils n'aiment pas que les fonctionnaires connaissent trop exactement l'état de leurs ressources. Ils préfèrent placer leur argent dans des banques européennes à Hong-Kong, à Singapoure, ou l'abriter derrière une raison sociale européenne. D'autre part, les dividendes des chemins de fer en Chine, s'ils paraissent beaux aux Européens, ne peuvent suffire aux capitalistes chinois qui, dans la banque, à cause des fluctuations du change, ou dans d'autres affaires, peuvent faire des placements qui rapportent davantage.

Néanmoins, les avantages que trouvent les Européens à construire des chemins de fer en Chine : emploi de capitaux, fourniture de matériel, tarifs privilégiés pour le transport des marchandises, exemptions du likin, plus généralement, moyen d'influence économique, politique, occasion de répandre l'usage de leur langue, tous ces avantages ont rendu les Chinois méfiants. Ils s'appliquent à les restreindre. Déjà ils possèdent des intérêts dans la plupart des lignes européennes existantes. D'après le consul américain de Tien-Tsin, en mars 1905, le gouvernement chinois avait 5 000 000 de taels (3 660 000 dollars) dans le chemin de fer de l'Est chinois; dans le *Ching-Chin*, Pékin-Tien-Tsin, un capital chinois de 2 000 000 de taels (1 464 000 dollars) était associé au capital anglais; dans le *Luhan* (Lukuchiao à Hankéou, ligne Franco-Belge) sur un capital de 40 000 000 de taels (29 280 000 dollars), 13 000 000 de taels (9 516 000 dollars) étaient possédés par le gouvernement chinois[1]. On sait que la Chine vient de racheter aux États-Unis, qui en étaient concessionnaires, la ligne Hankéou-Canton. Enfin, en 1903, ont paru de nouvelles règles pour la construction des chemins de fer en Chine. L'article VII dit : « Quand des étrangers demandent une concession, quel que soit le capital de l'entreprise, ils doivent réserver 36 pour 100 des parts, et donner aux Chinois l'occasion de les acheter au prix d'origine », et l'article XII, prévoyant le cas où des Chinois engageraient une ligne qui leur a été concédée ou la vendraient clandestinement à des étrangers, dit que la ligne sera confisquée et des poursuites instituées. Le gouvernement chinois semble donc avoir le plan de nationaliser les chemins de fer et de les exploiter à son profit, les Compagnies européennes ne devant plus être chargées que de les tracer et de les construire.

Cependant, il semble que les Européens ne désespèrent pas de construire encore des chemins de fer

---

1. *M. C. Rep.*, n° 296 (mai 1903).

en Chine. L'exécution de concessions déjà anciennes les occupera longtemps. Les industriels anglais et les capitalistes français paraissent s'être mis d'accord récemment pour la construction en commun de la ligne de Nankin au sud du Chan-To g, qui doit se raccorder avec une ligne allemande vers Tien-Tsin, et aussi pour la construction de la grande ligne Hankéou-Tchentou.

# VII

L'appui européen continuera d'être utile à la Chine
— peut-être un jour assez prochain contre l'ambition
japonaise trop exigeante. Toutefois il faut reconnaître que sa victoire sur la Russie donne au Japon
une puissance et un prestige qu'aucune autre nation
— sauf peut-être l'Angleterre — n'a plus en Extrême-
Orient. Désormais, en Chine, il peut avoir sa politique, il peut marcher seul, travailler pour lui seul.
Pourtant cette politique japonaise indépendante
n'est pas, en sa forme, un défi à la politique européenne, c'est une politique progressive qui cherche
à répandre en Chine la culture occidentale. Changer
la Chine, l'éduquer, lui donner le goût des idées et
des choses étrangères, améliorer son économie, développer son pouvoir d'achat.... Que peut dire l'Europe
contre une telle politique japonaise en Chine? C'est
précisément la politique qu'elle-même devrait avoir
et qu'elle n'a pas encore résolument adoptée.

Mais cette politique japonaise, parallèle d'esprit
et de moyens à la vraie politique qui convient à
l'Europe, reste tout de même une politique appli-
quée en Asie par un peuple asiatique victorieux
d'une puissance européenne. Et le mouvement de
réformes en Chine est aussi un mouvement national.
Chez un peuple orgueilleux de son histoire comme

les Chinois, le sentiment national s'exalte, surtout au moment où il se voit contraint d'emprunter aux étrangers. Il en fut de même au Japon.

C'est donc pour l'Europe une période critique, un mauvais moment à passer, que peut compliquer un accident tel que la mort de l'Impératrice, ou une grave émeute anti-étrangère. Américains et Européens ont à se reprocher, soit des mesures d'exception contre les Chinois traités en race inférieure : c'est le cas des États-Unis, du Canada, de l'Australie ; soit une politique de sphères d'influence : c'est le cas de la France, de l'Allemagne, de la Russie ; tous les peuples occidentaux enfin ont contribué à créer un malaise en Chine, par leur propagande critique et destructrice du passé. Ce sont les concurrents du Japon en Chine qui jettent actuellement la Chine sous l'influence japonaise. Politique insoutenable si l'on ne veut pas faire le jeu du Japon.

Reconnaissons donc le résultat acquis. Ce n'est ni par tricherie ni par trahison que le Japon occupe actuellement une situation prépondérante en Extrême-Orient. Économiquement c'est une nation industrieuse, disciplinée et pleine d'élan, entourée de pays agricoles, riches en matières premières ; politiquement c'est un État fortement centralisé, très militaire, avec une armée et une marine solides ; intellectuellement c'est une nation qui apparaît aux Orientaux comme ayant assimilé l'essentiel de cette culture occidentale qui donne la force. Reconnaissons aussi que la Chine a le même droit à la vie que toutes les nations civilisées et pacifiques, et appliquons en Chine pour notre compte, dans notre intérêt, la même politique que le Japon.

Il fait une propagande d'éducation. Mais la Chine est grande et nombreuse; il y a place pour tous. La majorité des étudiants chinois, quittant leur pays pour trouver à l'étranger une éducation occidentale qu'ils ne peuvent encore recevoir chez eux, vont au Japon; pourquoi ne viendraient-ils pas à Hanoï? Il y a un an, vingt-cinq Yunnanais y étaient installés à l'école Pavie; les Chinois du Sud y descendraient plus nombreux si l'on s'organisait pour les recevoir. Les étudiants chinois sont plusieurs milliers à Tôkyô; ils ont un club; à Paris aussi, rue Vaneau, ils ont un club et ils sont peut-être déjà une centaine[1].

Les Japonais envoient des instructeurs en Chine, pourquoi n'en envoyons-nous pas? Ne peut-on trouver chez nous des jeunes gens d'Université disposés

---

[1] L' « Association chinoise de Paris », dont tous les étudiants chinois domiciliés à Paris, aux environs ou dans le reste de la France, font partie, compte une centaine de membres. L'association de Liége a plus de 200 membres qui vivent à Liége, Anvers, Gand et Mons. A Londres on compte plus de 100 étudiants chinois; à Berlin et à Vienne plus de 150. Il faut lire dans le *Bulletin de l'Association des anciens élèves de l'École normale supérieure* (1902), une très intéressante notice par M. Éd. Chavannes sur un Chinois, Tcheng (Cheou-tchen) qui, né en 1862, fit ses études à l'école française annexée à l'Arsenal de Fou-tchéou, puis vint à Paris où il étudia à l'École normale (section des sciences). Revenu en Chine comme professeur à l'École de Fou-tchéou, il fut obligé de la quitter à la demande des étudiants chinois. Ainsi repoussé par les Chinois à cause de sa culture occi-

à apprendre du chinois et à enseigner dans les écoles supérieures chinoises? Pour cette propagande les Japonais garderont beaucoup d'avantages : avantage économique, parce que la distance est moindre et que nos instructeurs devront être plus payés que les leurs, avantage aussi que leur donne la connaissance des caractères chinois. Certes, il est douteux que cette campagne pour l'enseignement du français en Chine puisse avoir autant de succès populaire que la campagne pour l'enseignement du japonais ou de l'anglais. Une propagande pour l'éducation ne peut se suffire à elle-même. Les Chinois n'apprendront pas le français de manière toute désintéressée; et si l'ayant appris ils n'ont pas à s'en servir, ils l'oublieront. L'ouverture de la ligne Hankéou-Pékin et le besoin d'employés chinois comprenant le français ont été favorables aux écoles françaises de la Chine du Nord. L'école des jésuites à Zikawei près Shanghaï, et l'école municipale française de Shanghaï ont beaucoup d'élèves. Mais à Canton, en cette Chine du Sud qui, théoriquement est notre sphère d'influence, on est fort embarrassé pour placer les quelques dizaines d'élèves de l'école Pichon, faute de débouchés. Pour que l'instruction primaire donnée par les Maristes, ou les Jésuites — éducation

dentale, il fut employé à Paoting-fou par la Compagnie franco-belge du chemin de fer Hankéou-Pékin : survint le mouvement des Boxers. Suspect aux Européens qui l'accusaient d'être complice des révoltés, Tcheng fut mis à mort à Tien-tsin — déplorable victime des Chinois et des Européens qu'il rêvait de réconcilier.

religieuse, alphabet, rudiments de langage, quatre
règles, travaux manuels — pût avoir un grand développement en Chine, il faudrait que la situation
économique de la France y fût tout autre. La France
est bonne acheteuse, mais les achats de soie se font
par l'intermédiaire d'importants compradores. La
France étant petite vendeuse n'a guère besoin
d'agents, de commis. L'usage populaire de notre
langue se développera en Chine quand nos entreprises : compagnies de navigation, chemins de fer,
postes, comptoirs, se développeront. En attendant,
le japonais, l'anglais, même l'allemand, seront plus
attrayants pour de jeunes Chinois en quête de
places.

Mais la question est plus haute en Chine : il n'y a
pas que les futurs commis, scribes, domestiques,
serviteurs de consulats, postiers qui aient le goût et
.le besoin des langues étrangères. En Chine, des gens
cultivés, ayant par tradition le respect de la culture, montrent un besoin pressant de *nouveau savoir*,
de savoir occidental. Et par là ils n'entendent ni
notre religion, ni notre littérature : ils croient que
les leurs sont préférables, mais ils entendent les
sciences et surtout leurs applications, et toutes les
connaissances sociologiques qui préparent les réformes sociales. Tel est bien le programme des
instructeurs japonais. Les livres qu'ils ont traduits à
l'usage des Chinois portent, nous l'avons vu, sur
l'art militaire, la géographie, l'histoire, les finances,
la politique, la médecine, la chimie, etc., etc. Les

Japonais ne peuvent suffire à cette exigence chinoise du savoir occidental. Il y a place pour tout le monde dans cette campagne de vulgarisation scientifique. La connaissance de la langue française peut servir aux Chinois comme elle sert aux Japonais : officiers dressés naguère par des instructeurs français, médecins, hommes de loi, ingénieurs des ponts et chaussées et du génie maritime, industriels envoyés autrefois à Lyon ou à Tourcoing, etc. Il faudrait ne pas s'adresser exclusivement dans des écoles primaires à des apprentis compradores, scribes ou serviteurs, mais dans les Universités du Chan-si, Chan-tong, de Sou-tcheou, Pékin, Canton[1], aux Chinois de hautes classes, des classes dirigeantes. Dans chacune des grandes capitales de vice-rois, il devrait y avoir des écoles françaises de médecine[2], d'agriculture, de sciences appliquées : chimie, électricité, construction de routes, chemins de fer, mines. C'est en donnant à notre propagande un caractère laïque, pratique, intellectuellement assez élevé que nous arriverons en Chine à un résultat d'influence. Mais il nous faut des instructeurs sérieux, qui donnent vraiment l'impression que la méthode française d'enseigner est plus claire que la

---

1. Actuellement nous n'avons ébauché un tel enseignement qu'à Pékin et à Canton.

2. Nos médecins militaires qui ont séjourné, avec nos détachements, dans le nord de la Chine ont pu constater quelle influence sur les Chinois leurs soins pouvaient leur gagner. Le D<sup>r</sup> Legendre a fondé à Tchen-tou Sé-tchouen) une école de médecine qui prospère.

méthode japonaise, et que les questions qu'ils en-
seignent leur sont plus familières qu'elles ne le sont
aux Japonais.

Dans leurs rapports avec les Chinois les Japonais se
montrent déférents et doux. A leur exemple, — après
leur victoire — nous commençons de comprendre
qu'il n'y aura de sécurité pour nous en Indo-Chine
que si nous changeons nos méthodes à l'égard des
indigènes. On parle de substituer r   politique
d'association à la politique d'assimilation, on veut
assurer dans les tribunaux, dans les conseils, une
plus grande influence aux indigènes, on songe à
faire venir en France des mandarins annamites pour
qu'ils connaissent mieux notre culture. Excellentes
intentions à étendre à notre politique chinoise. Une
politique d'association, voilà la vraie formule de
notre politique en Chine, où sur l'initiative étrangère l'esprit d'association très développé de la race
peut si vite aboutir. Chez les Chinois cultivés et
riches, nous trouverons des appuis et des fonds pour
construire ensemble des chemins de fer, monter des
compagnies de navigation fluviale, entretenir des
écoles, édifier des hôpitaux; en affaires ils ont l'esprit
large et ils sont beaux joueurs; il suffit de leur donner une protection contre l'administration qui les
pille; il ne faut pas les brusquer, mais progressivement développer nos projets; il ne faut jamais
leur donner l'impression de mainmise étrangère,
mais leur faire souhaiter une collaboration profi-
table.

Actuellement de Yokohama à Singapoure, le long des côtes de l'Asie orientale, des *settlements* européens se disposent comme les feuillets d'un immense paravent : les Européens qui y vivent ne voient rien de l'arrière-pays. Anglais, Français, Américains ou Allemands, venus là pour gagner rapidement une fortune dont ils iront jouir ailleurs, n'ont avec les indigènes que des relations d'affaires. Dans ces ports ouverts les Chinois qu'ils fréquentent ne sont plus tout à fait chinois, les Japonais plus tout à fait japonais, mais mi-chinois, mi-japonais, mi-européens, classe d'intermédiaires, trop souvent avec tous les défauts de leurs races sans les qualités, et tous les défauts des Européens sans les qualités. Tels sont les seuls indigènes que les étrangers des ports ouverts fréquentent : d'après eux ils se forment des jugements généraux sur la race japonaise, ou sur la race chinoise. Ces Européens, leurs affaires finies, vivent ensemble, à l'hôtel, au club. On se conte les menus incidents du *settlement* et des *settlements* voisins. Car tous ces *settlements* extrême-orientaux, en communication presque journalière par les paquebots, par les journaux et par les voyageurs qui vont et viennent, ne sont que des quartiers d'une même petite ville — quartiers étirés sur plus de mille lieues. Ils ont un livre commun d'adresses et de renseignements : Yokohama, Kobé, Shanghaï, Hong-Kong, autant d'arrondissements. On y vit replié sur soi, avec l'esprit de caste, médisant, curieux de scandales comme en quelque province française désœuvrée. La moindre nouvelle que colportent et déforment les conversations de paquebots se propage rapidement de Kobé à Hong-Kong.

Les pires erreurs et les prévisions les plus fausses sur le Japon, je les ai entendues en ces *settlements*. Ils isolent vraiment les deux races occidentale et orientale, les empêchent de se comprendre, les irritent l'une contre l'autre. A suivre les conversations de clubs, on a l'impression que Chinois et Japonais sont des êtres inférieurs, malfaisants et rusés, ou — en cas d'indulgence — que nous ne pourrons jamais avoir aucun rapport sérieux avec ces gens bizarres qui s'appliquent à faire toute chose à l'envers de nous.

Pour que cesse cette ignorance traditionnelle, il faut que, par delà ces *settlements*, des instructeurs, à l'exemple des Japonais, aillent droit aux populations. Alors il y aura chance que finisse cet état de guerre entre Européens méprisants, avides seulement de gagner et de soumettre, et Chinois, anti-étrangers. En attendant le péril jaune est là.

Nous devrions couvrir l'Extrême Orient d'enquêtes scientifiques, d'écoles, de missionnaires laïques. Nous devrions, chez nous, préparer à cette tâche des goûts et des compétences. Il y a là-bas tout un monde à explorer avec une civilisation avancée, complète, toute différente de la nôtre. De ce contact beaucoup de gens croient — surtout parmi les Américains — que peut résulter pour nous, en occident, un élargissement de pensée, un renouveau de vie intellectuelle, analogue à ce que fut jadis la Renaissance.

Il faut que les deux plus grandes civilisations du monde se pénètrent, puisqu'elles se sont heurté . Économiquement, politiquement, notre monde s'est agrandi. Malgré toute la douceur et la beauté de nos traditions classiques, nous ne pouvons plus nous contenter, intellectuellement, sentimentalement, de n'être que des Méditerranéens.

# DEUXIÈME PARTIE

# LA VIE JAPONAISE

# CHAPITRE I

# LE PAYSAGE JAPONAIS



C'est un des *San-kei*, un des trois plus fameux paysages de l'Empire : dès le vııı<sup>e</sup> siècle après notre ère, sitôt la conquête du Nord sur les Aïnos, le goût populaire l'a senti plus japonais que tous les autres paysages du Japon.

Nous prenons une barque au petit port de Shiogama, coincé dans la verdure comme un petit port breton sur une rivière d'eau salée où l'on glisse entre des arbres : dans l'air, une bonne odeur de marée et un grand silence où s'étalent en longues ondulations des chants de cigale. On débouche sur un golfe parsemé d'îlots : 808 îles, dit-on ; la dernière, sur le Pacifique, est l'île sainte de Kinkwa-zan habitée seulement par des daims apprivoisés et des prêtres : depuis des siècles, des milliers de pèlerins y viennent prier.

Tous ces îlots hérissent la mer de leurs dents de scie. C'est irrégulier, crispé, imprévu, si varié de forme que chaque roc porte un nom. Et sur ces rocs, parfois à peine plus gros que des cailloux, où personne n'habite, des pins sont piqués partout, comme ils veulent, comme ils peuvent, escaladant les croupes ou penchés la tête en bas vers l'eau, vraie troupe de gamins qu'on aurait juste arrêtés et fixés dans le beau désordre d'un assaut. L'arbre convient à ces rocailles ; les troncs et les branches se tordent en gestes d'expression forcée, — des gestes d'acteurs japonais ; et les paquets d'aiguilles noires appliquent leurs découpures épaisses sur le transparent vert clair du ciel.

A tourner entre ces rocs de tuf volcanique que l'eau sans cesse ronge — les uns aiguisés en crocs, les autres évidés en arches, ou amincis en éperons, — on se croit sur le lac d'un jardin bien clos, et l'on oublie le golfe grand ouvert sur le Pacifique.

Nous abordons et montons, assez haut dans les bois, vers un petit temple bouddhique où nous accueille un bonze. Assis sur ses jambes repliées, la nuque ployée, les épaules arrondies, dans la solitude, il semble regarder inlassablement ce paysage divin et le pullulement des îles vertes sur la mer ; il a le sourire d'un bouddha contemplant les passions qui émergent, vivaces, du Néant....

En prenant son thé vert, nous admirons l'immense estampe, tirée en tons si doux. Le ciel gris et la mer grise tendent à se fondre, mais sous l'horizon l'artiste a posé d'un seul coup, en rehaut, une longue touche bien lisse de bleu sombre. Sur l'eau de couleur neutre, en valeurs claires, sinuent des lignes de courants, comme les arabesques grises sur les robes soyeuses des geishas. Partout des jonques à l'avant recourbé, chargées de femmes, d'enfants, de pêcheurs aux blouses bleues, aux grands chapeaux de paille en forme de ruchers — tout un petit monde affairé, entre les petits rocs, à surveiller de petites lignes. En indolentes courbes d'oiseaux pour éviter les îles, glissent des voiles blanches....

De la chambre d'une auberge, par-dessus les balcons, les enseignes de bois, les gargouilles en forme de dragons, nous regardons le quai et les barques. Temps breton : petite pluie chaude, brume nacrée, claquement sec des *getas*[1] dans la moiteur lumineuse. De petites filles aux cheveux luisants, aux pommettes rouges, aux vêtements clairs, s'embarquent en jasant, sous les voiles qui pendent inertes dans l'air mou : au bord de ce Morbihan semé d'îlots, on dirait des Bretonnes allant au Pardon.

La pluie redouble ; les *getas* montées sur deux planchettes très hautes hachent la boue menu ; des manteaux de paille hérissée cheminent en bavardant à côté de grandes ombrelles de papier jaune, où dansent en noir des caractères chinois. Et voilà qu'après avoir regardé sur le quai tous ces parasols, on dirait que sur toutes les îles du golfe, les pins à têtes rondes sont aussi de grandes ombrelles, ouvertes contre la pluie....

---

1. Socques de bois.

Toute la journée, notre petit vapeur japonais, courtaud, ventru, s'essouffle à trouver sa route dans un labyrinthe de baies, d'îlots, de promontoires. Toujours derrière le cap que l'on vient de doubler, d'autres surgissent encadrant des fonds de forêt ou de mer, et c'est un soulagement d'apercevoir pour un instant, entre deux rocs, la base du ciel découverte et l'horizon d'un golfe libre.

Temps délicieux de lendemain d'orage. Les charpentes et les tuiles des petites maisons, qui s'étirent entre le roc et la mer, luisent encore de pluie. On dirait qu'un coup d'éponge vient de rafraîchir les façades des collines, des arbres, des cailloux, dont les reflets vernissés pèsent sur l'eau plane. Impression de détente heureuse, dans cette moiteur et cette lumière où formes énergiques et couleurs vives s'assouplissent et se fondent. La mer, de valeur aussi claire que le ciel, est pommelée de gros nuages qui se mirent.

Dans les anses, tous les bateaux ont déployé leurs voiles pour qu'elles sèchent, grands oiseaux posés sur l'eau, ailes étendues, prêts à reprendre leur vol. De hautes goélettes à coque blanche, toute toile dehors, glissent dans la brume ensoleillée, vaisseaux fantômes comme en peignit Turner. La mer est jonchée de barques massives, — arrière très relevé, voile d'or plissée, yeux de poisson à la proue, — que montent des gens mi-nus, secs comme du vieux bois.

Sur notre vapeur, tous les Japonais font la sieste. Seuls, deux petits enfants, aux cheveux frangés bas sur le front, regardent la lame que l'étrave rabat sur l'eau lourde, et, quand le tranchant de la vague, après s'être effilé, effilé, se rompt et éclate en écume, ils rient et battent des mains....

Autour de nous, ce ne sont plus des îlots minuscules avec des pins tordus comme à Matsushima, mais de grandes et hautes îles, presque dénudées. Le roc jaune, aux arêtes vives, est à peine duveté d'herbe et d'arbustes dans les creux ; sur les pentes rouges et ocrées de ces terres désertes, les nuages qui passent découpent des plaques mouvantes de lumière et, dans les entailles ravinées, insèrent leurs ombres vigoureuses. Souvent, au pied des montagnes, par places, le sol rugueux s'apprivoise en rizières qui, douces à l'œil, s'ordonnent en gradins autour d'un village comme un théâtre antique.

Arrêts fréquents et longs en face de chaque village. Depuis des siècles, c'est par eau qu'on circule. Les barques accourent autour du vapeur, chargées de paquets, d'enfants et d'un bon peuple de la campagne, rougeaud, rieur, affairé, mais patient. Ils ont toujours un air de fête et de promenade : tout de suite familiers et curieux, ils vous interrogent de leurs faces rondes, goulues de nouvelles.

On finit par oublier que ces golfes calmes, blottis derrière des rocs, s'ouvrent, au bout, sur la mer libre. Surprise brusque : dominant les passes, les gros canons des forts; allongé sur la baie de Kuré, un arsenal résonnant et fumant; alignés devant Hiroshima, les transports de guerre peints en noir.

Au crépuscule, de grands rayons rouges fusent dans le ciel par-dessus les montages veloutées. Sur les promontoires des îles, les phares s'allument; entre les nuages, massifs comme des promontoires, les étoiles aussi scintillent, telles des phares d'une autre Mer Intérieure et nous continuons d'errer entre des formes sombres.

Coup de sirène : une barque s'approche, garnie de grosses lanternes de papier qui dansent. Nous descendons; le vapeur repart. La lune s'est levée. L'île n'est qu'une large éclaboussure noire sur un fond d'argent lisse. Dédaignant le village éclairé, nous nous faisons conduire plus loin. La marée baisse; il faut débarquer à dos d'homme; la grève, sertie de lanternes en pierre, est tachetée par les ombres étranges de pins tordus. Nous montons à travers la forêt. Une petite lumière; des servantes en robes claires à grosses fleurs nous accueillent de profonds saluts, de compliments précieux, puis nous conduisent à une petite maison isolée dans les arbres, — frêle maison de papier sur pilotis, au-dessus d'une cascade qui pleurniche.

*Miyajima.*

L'île sainte, Miyajima, consacrée à trois déesses, ne doit être souillée ni par des naissances ni par des morts. C'est sur la côte en face qu'il faut naître, et si la mort vous surprend ici, on vous fait traverser le détroit. Les chiens ne sont pas tolérés. Point de cultures; l'île reste sauvage. Suivant la maxime shintô, Miyajima suit sa nature, sans que rien ne la trouble. L'air est léger, tout parfumé d'odeurs marines dans les bois. Le temple shintô, au fond d'une anse, est un amas de bâtiments peints en rouge vif, d'un éclat tout neuf. Bâtis sur pilotis, isolés du village par un fossé que la marée comble, ils sont entourés de lanternes en pierre, d'ex-voto, d'arbres géants au tronc soyeux, de petits auvents où l'on détaille les reliques.

En avant de la crique, dans la mer, se dresse le *torii*, le portique de bois aux cornes retroussées. Il est là, toujours à son poste, célébré depuis des siècles par les poètes et les peintres. Quand la marée baisse, on le plaint presque, à le voir chargé de sel, de coquillages et de goémons, découvrir ses extrémités déformées et percluses.

Sur le fond immuable et sombre des cryptomérias et des pins qui dévalent à pic, flambent tout rouges des érables. Nous avons gravi les hauts escaliers; la voie sacrée aux dalles disjointes est jalonnée de vitrinès et de vieux temples. Depuis plus de trente ans les Shintoïstes ont repris aux Bouddhistes le gouvernement de l'île. Partout des ruines, les toits s'effondrent sur les Bouddhas recouverts d'un linceul de mousse. Les pèlerins ne viennent plus ici : les dieux de bois et de pierre méditent, délaissés, devant les petits tas de cailloux que les fidèles jadis amoncelaient à leurs pieds. A un détour du chemin, sont accroupis trois Amida Botsu. Un cerf passe sa grosse langue sur leurs têtes. Il fait un bruit de râpe et souffle sa chaude haleine sur ces dieux morts.

En haut, on domine l'île, tout en montagnes; les forêts s'écroulent massives sur la mer unie, que parfois les risées écorchent et décolorent au passage. Comme au hasard jetées, des îles fauves, telles des peaux de lions.

Nous redescendons à la nuit. La marée haute emplit la petite crique; sur les eaux calmes, le temple semble à flot. Au bout d'une estacade, une lumière rouge, comme un feu de port. Plus loin, dans cette Mer Intérieure, hérissée de rocs, la silhouette droite du *torii*. Seul, au large, guettant le détroit fréquenté, il est là pour inviter les errants à s'arrêter, à se blottir dans le petit port de refuge, près des dieux.

Nous nous sommes assis sur le sable, regardant la marée pousser ses lames courtes au travers du *torii*, vers la masse sombre du temple déserté. La lune se lève entre les deux montants de bois : les deux cornes tachent le ciel de grasses touches de sépia sur un fond argenté. Le rivage est pesamment bordé de monumentales lanternes en pierre et de grands pins aux branches rampantes sur la grève pâle. Soupir rythmé et lourd de la mer grise. La côte en face est dans la brume.

Vers onze heures, nous regagnons à dos d'homme

une barque, qui nous mène prendre le train sur l'autre rive du détroit, — un train neuf qui reluit. On parle finance et guerre. Des milliers d'hommes viennent d'être massacrés à Port-Arthur.... Bien vite l'île sacrée, où l'on ne doit pas mourir, n'est plus qu'un fantôme dans la brume d'argent....

Nous suivons le bord de la mer, sans voir la grande houle accourant du large ; toujours des golfes clos par des chaînons d'îles, au fond de mers intérieures, où des lames courtes s'étalent sur le sable. Pour traverser l'île montagneuse, on franchit des passes, on suit des torrents, on tombe dans des vallées. Toujours la vue est barrée par des volcans aux formes géométriques ou par des collines aux profils volontaires, qu'adoucit toutefois leur fourrure de pins et de fleurs sauvages.

De sa vie enclose au fond de ces golfes ou dans ces vallées, le Japonais tient son indifférence pour la haute mer, la grande montagne, la forêt, la plaine, — pour tout ce qui fuit sans limites, — et aussi son humeur casanière, son peu de goût pour les aventures qui l'éloigneraient trop longtemps de ses îles. Les horizons de son pays, qu'il ne se lasse ni d'aimer ni de commenter, sont nettement sertis par des silhouettes de collines ou d'îlots familiers : rades closes ; vallées closes ; au fond, bien au fond, une vie blottie.

Les Japonais aiment les replis de leur sol. Sédentaires, agriculteurs (pour plus de moitié), ils tiennent à la boue pesante de leurs rizières souvent conquises sur le roc, aménagées, possédées, cultivées en famille. Insulaires, ils s'attachent aux courbes de leurs golfes ; montagnards, aux profils des montagnes qui ceignent leurs vallées. Pendant plus de deux siècles, ils ont vécu dans leurs îles, sans relations avec le monde extérieur. De ce long repliement sur eux-mêmes et sur leur sol, — qui cessa il y a quarante-cinq ans à peine, — ils ont gardé l'habitude d'explorer et de connaître en détail tous les recoins de leurs côtes, de leurs roches, et de s'y nicher un peu frileusement.

C'est un peuple de « visuels », accoutumés de vivre en plein paysage. Même à la ville, ils ne sont jamais éloignés de la campagne : ils ne sont pas murés dans de la pierre. Entre l'homme et la nature, il n'y a pas ici l'intermédiaire du *home*; ils ne peuvent pas s'attacher à leurs maisons de bois et de papier, comme nous à nos vieilles pierres. Pour gagner la campagne, ils n'ont pas à franchir des murailles garnies de tours, des fortifications. Point de banlieues souillées; leurs plus grandes villes sont de gros villages pleins d'arbres; les rues prolongent les routes.

Aussi, plus que pour tout autre peuple, le paysage a-t-il contribué à former le caractère national des Japonais. Leur patriotisme si fort est étrange : ce n'est ni un culte d'idées ni un respect de croyances.

Par deux fois au moins dans leur histoire, sous l'influence bouddhiste et confucianiste de la Chine puis sous l'influence scientifique de l'Europe, ils n'ont pas hésité à sacrifier les idées qui formaient leur civilisation traditionnelle pour adopter des idées étrangères, en politique, en religion, en art, — comme si le sacrifice en coûtait assez peu à leurs cœurs. Idées et croyances ne sont pour eux que moyens de s'assurer une suprématie; ils n'hésitent pas à les abandonner d'un coup quand une civilisation plus forte leur est révélée, et l'orgueil patriotique de ces révolutionnaires ne va qu'à faire aussi bien que nous, en faisant tout comme nous.

Car l'essentiel est d'empêcher leur terre japonaise d'être envahie et soumise, — ce sol protégé des dieux avec le peuple qui y vit[1]. Les îles japonaises sont d'origine divine : elles naquirent de l'union d'Izanagi et d'Izanami, les derniers représentants de ces générations de dieux qui précédèrent le monde des hommes. Et c'est d'Izanagi aussi que naquit la déesse du Soleil Amaterasu, ancêtre de la famille du Mikado.

Hors cette mythologie naturaliste, presque toutes leurs croyances sont d'origine étrangère. C'est l'amour de la nature, de leur nature japonaise, qui de ces révolutionnaires en idées fait un peuple conservateur, passionnément patriote.

---

1. Les Japonais, qui ne furent pas les premiers habitants des îles où ils vivent aujourd'hui, bien vite, comme les Grecs, se crurent autochtones.

***

Voici schématiquement la vision que prennent de leur pays ces visuels, accoutumés de vivre dans un paysage. Leurs impressions de nature et d'art sont toujours appuyées à un fond. Impressions éphémères : fleurs de pruniers, fleurs de cerisiers écloses quelques heures aux premiers jours de leur printemps neigeux et glacé, fleurs de lotus estivales, chrysanthèmes d'arrière-saison, feuilles d'érables qui rougissent en fin d'automne. Mais de ces nuances qui passent, c'est sur un fond immuable de cryptomérias, de pins, de cèdres, de palmiers, de bambous toujours verts que les Japonais savourent la grâce fuyante.

Dans leurs palais, dans les appartements de leurs grands temples, c'est sur des *fusumas*[1], sur des paravents d'or, que s'épanouissent en paquets les chrysanthèmes et les pivoines, s'élancent les bambous grêles, se tordent les branches de pins. Leurs plus célèbres jardins, évocations des sites les plus admirés, sont toujours adossés à une montagne forestière, nichés dans un creux de vallée, tels des bijoux présentés sur un écrin. Les monumentales voies dallées, les grands escaliers de pierre qui mènent à leurs sanctuaires sont incisés à vif dans la masse épaisse des verdures; sous les hauts arbres,

---

1. Cloisons de papier mobiles, qui séparent les diverses pièces de l'appartement.

l'humidité a tôt fait de patiner les charpentes et les chaumes de leurs temples moussus.

Je revois une fête de danse à Kyôto. Devant un paravent doré, de petites danseuses, des *maïkos*, en longs kimonos où s'épanouissaient de grosses fleurs claires, où filaient de longs oiseaux, passèrent et repassèrent, — petites silhouettes mobiles sur ce fond de très vieil or. Puis une danseuse apparut en couleurs vives, rouge cerise ou bleu clair, sur un fond argenté un peu froid. On avait eu soin d'enlever le paravent doré des danses précédentes. Jamais un œil japonais n'eût toléré pour des couleurs franches, même un peu aigres, le fond d'or si chaud qui convient à des tons rompus, à des valeurs sombres.

C'est à cette habitude de toujours appuyer leurs impressions sur un fond, que les Japonais doivent leur sens raffiné des valeurs et l'art d'harmoniser les tons. Leurs plus anciens kakémonos bouddhiques, imités de modèles chinois, sont parfois médiocres de dessin, mais presque toujours admirables de couleur : sur le fond vert sombre, chantent l'or, le rouge, l'ocre, le gris des vêtements, le carmin des lèvres, le rose tendre des fleurs de lotus. Plus tard, émancipés de l'influence chinoise, dans leurs estampes de l'école populaire, leurs artistes ont toujours eu l'œil fin et juste pour mettre un rocher ou un arbre en valeur sur un ciel. Avec des taches posées franchement, sèchement, ils ont su rendre la couleur de leur pays et sa tendresse si mobile dans des valeurs sombres, surtout les harmonies somp-

tueuses et assourdies de l'automne : pays de terres
ocrées, tout doré de rizières mûres, embrocardé d'é-
rables rougis, enflammé par les lueurs obliques du
crépuscule.

L'art japonais rêve de tons harmonisés, comme
tissés les uns dans les autres, profondément engagés
dans la trame qui leur sert de base. Aussi, comme il
sait noter les effets rapides de lumière diffuse ! C'est
une nuée qui crève, le paysage instantanément noyé
sous l'averse oblique, le ciel frissonnant d'éclairs, ou

> La lune sous la pluie,
> Et partout, partout diffuse,
> Une pâle lumière[1].

ou encore :

> Comme l'air est froid !
> Et, au travers d'une averse,
> L'éclat du soleil couchant.

Par les belles nuits d'été, ils aiment l'éclat des
lucioles :

> Oh ! des lucioles,
> Quelle pluie de feu
> Se mêlant à l'averse d'été[2] !

Dans ce pays aux maisons de papier et de bois, où

1. Hokku d'Etsujin (xviii<sup>e</sup> siècle).
2. Hokku d'Arakida Moritake (xv<sup>e</sup>, xvi<sup>e</sup> siècles). Les *Hokku*
cités sont tirés de l'admirable article de M. B. H. Cham-
berlain : *Bashô and the Japanese Epigram*, paru dans les
*Transactions of the Asiatic Society of Japan*, septembre 1902.

les incendies étaient et sont encore si fréquents, ils sont amateurs de feu. Ils appelaient « fleurs de Yedo » les flammes qui, si souvent, embrasaient le ciel de leur capitale. Leurs pompiers vont au feu avec allégresse ; ils ne peuvent s'empêcher d'admirer le brasier qu'ils sont chargés d'éteindre : quel beau feu ! comme il fait bien !

Un feu d'artifice ravit la foule. Je me souviens de la fête de « l'ouverture de la rivière » à Tôkyô. Une soirée d'août, la moitié de la ville sur la rivière Sumida. Toutes les *cha-ya* des bords de l'eau pleines de joyeuses bandes. On ne voyait plus la rivière, on ne voyait que des barques, alourdies de leurs grosses lanternes de couleur. Des silhouettes sombres d'hommes se penchaient sur des gaffes ; les barques, bord à bord, glissaient les unes contre les autres en gémissant. Cette ville flottante tremblotait. Sous les lanternes, on chantait : les voix aiguës des *geishas*, leurs rires précieux, les nasillements des *shamisen* tremblotaient aussi. Au-dessus du fleuve, qui roulait ces clartés, le ciel d'été noir, profond ; des arbres, des masses sombres. En l'air, des fusées filaient et, comme des tiges, se ployaient pour retomber ; des roues de feu tournaient. Et c'étaient des cris de joie chaque fois que, d'un jet oblique, la longue spirale zébrait la nuit et s'épanouissait en pluie d'or. Cette foule retrouvait les émotions esthétiques qu'elle préfère : des couleurs rompues et raffinées, des ors, des roses, sur un fond de nuit qui se décolorait en bleu ou en gris, semblable aux fonds un peu passés et usés des kakémonos très vieux, — et de belles lignes, de belles visions éphémères.

*  
* *

Il leur faut un fond pour adosser le paysage; il leur faut des premiers plans très proches pour l'accoler. Leurs visions de nature sont toujours encadrées. Elles sont fugaces, mais les contours du cadre sont arrêtés. C'est le monde vu par une lucarne qu'on ouvrirait un instant : tout juste le temps d'esquisser, en trois lignes d'une épigramme, en trois traits d'un dessin, le petit incident comique, ou la brève impression de nature qui s'y inscrit. Presque toujours, cet art elliptique, tout en suggestions, adore la brièveté qui laisse à deviner, à rêvasser, à gloser. Mais d'abord le Japonais veut, au premier plan, quelque chose de limité, de fini qui le rassure. Alors seulement, il se plaît à prolonger son émotion.

Avec les fleurs et la neige, la lune est pour les Japonais la plus adorable des choses naturelles, solitaire, incomparable. Ils passent la nuit à la contempler, à composer des vers en son honneur. Ce qu'ils aiment, ce qu'ils notent, ce n'est pas la lumière inondant l'espace libre, infini; mais, assemblés dans les auberges au bord du golfe de Tôkyô, ils guettent le moment précis où le disque émerge de l'horizon au-dessus de l'eau sombre, ou bien, réunis dans les jardins de Kyôto, ils la regardent glisser derrière les pins,

> Pendant les pluies de juin, comme à la dérobée
> Une nuit, la lune brille à travers les pins [1].

ou passer entre les nuages.

> Oh ! regarder la lune alors que des nuages
> De temps en temps reposent les yeux [2].

> Oh ! nuages autour de la lune, d'où
> En hésitant elle émerge si débonnaire [3].

Il leur faut un nuage, la silhouette noire d'un pin pour poser leur vue ; ils admirent alors le glissement silencieux de la lune.

Au Japon, il est rare d'apercevoir des horizons larges et dégagés ; ce pays de montagnes et de roches est tout en tournants qui encadrent des vallées et des golfes sinueux. La fantaisie inlassable [4] de leurs artistes dans leur manière de couper un paysage, dans leur choix des premiers plans, c'est la nature même qui la crée et sans cesse la renouvelle : pins tordus, découpant, entre leurs troncs, leurs branches et leurs paquets d'aiguilles noires, des coins de mer bleue ou verte ; toits de chaume surmontés d'iris,

1. Hokku de Ryôta (xviiie s.).
2. Hokku de Bashô (xviie s.).
5. Hokku de Bashô.
4. Cf., par exemple, le *Fuji Hyakkei* (100 vues du Fuji) d'Hokusai : le grand volcan apparaît entre des premiers plans toujours variés.

*torii* aux cornes recourbées, parasols de fer des pagodes, dauphins des toits de châteaux forts, longues bandes d'étoffe séchant au haut des bambous, annonces de théâtres ou de lutteurs couvertes de grands caractères chinois, racines et troncs d'arbres évidés, ponts recourbés, — autant de silhouettes de premier plan, dessinant en valeurs sombres le cadre où s'inscrit la vision lointaine, le divin Fuji au-dessus des nuages qui l'assiègent.

Notre art classique a une tendance à supprimer les premiers plans d'un paysage, pour rapprocher de notre œil le motif central, massifs d'arbres, montagnes, nuages, etc. L'artiste, dans la réalité, aperçoit ce motif principal de très loin, parfois de très haut; mais, sur la toile, il supprime les distances, néglige les intermédiaires et ne retient que le motif qui l'intéresse. Ainsi disparaissent les rapports accidentels qu'eut avec l'œil de l'artiste le paysage, déjà simplifié de lignes et transposé de valeurs par la distance, et qui revêt alors un caractère d'éternité. D'instinct, nos paysagistes, comme Poussin ou Puvis de Chavannes, ont vu une nature de bas-relief dont les motifs se développent processionnellement de droite à gauche. L'œil d'un Japonais, au contraire, au lieu d'aller droit au motif central et lointain, en supprimant toute transition, s'arrêtera tout de suite et toujours sur les premiers plans. Et toujours dans l'œuvre la place et la distance, d'où l'artiste a pu voir le motif, sont nettement indiquées par la forme, ou plutôt les déformations, et par la taille des premiers plans dessinés avec leurs volumes exacts — parfois même exagérés[1]. Cette nature japonaise, ainsi perçue et représentée, apparaît alors tout humanisée, toute relative à la position accidentelle d'un œil humain.

Entre les premiers plans bien établis, de valeur sombre, le fond lumineux recule, semble fuir très loin. Les Japonais ont toujours cherché à repousser le motif central, — une vue de mer le plus souvent : la double ligne des côtes, ligne jaune de roches rongées par l'eau salée et les goémons et ligne verte de pins ondulant au-dessus, la mer intensément bleue sous l'horizon, et à la base du ciel la bande rouge, lilas ou orangée du couchant, tandis que de petites voiles carrées fuient innombrables dans le vent... fond crépusculaire lointain, uniforme, pour ces premiers plans si variés. Même art dans la construction d'un jardin japonais : entre de hautes lignes d'arbres, qui limitent la composition sur les côtés, serpente un étang, une rivière qui disparaît derrière un pont ou derrière un rideau de verdure ; la vue s'enfonce, se perd ; on peut rêver d'un fond de jardin mystérieux.

1. Notre école impressionniste — dans les œuvres, par exemple, de Degas, de Monet, de Toulouse-Lautrec — est en réaction contre l'école classique, parce que précisément *sous l'influence des Japonais* ils ont insisté sur les premiers plans, et ont tâché de les dessiner avec leur volume réel.

*<sub>*</sub>*

Dans le cadre bien tracé, s'inscrit une impression de nature imprévue et fugace, — comme si dans ce champ limité leur impressionnisme se compliquait, s'exaspérait. Lisez un *hokku* ou une *tanka*; la petite poésie de dix-sept ou de trente et une syllabes est presque toujours attaquée par une exclamation... *Ah!... Tiens!* De même à regarder une estampe japonaise, on ressent une petite secousse de surprise comme en donnent les visions au sortir d'un rêve, quand on découvre la nature avec des sens frais et neufs; impressions d'enfant, impressions de voyageur aussi, qui, dans un demi-sommeil, au lever du jour, entrevoit par la vitre du wagon un paysage étrange, tout de suite évanoui....

Nuages qui passent, déployés nonchalamment à l'heure chaude de la sieste, échafaudés en massives architectures au crépuscule; oiseaux qui passent,

> Une bande de mouettes, et un coup de vent
>   Au large, brisant leur vol qui tournoie...;

files d'oies sauvages accompagnant, à l'automne, les troupes de pèlerins; averses qui passent, lumineuses de soleil, de lune ou de lucioles, zébrées d'éclairs et de farouches silhouettes d'arbres ployés; tempêtes qui passent sur la mer,

> Quel remue-ménage!

Au large, sous la brusque averse,
Des voiles de face, des voiles de biais[1];

saisons qui passent, grand linceul de neige jeté sur les maisons basses, givre léger et frissonnant qui escalade jusqu'au ciel bleu les pentes boisées, chute silencieuse et embaumée des fleurs blanches de prunier, des fleurs blanches et roses de cerisier, ou, dans l'humidité de l'été, les rizières vertes, les fleurs de lotus roses, et, à la fin de l'automne sec et sonore, les chrysanthèmes et l'embrasement des érables; silhouettes humaines qui passent, toujours variées et amusantes pour ces yeux sensibles au ridicule gai, amateurs d'esquisses rapidement jetées[2].

*<br>* *

Bien appuyées à un fond, bien limitées entre des premiers plans, dans un cadre rigide, — telles un peu les silhouettes de vitrail sur un champ aux tons somptueux, que sertissent des baguettes de plomb, — des impressions fugitives s'insèrent, des souvenirs aussi. Toutes leurs impressions de nature sont bourrées de souvenirs, tout leur art est exécuté de souvenir, — souvenirs de nature chinoise ou d'art chinois, lorsqu'ils passaient la mer pour renouer la

1. Hokku de Kyorai (xviiᵉ siècle).
2. Les Japonais, avec leur sens si exercé de la forme, ont toujours aimé la caricature. Dès le xiiᵉ siècle, un prêtre, Toba Sôjô, fit des dessins célèbres par leur drôlerie.

tradition respectée; souvenirs de la rue ou de la campagne japonaises, dans les kakémonos et les estampes de l'art populaire.

Ce qui leur paraît digne d'être fixé en une œuvre d'art, c'est moins une impression directe et franche de nature que la nuance d'émotion éprouvée au souvenir d'une impression vive. Poètes, peintres ou graveurs font sans cesse allusion dans leurs œuvres aux huit beautés du lac Biwa, ainsi classées depuis des siècles : le coucher du soleil à Seta; la lune d'automne vue d'Ishiyama; la neige un soir sur Hirayama; la cloche du crépuscule à Miidera; les bateaux aux voiles déployées revenant de Yabase; un ciel brillant, nettoyé par la brise, à Awazu; la pluie nocturne à Karasaki; les troupes d'oies sauvages s'abattant sur Katata. La beauté singulière de chaque site, beauté d'une heure, beauté d'un coup de lumière, d'un passage de voiles, d'oiseaux, de sons de cloche, est créée par le souvenir d'une émotion fugitive éprouvée là jadis; et ce souvenir pieusement évoqué de génération en génération prête un caractère durable, définitif, à la beauté éphémère de chaque site du lac[1].

1. Voici les titres de quatre kakémonos par Kanô Motonobu : la cloche d'un temple éloigné, le soir, et l'ardeur du coucher du soleil sur un village de pêcheurs. — Une bourrasque sur une petite ville, au milieu de montagnes, et des bateaux revenant au large. — La lune d'automne sur le lac Tung-Ting et des oies sauvages sur une plage de sable. — Une nuit pluvieuse en Hsiao-Hsiang et neige du soir sur le lac. (Cités par Tei-san : Notes sur l'art japonais.)

Les littérateurs, comme Bashô, suivi de ses disciples, les artistes, comme Hokusai, Hiroshigé, etc., parcouraient sans cesse le pays, en toute saison, en tout sens, observant, notant, enrichissant leur mémoire de lignes et de couleurs. On peut dire, à la lettre, qu'ils ont appris par cœur leurs paysages, les formes de leurs rochers et de leurs pins, les courbes de leurs rivages, les silhouettes de leur Fuji et des montagnes, — comme ils ont appris par cœur et apprennent encore les caractères chinois, les classiques chinois, les kakémonos chinois[1].

Leur mémoire regorge de formes, de couleurs, de citations patiemment amassées : chacun se sent capable d'écrire sa *tanka* ou son *hokku*, comme de faire sa petite esquisse. Sans doute, le médiocre abonde. Ils ont pris l'habitude scolaire de s'exercer à développer quelque maxime de Confucius ou d'un classique; beaucoup n'en ont gardé que verbosité inlassable et manie de répétitions. Des milliers de dessins et de vers ne sont que des copies. Depuis le Mikado jusqu'au plus modeste paysan, en passant par le boutiquier de Tôkyô, il n'est pas un Japonais qui n'ait écrit ses trente et un vers ou ses dix-sept vers sur la lune, la neige, les fleurs. Pendant les loi-

---

1. A comparer des estampes aux sites qu'elles représentent, on voit comment les japonais, dans le portrait de leur pays, atteignent la ressemblance en dehors de l'exactitude. Ils ont rendu de doubles effets de lumière qui, dans la réalité, ne peuvent être vus simultanément. Quand ils représentent la mer ou les montagnes, leur exécution si libre et si spirituelle ne peut être que de souvenir.

sirs que laisse la culture du riz, le paysan dessine;
lorsque les pruniers ou les cerisiers sont en fleurs,
les gens de toute classe, sous la neige des pétales
que détache le vent aigre du printemps, composent
des vers qu'ils suspendent aux branches. L'art, pas
plus que l'émotion de nature, n'est réservé à une
élite : c'est un domaine banal. On croit peu au don
inné, au génie qui isole : on pense que l'éducation
est assez puissante pour amener tous les hommes à
une haute moyenne de goût et d'habileté.

Leurs artistes, grâce à leur mémoire exercée, ont
le don éminent de noter instantanément ce qu'il y
a de plus fugace, de plus neuf dans les effets de
nature, et aussi le don de l'épithète, de la ligne, de
la touche qui en résumé dit beaucoup et suggère
encore plus. Souvent ils interprètent, non pas une
impression directe, non pas même un souvenir personnel, mais déjà une première interprétation d'au-
trui, un souvenir d'œuvre d'art. D'où leur sens raffiné des couleurs, leur sûreté dans la manière d'attaquer un dessin, et leur tendance à une recherche
du décor plutôt que du portrait. A sentir la nature,
ils apportent l'expérience d'une civilisation ancienne,
un peu comme des artistes qui, en une deuxième
vie, auraient l'expérience aiguisée d'une première
vie d'études. Jamais on n'a été plastiquement plus
gai, mieux disant, plus spirituel, plus libre dans
l'exécution.

Le poète écrit ses vers, le dessinateur fait son
esquisse pour une ou deux images qu'il juge rares :

inutile de les relier, il suffit de les juxtaposer; inutile
d'exprimer complètement le sentiment qu'elles suggèrent, tout cela est supposé connu, familier. On
s'adresse à un public d'amateurs avertis, un peu las,
à qui suffisent de brèves indications pour évoquer
par un jeu d'associations coutumières la scène entière, l'émotion totale, les légendes, les croyances
religieuses, les sites, les personnages célèbres, toute
l'histoire. Le pin et le bambou, arbres toujours verts,
symbolisent longue vie. On y ajoute la fleur de prunier et cela fait une heureuse triade. On associe le
lion et la pivoine, car l'un est le roi des animaux et
l'autre la reine des fleurs. Le moineau et le bambou
vont ensemble, la fleur de prunier et le rossignol
aussi; le héros populaire Benkei ne va jamais sans
sa grosse cloche de bronze[1]. Pour l'artiste, un
bambou et un pin sont des parties d'un tout organique, comme pour un écolier les divers jambages
qui forment un caractère chinois.

*<br>* *

Ils ont une symbolique du paysage analogue à la
symbolique de nos cathédrales au moyen âge. Nul
ne l'ignore. La nature est comme un grand « miroir »
où se reflète leur vie personnelle et aussi la vie de

1. Cf. Chamberlain, *Things Japanese*; art.: Art.

leur race, avec ses croyances morales et religieuses, son histoire.

La nature pour un Japonais est très souvent un reflet d'idées : ses formes constituent un langage symbolique; sans cesse elle évoque, elle suggère des légendes, des allégories. Pour nous, la nature a cessé d'être le symbole transparent au travers duquel on lit. Un paysage nous semble se suffire à lui-même : nous l'aimons pour lui-même; nous le décrivons, nous le peignons pour lui-même. Sans doute il peut être émouvant, mais d'une émotion spécifique, non littéraire. Il n'a pas besoin de signifier des idées pour être éloquent. L'effort d'art nous paraît consister à le bien observer, à le rendre complètement, en tous ses développements, avec son équilibre, bref à en faire le portrait le plus ému, le plus individuel qu'il se peut. Les Japonais ne connaissent pas cette lutte avec leur modèle; ils l'évoquent abrégé, dans la mesure où il suffit à signifier autre chose, à ouvrir le patrimoine d'idées commun à toute la race. Des portraits d'espèces leur suffisent : l'espèce bambou, l'espèce pin, l'espèce oie sauvage, plutôt que les portraits de tel bambou, de tel pin, de tel oiseau. Une esquisse de bambou par un Japonais est à un dessin d'arbre par Th. Rousseau ce qu'est le *hokku* à un sonnet de M. de Heredia, ou un jardin japonais à un parc dessiné par Le Nôtre.

La plupart de leurs impressions de nature sont des suggestions symboliques. Suggestions, plusieurs de ces petits paysages qu'ébauchent en dix-sept syllabes le *hokku*[1]. Suggestions de rêves bouddhiques surtout, depuis que le grand poète Bashô se servit de cette forme poétique pour convertir les hommes aux doctrines morales de la secte Zen. Dans une de ses plus célèbres poésies un vieil étang, et le bruit d'une grenouille sautant dans l'eau évoquent l'idée de la vie méditative. Suggestions, les innombrables *utas* d'adieux à la vie.

> Elles s'épanouissent ; — alors
> On les regarde ; — alors les fleurs
> Se flétrissent ; — alors [2]....

Suggestions, ces fleurs qu'on aime ou qu'on méprise, parce qu'elles rappellent des légendes heureuses ou malheureuses, et ces bouquets arrangés

1. Comme documents sur le sens original du paysage qu'ont les japonais, le *kokku* ou poésie de dix-sept syllabes, les jardins de Kyôto et les paysages de l'école proprement japonaise se complètent. La peinture de paysage au Japon est d'origine chinoise, et il y a toujours eu une école chinoise de paysage au Japon. Jôsetsu, Sesshû, Sesson, Kanô Motonobu en furent les maîtres les plus célèbres. Mais vers l'époque où le *kokku* s'imposait en poésie (fin du XV⁰ siècle, commencement du XVI⁰) une école proprement japonaise naissait. C'est alors que Sôami favori du Shôgun Yoshimasa, esthète célèbre. dessina quelques-uns des jardins de Kyôto (Awata, Ginkaku-ji) régla les cérémonies de thé, et peignit. Un siècle plus tard l'art japonais des jardins, et aussi l'art d'arranger les fleurs fut illustré par Kobori Enshû, courtisan de Hideyoshi et de Ieyasu, tandis qu'à peu près à la même époque, fin du XVII⁰ siècle. Bashô se servit du *kokku* comme d'un moyen pour propager les enseignements bouddhiques de la Secte Zen. Telles sont les formes d'art vraiment japonaises (en dehors des estampes et des kakémonos de l'École populaire) contemporaines en leur développement.

2. Hokku par Onitsura, XVII⁰ et XVIII⁰ siècle.

selon certaines maximes de Confucius. Suggestions,
ces jardins qui symbolisent des idées abstraites,
paix, chasteté, vieillesse, ou ce jardin dont parle
M. Conder[2] qui exprime l'idée du pouvoir de la vérité divine. Il consiste presque entièrement en pierres
arrangées d'une manière irrégulière et fantaisiste,
pour rappeler la légende d'un moine qui, montant
une colline et ramassant des pierres, commença de
leur prêcher la doctrine du Bouddha, et si miraculeux fut l'effet de ces vérités que les pierres respec-
tueuses s'inclinaient en signe d'assentiment.

Les jardins célèbres de Kyôto dépendent de
temples bouddhiques, où l'on menait la vie méditative, de palais aussi où se retiraient, après avoir
quitté le monde, des princes, des nobles pour y
mener une vie de recueillement esthétique en pratiquant tous les arts du *Cha-no-yu* (cérémonies de
thé). Ces jardins, copies des sites célèbres ou symboles d'abstractions, évocations de souvenirs de
nature ou de vérités morales, convenaient à ces
hommes vivant dans un monde d'impressions et
d'abstractions plutôt que de réalités et de faits.
C'est dans ces jardins de Kyôto, à partir du
XVe siècle, que s'est codifié, sous sa forme raffinée,
le goût du paysage qu'ont les Japonais. Goût d'une
élite d'abord, puis goût généralisé dans le peuple[2];

1. Cité par Chamberlain, *Things Japanese.* Art. : GARDENS.
2. Dans son étude « Bashô and the Japanese Epigram »
M. Chamberlain note que, dès le moment où le *kokku* devient
une forme poétique (fin du XVe siècle) le goût s'en répand

goût de cette race de raisonneurs et en même temps de visuels, vivant assez détachés de la réalité, un peu comme dans la brume d'un rêve, mais qui sans cesse retournent à ces chers paysages pour en détacher de courtes esquisses symboliques, de brèves peintures de leurs abstractions; ainsi le mathématicien recourt parfois au tracé d'une courbe pour symboliser quelques-unes des variations de la fonction qu'il étudie.

Toute leur vie morale est associée aux paysages de leur pays. Le *Samuraï* prend pour symbole de vie et de mort les fleurs de cerisier qui éclosent et tombent sur les collines de Yoshino. Pour la prédication, le Bouddhisme a tiré de l'instabilité des choses, fuite des saisons, mouvements des astres, écoulement de l'eau, passage des nuages, des images innombrables. A un précepte est toujours accolé une image; parfois un feuillet du diptyque manque; dans beaucoup de *hokku*, le petit tableau reste seul à décrire, à suggérer le précepte.

aussitôt dans toutes les classes de la société — même les classes inférieures. Que ce goût subsite général, les poésies de simples soldats aussi bien que de princes, et du Mikado. composées à propos de la guerre, citées et qu'à M. Noël Péri dans son article « Fleurs de Cerisier » (Cf. *la Revue de Paris* du 1er septembre 1905) le prouvent. Quant aux jardins célèbres de Kyôto ils ont été admirés, étudiés, copiés par des générations, par des gens de toutes classes. Bien plus il n'est pas d'enfant qui n'ait dessiné et construit son *hakoniwa* dans un plat ou un pot de fleurs — copie miniature d'un jardin connu, avec ses sentiers, ses ponts courbes, ses collines, ses lanternes de pierre, ses pins, et les poissons dans l'étang.

⁎<br>⁎ ⁎

Au surplus, les sites japonais semblent toujours porter une trace humaine, un peu comme si l'homme et la nature avaient collaboré. Les paysages qu'ils préfèrent sont déjà teintés d'art. Dans leurs sites célèbres, il y a toujours cette heureuse rencontre de la nature et de l'art, — avec je ne sais quoi d'étrange et parfois d'artificiel. Il est fort difficile de regarder un paysage japonais sans le voir au travers des œuvres de leurs artistes. Pendant des siècles, chez ces gens de tradition qui travaillent de mémoire, les souvenirs des devanciers se sont mêlés aux impressions personnelles. Il s'est formé ainsi continûment comme une vision commune à la race entière. On ne sait plus bien maintenant si ce caractère d'art, parfois d'artifice qu'ont certains paysages célèbres du Japon, n'est pas dû en partie aux images qu'en ont laissées les artistes et qu'en ont popularisées les imitateurs, car c'est toujours les lignes essentielles de leur interprétation que tout de suite l'œil démêle en ces paysages.

Et ils ne se lassent pas de commenter[1]. Quand un

---

1. Au Japon, comme en Chine, les commentaires sont classés parmi les ouvrages de littérature les plus estimés. Les meilleurs commentateurs des classiques en Chine ont une niche dans les temples de Confucius. On sait quelle place tiennent dans l'histoire et la littérature du Japon les écrivains qui commentèrent le Shintoïsme et la civilisation primitive japonaise : Maboutchi, Motoöri, Hirata.

Japonais examine un kakémono, pour l'apprécier il ne lui suffit pas de le regarder; il en examine la boîte, il veut savoir qui le posséda, s'il fut goûté, s'il fut célébré en vers. L'émotion proprement esthétique s'entoure de commentaires. De même, à propos d'un paysage ou d'un jardin : le Japonais cherchera toujours à y démêler une certaine patine humaine. Imaginez ces raisonneurs devant un site, ou devant la copie d'un site célèbre, dans un jardin. Coupée du monde extérieur, bien limitée par des premiers plans et un fond, leur vue est forcée de se concentrer. Ils se replient sur eux-mêmes et rassurés, en esthètes, ils raffinent et glosent. Ils aiment mieux rêver sur une impression limitée et mesurée que d'élargir leur rêve à la dimension d'un paysage qui les dépasse. Ils aiment mieux deviner ce qu'il y a au delà que de le voir. Ce ne sont pas de grands imaginatifs, mais ce sont des curieux. Un par un, ils détaillent les arbres, les pierres, mettant et goûtant partout des intentions d'artiste, tout comme ils se plaisent, en maniant une poterie ancienne, à découvrir les traces encore frémissantes du pouce qui la modela.

Au début des *Nô*[1], arrive presque toujours un bonze, un ermite ou un envoyé impérial, qui nous disent d'où ils viennent, où ils vont, et qui décrivent très exactement le pays où ils voyagent, la saison, l'heure, le vent, la nuance exacte des feuillages et

1. Courts drames lyriques.

du ciel, la forme des nuages. Puis apparaît un esprit qui leur conte l'histoire ou la légende locales. De la description du paysage à l'exposé de la légende qu'il évoque, le passage est pour eux naturel, immédiat.

Et cette curiosité qui ne laisse pas un coin de nature sans légendes, histoires ni commentaires, se complique d'ésotérisme. Sans cesse au Japon, il est question de tradition secrète, d'art secret, de mystères cachés; eux seuls ont vraiment le secret de leurs paysages, car toute leur vie s'y est glissée. Ils sont bien à eux, ces paysages de forme imprévue[1], base de leur patriotisme, cadre de toutes leurs joies, et qui sans cesse évoquent la vie morale de la race et l'histoire des ancêtres. Bien avant leurs succès militaires ou diplomatiques, leurs œuvres d'art, représentant ces paysages, avaient donné au monde l'idée d'un peuple original.

Depuis les Romantiques, par réaction contre la symétrie de nos jardins, nous aimons les grandes impressions de nature vierge, la Mer, la Montagne, le Désert[2], et quand nous choisissons le site de nos demeures, nous souhaitons un horizon découvert, une vue étendue.

1. Nos paysagistes parlent couramment d'un « effet japonais », d'une « coupe japonaise ».
2. Notre amour de la nature se traduit par un goût croissant pour les voyages. Et souvent il faut que nous soyons sortis de notre pays pour admirer des sites. L'Orientalisme,

Le Japonais ne construit pas sur une hauteur; presque toujours il choisit un creux. Ses temples, ses monastères, parfois isolés, dans les montagnes, sont cachés derrière de grands arbres. Les chambres de sa maison ouvrent sur un jardin touffu, secret, toujours opposé à la rue et que ne peuvent voir les passants. Il faut, pour y pénétrer, traverser les pièces les plus intimes. La barrière de bambou qui clôt ce petit jardin isole la famille du reste du monde. Là finit son horizon.

A l'intérieur de leurs maisons, accroupis sur les *tattamis*, — les nattes, — quand les *fusumas* sont tirés, ils peuvent encore se croire dans leurs vallées closes : le plancher, avec ses nattes blondes, ourlées de tresse noire, rappelle les fonds plats de leurs vallées, toutes jaunes de rizières mûres, que rayent, en lignes sombres, les rigoles d'irrigation. Autour de cette chambre bien séparée du reste du monde, sur les *fusumas*, les silhouettes de montagnes à la sépia surgissent sur des fonds d'or ou d'argent : c'est comme une vallée dominée à pic par de hautes montagnes, toutes brunes sur l'or des crépuscules ou les clairs de lune argentés.

Dans leur vie comme dans leur art, il leur faut des fonds et des premiers plans où s'appuyer. Ils aiment à se sentir encadrés. C'est un peuple de con-

l'Exotisme en art furent des manifestations de ce besoin de changer d'air. C'est chez eux, près de leurs maisons, dans leurs jardins, que les Japonais jouissent de la beauté des choses : des feuilles qui rougissent, des arbres qui fleurissent, des nuages qui passent leur suffisent.

servateurs, habitués à la discipline de l'État et de la famille, un peuple de soldats. Mais de même qu'en art, entre des premiers plans nets, sur un fond immuable, leur impressionisme, leur fantaisie s'exaspère, de même dans leur paysage réel, qui les encadre de la netteté de ses lignes et de la permanence de ses fonds, ils se laissent aller à une vie insouciante, changeante, rêveuse et flâneuse.

Nous croyons que le peuple japonais étouffe dans ses îles et ne demande qu'à en sortir. Nous le croyons parce qu'ils nous l'ont dit : ce leur est un argument pour justifier leur politique d'expansion; nous le croyons aussi parce que nous avons vu de leurs étudiants et de leurs officiers venir chez nous; et, sachant que le Chinois quitte volontiers son pays, nous imaginons que volontiers le Japonais fait de même.

Jean le Chinois, qui autrefois fut un navigateur aventureux vers l'océan Indien et l'archipel de la Sonde, maintenant encore émigre volontiers. Tout le long des deux rives du Pacifique, du Canada au Chili, en passant par la Californie, le Mexique et le Pérou, et de la Birmanie et des Straits Settlements au Japon, en passant par le Siam, l'Indo-Chine et les Philippines, on le retrouve indifférent au chaud comme au froid, vivant en famille, en communautés, sans grand regret du sol natal, pourvu qu'il continue à vivre à l'intérieur de sa race et qu'il soit, un jour, ramené dans son cercueil en Chine. A l'étranger, à l'abri du mandarin et de la bureaucratie qui pillent, il s'améliore. Toujours pacifique, il développe ses qualités d'ordre, de sobriété, de travail; d'abord comme coolie ou agriculteur, bien vite comme commerçant, il ne tarde pas à supplanter les indigènes plus mous. La littérature chinoise est riche en récits de voyage depuis le temps où Fa-Hsien traversait l'Asie, de Chine en Inde, pour aller chercher, avec le canon bouddhiste, des statues et des reliques, jusqu'à ces missions modernes qui rendent compte à l'Impératrice de leurs voyages en Europe et en Amérique. Dans la littérature japonaise, les récits de voyage racontent surtout des excursions à l'intérieur du pays, de Kyôto à Tôkyô.

Le recensement japonais du 31 décembre 1900 indiquait 125 971 Japonais comme résidant à l'extérieur. En 1901, 24 034 personnes reçurent des passeports pour l'étranger, en 1902, 32 900. Pour une population de 48 millions d'habitants, c'était fort peu : 250 000 Italiens chaque année quittent leur patrie pour des pays d'outre-mer, sans parler de ceux qui n'émigrent qu'à titre temporaire. Ce n'est pas qu'au Japon des raisons sérieuses d'émigration n'existent. Ils sont 48 millions à vivre sur une terre restreinte, rongée de golfes, bossuée de volcans et qui n'est cultivable que dans la proportion de 12 p. 100, et leur population s'accroît continûment. Autrefois dans le Japon fermé, comme régulateurs, il y avait la famine, les épidémies, les duels, les vengeances ; dans le Japon ouvert et scientifique, ces fléaux fonctionnent moins sûrement. Sans doute la guerre mandchourienne a fait une terrible saignée ; mais la victoire ajoutera une nouvelle raison d'émigrer : il faudra remplir les cadres d'expansion dessinés par les armées, s'installer en Corée, en Mandchourie, résider en Chine.

Notre sol, répètent les hommes d'État japonais[1], ne suffit plus à nourrir le peuple. Nous sommes maintenant 48 millions, alors qu'en 1872 nous n'étions que 33 millions ; pour que notre peuple vive, il faut que d'agriculteur il devienne commerçant, industriel, qu'il tire son supplément de nourriture de Corée, de Mandchourie, pays voisins et fertiles, trois fois grands comme le Japon, et n'ayant pas à eux deux la moitié de sa population. Ils sont maintenant ouverts par la victoire à l'exploitation japonaise et nous y pouvons fixer ceux des nôtres qui ne peuvent plus vivre dans nos îles.

A en juger par le passé, cette émigration nécessaire sera pénible aux Japonais. Depuis le xviie siècle, ils cherchent à coloniser l'île d'Yéso, à quelques heures seulement de leur île principale. Il y a une trentaine d'années, pour développer les ressources d'Yéso, leurs hommes d'État créèrent un département spécial, le *Kaitakushi*, et engagèrent une commission d'Américains. De grosses sommes furent

1. Le comte Okuma, par exemple, dans le *Taiyô*, mai 1905.

consacrées à des fermes modèles et à des travaux publics. On tâcha d'amener des colons des différentes parties du Japon. La plupart, de ces plans ont été abandonnés en 1881. L'intérieur d'Yéso est encore, pour la plus grande part couvert de forêts vierges.

Les Aïnôs seuls y pénètrent : la population de l'île entière n'est que de 610 000 personnes dont 17 000 Aïnos. Du Japon, des pêcheurs y vont, mais l'hiver ils reviennent.

De même à Formose, les Japonais prévoient que cette île ne sera bientôt plus qu'une colonie de soldats et de fonctionnaires. Ils tiennent le pays occidental de rizières — du nord au sud de l'île ; mais dans les bois, ils combattent les indigènes rebelles sans grands résultats. Ils n'ont pas pris possession complète de l'île. Ils ne peuvent comme agriculteurs remplacer les Chinois dans les rizières. Ils viennent comme commerçants, petits vendeurs. Mais ils ne vendent qu'aux Japonais ; le Chinois ne leur achète pas. Soldats et fonctionnaires, ils ont acquis une assez triste réputation : on a dit souvent, au Japon même, le gâchage de leur administration, leur vie peu digne, l'insolence de tous, et même des coolies, qui croient représenter aussi la Race supérieure.

Aux États-Unis, et dans les dépendances océaniques des États-Unis, en 1900 il y avait plus de 86 000 Japonais, c'est-à-dire 72 p. 100 de tous les Japonais résidant à l'étranger. Sur le continent américain ils n'étaient que 24 500, dont 23 576 vivaient sur les côtes de l'ouest[1]; ne vont dans l'est que des étudiants et des commerçants. Dans l'ouest, — armateurs et commerçants mis à part, —ils sont garçons de boutique, coiffeurs, domestiques, *clerks*, etc. Après cet apprentissage chez les Anglo-Saxons, ils reviennent.

Mais dans les îles Hawaï, — possession américaine, — ils étaient 61 111 en 1900 (sur les 125 971 Japonais résidant à l'étranger.) En 1902, sur les 52 900 personnes ayant reçu des passeports, 11 557 allaient aux Hawaï : 9838 au service d'étrangers. Ces îles proches du Japon attirent des ouvriers pour la récolte de la canne à sucre. Ils partent, liés à un embaucheur par un contrat de travail, mais ils ne tardent pas à revenir. Sur le bateau qui nous amenait d'Honolulu, à Yokohama, ces revenants étaient nombreux. 16 000 autres environ étaient en Corée, petits marchands, commerçants et aussi agitateurs à gages; 8215 en Angleterre et colonies; 5955 en Russie et colonies; 5805 en Chine. Ce qu'ils faisaient en Russie, on le sait plus clairement aujourd'hui. Et, si leur nombre y a certainement beaucoup diminué, certainement il s'est accru en Corée et en Chine.

Avant la guerre déjà on tentait de détourner l'émigration japonaise des îles Hawaï pour la tourner vers l'Amérique du Nord. On avait des projets de

---

1. Aussi est-ce à son congrès de San Francisco (1904) que l'*American Federation of Labor* à émis le vœu qu'ils fussent assimilés aux Chinois pour les lois sur l'immigration.

colonies agricoles dans le Nord-Ouest Canadien, et au Texas[1]. Maintenant la Corée et la Mandchourie sont à la mode. Derrière l'armée, des nuées de manœuvres et de petits marchands se sont abattus sur la Corée; à Fusan, Chémoulpo, Séoul, etc., beaucoup de terrains ont été achetés par des Japonais. Pour l'administration, la police, les postes et télégraphes, les chemins de fer, de nombreux employés seront nécessaires. Trois grandes Sociétés japonaises d'émigration annoncent l'ouverture de territoires aux colons. Le long du chemin de fer les employés sont répartis. Les Japonais qui en 1903 étaient 21000 dans les ports ouverts, sont maintenant 50000 dans toute la Corée[2].

A Nioutchang aussi les marchands japonais affluent. En dépit de l'avis donné par leur consul ils viennent, espérant profiter tout de suite de la reprise des affaires.

S'agit-il en Mandchourie et en Corée, d'une colonisation japonaise stable, de cultivateurs prenant possession du sol et s'y fixant ? Des milliers de coolies, de petits marchands, de soldats et de fonctionnaires qui vont, viennent, repartent, ne représentent pas un mouvement de colonisation; à Formose ces coolies, marchands, soldats et fonctionnaires ont bien peu colonisé. En Corée il faudra attendre les premiers résultats du protectorat japo-

1. Projets de M. Kinzaburo Gada d'emmener 1000 colons au Texas. *American consular reports*, 1905, n° 296.
2. *Amer. cons. reports*, 1905, n°° 295-300.

nais avant de savoir si les Japonais s'y établiront.
Dès maintenant, il est peu probable qu'ils s'implan-
tent très nombreux sur le sol mandchourien. Déjà
avant la guerre, des provinces surpeuplées du Yang-
tsé, montaient en Mandchourie des émigrants chinois; économiquement ils s'emparaient de cette
Mandchourie qui politiquement les a conquis[1]. Contre cette montée chinoise, le Japonais ne pourra
tenir. En Mandchourie comme à Formose, c'est le
Chinois qui occupera la terre, le Chinois qui n'hésite
pas à quitter sa province pour se fixer ailleurs, sur
le sol qu'il cultive.

Le gouvernement et les partis politiques japonais
ne veulent pas que le mouvement d'émigration s'épar-
pille, car la guerre a fait une profonde saignée. Il n'est
pas assez nombreux pour qu'on le laisse libre; on
voudrait le diriger sur la Corée et la Mandchourie
pour y maintenir prépondérante l'influence du Japon,
aussi cherche-t-on à arrêter l'émigration vers les îles
Hawaï et les États-Unis. Le gouvernement japonais,
semble-t-il, se réjouirait si les États-Unis établis-
saient une loi ayant pour résultat de décourager
l'émigration japonaise en leur pays, à condition que
le règlement ne visât pas spécialement les Japonais,
et ne fût pas aussi blessant que le règlement contre
les Chinois[2].

1. *Amer. cons. reports*, 1905, n° 299.
2. Opinion de M. Stevens conseiller diplomatique du gou
vernement japonais en Corée. Citée dans *Amer. cons. rep.*
1905, n° 300.

Étudiants en Amérique ou en Europe, coolies aux îles Hawaï, marchands, professeurs et militaires en Chine, ou en Corée, photographes, coiffeurs, entremetteurs, espions dans tout l'Extrême-Orient, commis ou domestiques aux États-Unis pour apprendre un peu d'anglais — tout ce monde ne reste pas longtemps hors du Japon. Aussitôt, aussi vite qu'ils peuvent, ils reviennent vers leurs îles. Ils n'en sortent que forcés.

Les Japonais ne comprennent pas qu'on quitte son pays quand on peut faire autrement[2]. Parlant d'un Européen fixé au Japon pour son seul plaisir depuis plusieurs années, l'un d'eux disait : « Jamais je n'admettrai qu'il reste chez nous par goût. Il a de l'argent. Il pourrait vivre bien plus heureux dans son pays. Il doit avoir des desseins cachés. »

Pour sortir de leur pays, Il leur faut une mission officielle, ou l'ambition de conquérir la science occidentale, ou bien il faut une obligation légale, car ceux qui partent ne sont pas souvent les bons sujets — et au loin, ils ne s'améliorent pas, au contraire :

2. François Xavier, au xvi° siècle, raconte qu'il désirait envoyer en Europe quelques jeunes gens pour montrer à ces Japonais qui se croyaient supérieurs à tous les autres peuples, « la différence entre les ressources des Chrétiens et celles du Japon. » Mais il trouva que les Japonais de bonne famille « n'avaient aucun désir de visiter des terres étrangères ». Il est vrai qu'à la fin et au début du xvii° siècle les Japonais eurent une période d'expansion : ils tentèrent de conquérir la Corée et trafiquèrent avec les pays d'Extrême-Orient et le Mexique. Mais bientôt après, et pour 250 ans, ils se confinèrent dans leurs îles.

ils se dégradent, tout de suite batailleurs, arrogants[1]. Dans tous les ports de l'Extrême-Orient, ils ont une réputation de brutalité et aussi de mauvaise vie. Le Japon y est largement représenté par des femmes. En dépit d'une surveillance sévère, toujours il se trouve des trafiquants habiles à entretenir ce genre d'émigration. Ils ne sont plus les mêmes que chez eux ; ils valent moins aussitôt que hors de leurs paysages ils cessent d'être encadrés, comme si les lignes nettes des fonds et des premiers plans familiers, évocatrices de tout le passé de la Race, aidaient à discipliner les instincts violents. Aucun peuple — sauf peut-être les Français, — ne gagne plus à être vu dans son pays même.

Ils ont un peu de notre attachement français au pays. Il leur faut leur climat japonais : dans leur propre empire, Yéso est trop froid, Formose trop chaud ; il leur faut une terre où pousse le riz, la plus noble des cultures ; il leur faut une certaine flore, une certaine faune, ils n'aiment pas les plaines découvertes ; il leur faut une terre antique avec des temples et des souvenirs ; il leur faut leur paysage japonais. Avec eux au loin ils emportent le style de leurs maisons de bois et de papier, quel que soit le

---

1. Un Anglais, Michelborne, au début du xvii⁰ siècle, dit que les Japonais n'ont pas la permission de débarquer dans aucun port de l'Inde avec des armes ; leur fureur et leur audace les font craindre partout où ils viennent. » Murdoch et Yamagata. *History of Japan*, p. 580.

En 1605 les Japonais se révolte à Manille.

climat, un peu comme nos coloniaux construisent des villes ressemblant à nos sous-préfectures.

Loin du Japon ils ne trouvent plus à satisfaire leur besoin de sociabilité. Ils regrettent les auberges japonaises si joliment dispersées dans la campagne autour des villes ; ils regrettent la cuisine japonaise et les *geishas* qui chantent les légendes et les paysages japonais, comme beaucoup de nos concitoyens à l'étranger regrettent les cafés, les boulevards et la « vie parisienne ».

Il est évident qu'ils arriveront à sortir de chez eux. La victoire leur créera des obligations d'expansion. Leur population s'accroît. Européanisés, ils tiendront à faire comme les Européens qui émigrent en masses. L'idée de leur mission civilisatrice en Extrême-Orient les pousse. C'est une race de raisonneurs qui par orgueil national a su déjà, au cours de son histoire, faire bien des sacrifices. C'est la tête qui mène chez ces conservateurs qui par moments deviennent des révolutionnaires radicaux. Mais certainement le plus gros sacrifice que leur imposera la victoire sera de vivre hors du Japon, car dans ces îles, pendant des siècles, il s'est formé entre l'homme et le paysage une infinité de liens ténus et vivants, douloureux à rompre.

---

# CHAPITRE II

# ROUTES JAPONAISES



Au long du Pacifique, reliant les deux capitales Tôkyô et Kyôto, sur la bande étroite de terrain plat entre la base des montagnes et le rivage, s'étire durant cinq cents kilomètres le Tôkaïdô, la « route orientale de la mer ». Ligne molle traînant au bord des golfes comme un lacet mal tendu, ou coupure nette à travers les passes des monts, la large voie se reconnaît de loin ; une double rangée de crypto-merias droits et de grands pins tordus, procession-nellement, des deux côtés, encadre la vieille chaussée pierreuse.

Lieu de fêtes et de plaisirs, champ de rixes et de batailles, chemin de commerce et de pèlerinage, grande artère de la ville nationale, à travers l'histoire japonaise aussi, le Tôkaïdô déroule ses « cinquante-trois étapes », qu'ont illustrées Hokusaï, Hiroshigé et les peintres d'autrefois. Pour les poètes et les au-teurs de drames lyriques, de *nô*, comme pour les

romanciers, le Tôkaïdô est le décor changeant
d'aventures merveilleuses, gracieuses, horribles ou
ridicules. Le vieux Japon y plaçait les danses et les
vers charmants de sa *Robe de plumes* ; le Japon moderne y installe son roman picaresque et rabelaisien
d'*Hiza Kurige*, les méfaits et rencontres des deux
mauvais drilles, Yajirôbeï et Kidahachi, dans leur
voyage de Tôkyô à Kyôto.

C'est que, durant des siècles, le Tôkaïdô fut le
grand trait d'union entre les deux Japons de l'ouest
et de l'est, entre Kyôto, la capitale vénérée du Mikado,
et Kamakura ou Tôkyô les capitales du Shôgun. Et
le Shôgun de Kamakura, du xiii<sup>e</sup> au xv<sup>e</sup> siècle, le Shôgun de Tôkyô, aux xvii<sup>e</sup>, xviii<sup>e</sup> et xix<sup>e</sup> siècles, pour
rester en contact permanent avec le Mikado, pour
apparaître au peuple entier comme le lieutenant
temporel de cet empereur spirituel, de ce fils de la
Déesse, le Shôgun avait besoin de tenir fortement
la route, de la border de ses feudataires, de la sil-
lonner de ses troupes, de la défendre contre les brigands des monts, les pirates de la mer ou les daïmyos
révoltés. Au début du xvii<sup>e</sup> siècle, les Shôguns Tokugawa imposent enfin la paix perpétuelle et la soumission à ces révoltes de daïmyos; ils installent en
leur *shiro* de Tôkyô le centre de la vie militaire et
civile de l'Empire; mais Kyôto demeure la capitale
religieuse et le séjour du Mikado : le Tôkaïdô devient
alors un chemin de courriers et de postes, d'ambas-
sades entre les deux pouvoirs, de processions et de
défilés; ainsi nos vieilles routes militaires des Ro-

mains devinrent, à partir de notre xvi<sup>e</sup> siècle, les chemins du roi et du commerce.

Au sortir de Tôkyô, on traverse le long faubourg de Shinagawa avec ses maisons de plaisir et ses maisons de thé, fréquentées à la lune d'automne quand on passe la nuit à faire des vers. Le soir, l'eau de la baie est terne et plate sur les fonds de sable; on devine les côtes basses à un épaississement de l'ombre, aux lueurs tournantes des phares, à leurs reflets qui vacillent, seules couleurs qui chantent dans le gris brumeux. A l'horizon, la lune énorme se lève, orangée. Entre les pins noirs du rivage, des barques glissent silencieuses, comme des fantômes cendrés.

Puis, on laisse Kamakura, l'ancienne capitale, aujourd'hui village, trop au large entre de grands temples juchés au haut des escaliers de pierre. La mer déferle sur l'immense plage qui, durant vingt ou trente lieues, se recourbe jusqu'au Fuji Yama. Au devant, est Enoshima, l'île sacrée où, par files, entre les arbres, les petites maisons brunes et les *torii* rouges gravissent le vallon. Un frêle pont de bambou unit à marée haute ce roc isolé et la terre. Et toujours des enfants et des jeunes filles, sautillant derrière leurs ombrelles de papier, le prennent pour aller voir les plongeurs qui ramènent des coquillages, près de la caverne fameuse où Benten, la déesse bouddhique du bonheur, dompta le dragon.

A la seconde ou troisième journée de marche, on

atteint la passe de Hakone ; on franchit des montagnes étayées de contreforts qui se gonflent comme de gros muscles. Les terrains basaltiques, duvetés d'herbe, chauds à l'œil, forment des premiers plans vigoureux sur le fond impalpable : en arrière, la vallée baigne dans la lumière ; les lits caillouteux des torrents sinuent entre les rizières ; les champs sont régulièrement quadrillés en damiers, avec de petits villages dispersés comme des pions. La côte sablonneuse, qui fuit, ourlée d'un liséré d'écume, se double d'une couronne de nuages argentés. De petites voiles semblent suspendues dans l'espace.

Sur les dalles usées, disjointes, humides, le long des cascades, entre les roches et les grands arbres, on escalade l'étroite passe pleine d'ombre. Au faîte, on retrouve l'éblouissement d'un golfe : vers la baie de Suruga, dévalent des rizières, des marécages ; des buttes noires, disloquées, bossellent la plaine ; derrière la brume de soleil, comme voilées par un glacis, mais épaisses, modelées, surgissent d'autres montagnes chargées de forêts. La mer reluit en plaque d'or.

Là-bas, très loin, le long du golfe boueux, reprennent la côte basse et le cordon de cryptomerias hiératiques qui festonnent de leurs cimes noires la courbe du rivage. Et de vieux pins aussi font cortège à la route : ployés dans le même sens par le vent marin, ils montent les côtes, l'échine courbée, le nez vers le sol, comme une longue file de pèlerins las, — comme les pèlerins coiffés de chapeaux ronds qui partent en été et qui, durant des jours, suivent le Tôkaïdô pour atteindre et gravir le divin Fuji.

Il est là le volcan sans rival, puissant, gracieux : à tous les coudes de la route, il surgit sur la droite; près de Nangô seulement, où il passe quelques instants sur la gauche, on l'appelle *Hidari-Fuji*, Fuji le gaucher. Ses pentes granuleuses, où de petits villages pullulent, s'étalent sur des marais pleins de fleurs, de hautes herbes et d'oiseaux, sur des rizières et des bouquets de bambous. Les bois d'érable, en fin d'automne, lui tressent une auréole d'or. De tous côtés découvert, ceinturé de lacs où il se mire, au-dessus de la colerette de nuages et de brumes où il allonge au lever du soleil la grande ombre de son cône isolé, il paraît flotter comme une île sur la mer. Contre ses flancs, les nuées déferlent avec des rebroussements et des éclaboussures de lames formidables. Un gros nuage, qui rampe horizontalement, rappelle le dragon, qui, dans les « Cent Vues » d'Hokusaï, s'approche pour avaler le sommet. Et l'on imagine ce corps à corps mythique, à voir la montagne secouer sa cangue de nuées et dégager à nouveau sur le ciel sa forme luisante et géométrique.

La pente du Fuji s'allonge, majestueuse jusqu'à la baie du Suruga, et les deux courbes hardies, qui s'articulent ressemblent aux jambages d'une lettre chinoise dessinés d'une main déliée.

A mi-chemin des deux capitales la côte presque déserte de ce grand golfe ouvert sur l'océan, trop peu sûre pour abriter les pêcheurs, fut toujours un endroit aimé des peintres et des poètes. Voilà des siècles que l'on vante le bruit des lames qui se brisent sur cette plage, la chanson du vent qui balance ces pins et qui s'apaise quand la cloche du soir sonne dans les temples. Brumes légères qui montent de la baie en anneaux enlacés, nuages massifs qui se cabrent, arc-en-ciel qui de son cercle unit la terre et la mer, vols blancs de grues, vols blancs de mouettes qui rasent les vagues frisées par la brise, chants des oiseaux, parfums des fleurs, harmonies des nuits lunaires, tout cela, en son moindre détail, fut admiré, chanté. C'est sur cette grève à Mio, que la légende célèbre la déesse lunaire qui, après avoir recouvré sa robe de plumes, dansa pour un pêcheur.

On montre encore la robe dans un petit temple : de toutes les images inspirées par les fantaisies et les tendresses de ce ciel et de cette mer, si changeants près du volcan sacré, est tissée cette robe de plumes merveilleuses. Les fleurs fraîches écloses dans la chevelure de la fée, sont des fleurs de cannelle, de l'arbre que les légendes extrême-orientales font fleurir dans la lune. Sa robe, bleu d'azur, se teinte des couleurs de l'arc-en-ciel ; des gouttes de rosée y roulent comme sur des fleurs. Sans sa robe, la fée est un oiseau aux ailes brisées. C'est en vain qu'elle suit des yeux les brumes qui se lèvent, les nuages qui errent, en vain qu'elle écoute les cris des grues et des mouettes qui volent libres, et le vent qui balaye la plaine ; elle les envie, car elle n'a plus d'essor ;

elle a perdu sa robe, et les chemins vers l'astre lui sont fermés.

Mais la robe lui est rendue par un pêcheur qui l'a trouvée. Elle danse devant lui, sur la plage, tandis qu'une musique céleste et un parfum immatériel emplissent l'espace. « Danse, danse, ô fille des cieux; la guirlande de tes cheveux s'agite au vent; rien sur terre n'égalera jamais ta danse divine.... Mais voici l'heure venue de la séparation. Soulevées par la brise les ailes de la fée s'élèvent au ciel, au-dessus de la côte couverte de pins, au-dessus des marais d'Uki-shima, des hauteurs d'Ashitaka et des nuages qui flottent sur la cime du Fuji Yama. Plus haut, plus haut dans l'azur, jusqu'à ce que des nuées errantes nous la cachent[1]. » Fantôme légendaire, sans cesse recréé sur cette côte, par le ciel, la mer et les nuages.

Puis la route monotone, durant des lieues, en détours indolents, traverse les rizières boueuses de grasses provinces. Longtemps on se retourne pour apercevoir encore la capuche neigeuse du Fuji. Ah! le guetter, le voir, le quitter, puis quand on n'y songe plus, le retrouver entre deux montagnes ou deux roches! Ce fut toujours la grande joie de la route pour ces yeux amateurs de coupes imprévues et changeantes.

La chaussée, assez loin du rivage, suit les der-

1. *Ha-goromo*, « la robe de plumes », court drame lyrique ou *nô*, traduit par Chamberlain, *Things Japanese.*

niers contreforts des monts. Ces montagnes brunes et veloutées au crépuscule sont égayées au travers de leurs verdures épaisses par les trouées des grands escaliers, qui mènent à des temples, et par les *torii* rouge cerise, qui jalonnent la montée vers les toits de chaume moussu aux cornes recourbées. Ces montagnes vouées aux dieux ont toujours eu leurs peuples de lutins et de farfadets, qui se cachent dans les vieux troncs, de renards qui prennent la forme des hommes pour mieux tromper les âmes naïves. Jizô, miséricordieux à ceux qui sont dans la peine, Jizô, patron des voyageurs, est taillé dans le roc. Rasé, souriant d'une joie spirituelle, l'air détaché et doux, un bijou dans une main, un bâton avec des anneaux de métal dans l'autre, le manteau recouvert d'une mousse dorée, Jizô médite devant de petites bannières brodées de prières : à ses pieds, des cailloux entassés par les fidèles servent à soulager dans l'autre monde les travaux des petits enfants que la méchante sorcière Shôzuka no Baba dépouille de leurs vêtements et condamne à entasser des pierres sur les rives du Sai-no-Kawara.

Les rizières, vertes en été, dorées à l'automne sont peuplées de grands chapeaux qui, par équipes, ont l'air de saluer ensemble jusqu'à terre : dans les champs régulièrement tracés, hommes, femmes, enfants, familles en paquets réguliers pataugent tout le jour, dans la boue jusqu'au genou. Sur les rizières les toits bas des villages s'aplatissent aussi ; mais par-dessus cette vie agricole, qui rase la terre, par-dessus les petites maisons serrées qui cherchaient protection, les donjons des puissants châteaux forts, silhouettes féodales aux assises cyclopéennes, redressent leurs étages et leurs toits superposés.

Castilles empruntées aux Portugais et aux Espagnols, mais habillées à la mode japonaise au temps que Nobunaga, Hideyoshi et Ieyasu unifiaient le pays et abattaient les daïmyos encore indépendants, ces donjons virent des coups de main et des sièges où s'exalta l'orgueil samuraï. Les histoires ont popularisé l'héroïsme de Torii et le siège du château de Fushimi. Torii, feudataire de Ieyasu, lorsqu'il fut bloqué, réunit ses hommes et leur dit : « Comblons la brèche de nos corps pour sauver notre Seigneur; soyons des exemples de ce que de fidèles vassaux, de nobles Samuraïs devraient être ». On banqueta d'abord. Puis chacun s'en fut à son poste. Pendant les loisirs du blocus, on jouait aux échecs. L'un après l'autre, les ouvrages de la citadelle furent pris ou brûlés : au fur et à mesure, chaque capitaine faisait *harakiri*. Torii, réduit enfin, s'assit. Un soldat ennemi arrivait. Torii se lève : « Je suis Torii Mototada, commandant de ce château ». Le soldat s'agenouilla et respectueusement dit : « Le feu est à la citadelle. Tout est perdu. Je vous prie de vous tuer vous-même pour que j'aie votre tête. J'y gagnerai un éternel honneur. » Torii se tua et Saïgu prit la tête.

Depuis trois siècles, ces témoins surannés demeurent dans le pays paisible, le long des passes qu'ils guettaient, des grand'routes qu'ils tenaient, plus serrés aux abords de Kyôto, la capitale convoitée, et leurs charpentes brunes, aux angles retroussés, luisantes d'appliques de cuivre et d'airain, sont surmontées de dauphins d'or, dont les têtes, queues et nageoires se recourbent vers le ciel.

Durant des lieues, durant trois ou quatre journées de marche, la vieille chaussée coupe droit entre les rizières pour unir les têtes des mille rades d'un grand golfe intérieur. Mer changeante avec les heures, mer de criques ou de lagunes, mer aux eaux lourdes et neutres, peuplées et égayées de pins et de ces innombrables voiles carrées, qui depuis Tôkyô, au large, escortent comme les pins la route orientale de la mer.

Puis la chaussée quitte la plaine, franchit les montagnes d'Isé et d'Ômi, débouche enfin, sur la conque volcanique du lac Biwa. C'est au moment même où le divin Fuji érigea sa forme parfaite, lors du même tremblement de terre, que, dit-on, le lac s'est creusé. Proche de la vieille capitale Kyôto, il est entouré de la même auréole de légendes. Les souvenirs se pressent. Voici l'extrémité du lac, la Setagawa, et le grand pont dont les deux courbes se rejoignent sur un petit îlot couvert de pins. Et voici les « huit beautés » du lac : le coucher du soleil à Seta; la lune d'automne vue d'Ishiyama, montagne aux pierres noires; la neige un soir sur Hirayama; la cloche du crépuscule à Miidera, la cloche du héros populaire Benkei, la cloche qui sonne les étapes de la vie humaine; les bateaux aux voiles déployées reve-

nant de Yabase ; un ciel brillant, nettoyé par la brise,
à Awazu ; la pluie nocturne à Karasaki, où s'épanouit
le gigantesque pin ; et les troupes d'oies sauvages
s'abattant sur Katata. De tout temps, le vieux
Japon s'est arrêté à ces stations pour admirer tra-
ditionnellement les huit beautés et entendre les légendes.

Kyôto est proche ; entre le lac et la ville, on fran-
chissait jadis Ôsaka, la « colline où l'on se sépare et
l'on se retrouve » ; là s'élevait une barrière où les amis
de Kyôto vous reconduisaient au départ et venaient à
votre rencontre.

Kyôto, « fleur du Japon » que l'on ne veut pas mourir sans avoir vue. Kyôto, terme désiré du voyage
pendant toutes les étapes du Tôkaïdô. « Aujourd'hui
il s'est décidé, il a noué les cordons de son manteau,
pour s'en aller vers la capitale » ; ainsi chante-t-on
au début de la plupart des drames lyriques, des *nô*,
pour présenter le bonze, l'ermite, le prince, le noble,
ou l'envoyé impérial qui voyagent. Kyôto, que l'on
quitte toujours le regret au cœur : le plus longtemps
possible, on espère voir la ville dans la vallée ceinte
de montagnes, mais, hélas ! c'est le printemps, et la
ville est sous un voile de brume nacrée, et l'on mau-
dit le printemps. Kyôto, si chère à un empereur
qu'avant de mourir il voulut revoir sa ville : en hâte
on le ramena et les marchands tendirent les monts
de leurs soies les plus rares.

Au terme de la route on s'arrêtait au temple de
Kiyomizu, juché à flanc de montagne, sur de hauts

pilotis : on y priait Kwannon, déesse de la pitié ; on regardait de la terrasse le vallon souriant et glacé au printemps, sous la neige des fleurs de cerisiers, fumant et flambant comme un brasier, à l'automne, quand les érables rougissent les buées matinales ; — surtout, on contemplait Kyôto. Voici la vallée où les maisons s'étalent, où les massives toitures des palais, des temples, et les hautes silhouettes ajourées des pagodes déchirent le voile de brumes. Dans son cadre de montagnes forestières, revêtues de brocart par les érables, écrêtées de sables qui brillent comme l'or que l'on coule aux bords des vieux grès, rayées de coulées d'émail roux par les arbres jaunis, secouées vers le soir de tintements de bronze par les cloches des temples, voici la ville somptueuse des étoffes, des poteries et des bronzes, Kyôto, « si belle vers le soir », à l'heure du crépuscule.

Une allée, parmi les forêts, mène à flanc de montagne, de Kiyomizu jusqu'à Kurodani. Elle passe près des grands temples, Chion-in, Nanzenji, Eikwando..... De monumentales portes en bois, à double étage, à toits énormes, relevés aux angles, encadrent des escaliers de pierre, dont on ne voit pas la fin sous le linteau. Ils montent quelque part, on ne sait où.... Des voies dallées traversent des parvis de temples. Sous un hangar, la cloche de bronze pend, semblable à une grosse goutte qui s'étire avant de tomber. Un rayon de soleil, qui filtre obliquement au travers des arbres, frappe une lanterne de pierre. De toutes parts la forêt épaisse, cryptomerias et pins, se hausse vers le ciel vert et l'on devine, entre leurs aiguilles, la vallée et la ville baignées de brouillards.

A l'intérieur des temples bruns, sur l'autel encore découvert, luisent dans la pénombre l'or des vitrines, des baldaquins, des branches de lotus, la laque rouge des tables et les soies vertes, roses et blanches des bannières. Les bonzes tapent sur des tambours, égrènent d'une voix scrupuleuse les formules des *Sutras*. La cloche du soir sonne. Dans cette gravité de l'ombre, quelques variantes claires : frissonnement des bambous, reflets bleutés des étangs couverts de larges feuilles de lotus où roulent des gouttes d'eau, taches rouges ou noires des lanternes. En cette chaude fin d'automne, un cerisier fleuri reste tout lumineux. Des prêtres au crâne rasé, en surplis jaunes, glissent sous les arbres ; des enfants courent après les lucioles. On revient de promenade. Les jeunes filles, aux robes claires, aux cheveux luisants d'huile de camélia, descendent des cimetières, où elles se sont attardées : un peu émues par la solennité de l'heure, rieuses tout de même, au sortir de l'enceinte sacrée, elles se pressent, et leurs *getas* trébucheuses font sonner les marches.

Silence de la colline, mystère de la forêt, où dorment les cimetières. L'escalier, droit entre les arbres droits, escalade la pente, et toujours de plus en plus processionnel, à mesure que les ombres s'allongent, cet alignement de marches en pierre et de voies dallées monte là-haut chez les dieux et chez les morts.

Au sud de Kyôto, dans la province du Yamato cœur du vieux Japon.... Là, subsistent les anciens monastères et les primitives capitales. On avait la très vieille coutume autrefois de ne plus habiter la maison d'un parent mort; au commencement de chaque règne, la capitale changeait.

A Nara, capitale au viiie siècle de notre ère, d'où la vie s'est retirée, des temples, au milieu de forêts, espacés de plusieurs kilomètres, disent encore la splendeur d'autrefois. Menant au temple de Kasuga no Miya, de grandes allées sablées sont incisées dans les masses épaisses des arbres. Et comme pour écarter les lèvres de cette coupure, les troncs, sur les côtés de la route, sont pesamment sertis de lanternes en pierre. Blancheur du sable et des pierres, pâleur des grands troncs au feuillage noir, solitude sonore où les moindres bruits s'amplifient : un bois sacré au clair de lune.

Des troupes de cerfs, de biches et de daims viennent pour qu'on les caresse et qu'on les nourrisse. L'allée est jalonnée de *torii*, jetés en avant, en hérauts. Près du temple shintô, sur une estrade, de petites danseuses en longs pantalons rouge cerise, en chemises blanches, en manteaux de gaze, les cheveux sur les épaules, avec des camélias piqués sur le front, le visage fardé, dansent la danse sacrée, la *Kagura*, que rythment les flûtes et les tambours des prêtres. Lentement elles étendent et ramènent leurs longues manches, agitent des branches et des clochettes : sons aigus, couleurs aigres sur le fond grave et sombre de la forêt.

Dans les montagnes du Yamato, au Koya-San, près du grand monastère fondé au IXᵉ siècle de notre ère par le saint bouddhique Kôbô Daishi, un cimetière.

Au milieu de cryptomerias géants, une route droite s'ouvre entre les troncs qui montent d'un jet. Dépouillés de branches dans l'ombre de l'allée, les troncs, gris comme notre calcaire de l'Ile-de-France, et sculptés, entaillés de nervures, semblables à des piliers gothiques, tracent une longue nef de cathédrale que couronnent en croisées d'ogives les hautes branches qui se rejoignent au faite. Le long de cette nef de verdure et loin des deux côtés, sous la forêt des piliers, se pressent des tombes à l'infini : tombes de mikados, tombes de shôguns et de daïmyos, marquées par des rampes de pierre, par des *torii* et par des *sotobas*. Ces cippes massifs, souvenirs des *stûpas* que l'Inde élevait sur les reliques des saints bouddhiques, sont formés de la boule, du croissant, de la pyramide, de la sphère, et du cube qui symbolisent l'Éther, l'Air, le Feu, l'Eau et la Terre : ils assurent le pardon de ses péchés à qui les regarde. Presque au bout de la nef, dans le Kotsu-dô, le temple des os, rempli de tablettes funéraires, sont déposés quelques restes de la foule des gens sans titres qui tout de même ont voulu dormir près de Kôbô Daishi, pour gagner une renaissance sur « la terre pure de la parfaite béatitude ».

Lente reprise de la nature ! Les grands arbres, dans leur croissance, soulèvent et renversent les pierres de leurs racines gonflées ; sur les tombes, la mousse jette de grands linceuls, semblables à ces robes vertes qui recouvrent les cercueils des saints de l'Islam. L'idée de la mort, évoquée par ces monuments de pierre, dans cette immense cathédrale d'arbres et de feuillages, est aussi émouvante que dans les cimetières turcs qui, de leurs cyprès et de leurs marbres, dominent pendant des kilomètres la rive de Scutari et le Bosphore.

Tout au fond, une clairière fermée par un rideau d'arbres géants contient le sanctuaire, où le Saint vit dans sa pierre, au milieu de centaines de lampes allumées. En avant des arbres, un brasier fume. Le front sur les dalles, des hommes et des femmes appellent le Saint à grands cris.

*Nikko.*

Par la pensée, reprenant le Tôkaïdô, je reviens près de Tôkyô, à Nikkô, à ce décor de volcans, de montagnes, de ravins, de torrents et de cascades, où le shôgun Ieyasu, — ce contemporain de notre Henri IV — le plus grand politique du Japon, le fondateur de la dynastie des Tokugawa choisit la place pour reposer après sa mort.

A mi-côte, en pleine forêt de cryptomerias géants, on a éventré la montagne et muré les parois aux arêtes vives, et, dans cette rainure béante, que dominent de toutes parts des arbres énormes, — d'autant plus énormes que sur les côtés et au fond ils escaladent la pente, — on a glissé les sanctuaires. Des escaliers de pierre, des voies dallées, des cours cailloutées de gros galets, des balustrades massives, des lanternes, des brûle-parfums et des candélabres de bronze mènent lentement vers la retraite de mystère, enfouie en pleine montagne sous les arbres. On franchit des *torii*, on passe des pagodes, des citernes, des écuries sacrées, des bibliothèques, des bâtiments pour la cloche, pour le tambour, pour les palanquins, des places où l'on fait brûler des troncs de cèdres, des scènes pour les danses, des portes monumentales, des oratoires, des sanctuaires, des temples.

Aux rampes, aux balustrades, aux façades, partout les panneaux de bois sont sculptés et peints. Des paons marchent de face, la queue déployée en éventail, ou volent de profil, éparpillant leurs longues plumes au milieu des pivoines, des fleurs de pêchers, de pruniers, de cerisiers. Des oiseaux de marais se dandinent sur leurs hautes pattes, le cou allongé dans les herbes. Des oiseaux de mer filent, pattes repliées au-dessus des vagues, entre les nuages. Sous les toits, sculptés dans le fouillis des encorbellements, rampent des éléphants, des tigres, des singes, des dragons. Sur les rampes des balcons, défilent des enfants, des sages chinois et encore des dragons blancs, des dragons d'or. Aux cornes des toits, pendent des clochettes.

Sous le dôme de feuillage que portent les grands troncs hiératiques, la nécropole aux détails raffinés est toute en harmonie de laques rouges, de laques noires, de peintures bleues, de peintures blanches où traînent des ors : tout cela enfoui, loin du monde, en pleine nature, au milieu d'une verdure puissante et humide qui écrase, assombrit et dégrade.

Quand on a atteint le dernier temple, la châsse flamboyante, on n'est pas encore au tombeau. Quatre cours et vingt monuments ne contiennent pas les restes du shôgun. Par une galerie étroite, dérobée, il faut gagner un escalier de pierre. Une entaille de deux cents marches dans la montagne monte à la tombe en forme de pagode; là, une rampe de piliers massifs et une porte de bronze gardent enfoui à vingt pieds sous terre le corps barbouillé de charbon et de vermillon.

Alors, au terme de cette montée, en dépit de la somptuosité de ces portes, de ces temples, de ces vitrines, en dépit de la variété et de la richesse de ces bois sculptés et peints, de l'accumulation des détails, de l'harmonie des couleurs, ce qui frappe le plus, c'est la grande idée d'ensemble, le sens prodigieux du décor, l'architecture combinée d'arbres et de pierres, la succession de cours et d'escaliers encadrés par les cryptomerias processionnels, la progression vers un mystère de plus en plus ésotérique.

Un pays haut en couleurs, mais de valeurs plutôt rompues que franches, un pays de taches juxtaposées sèchement, sans bavures, dans une atmosphère cristalline que nettoie le vent du large, un pays de collines, de montagnes forestières jusqu'à la mer, avec des cryptomerias, des cèdres, des pins, des arbres toujours verts, touffus, sombres, vivaces, et dans ces masses épaisses, que selon les saisons, des pruniers blancs, des cerisiers roses, des érables en feu tachent, des routes tracées, burinées; au milieu des grands arbres, on dirait des incisions en pleine masse vivante.

Ni dans leurs maisons de bois et de papier, ni dans leurs palais ou leurs temples, les Japonais n'ont montré un sens très original, très vivant de l'architecture. Maisons de riches et maisons de pauvres diffèrent, non par le style, mais seulement par le fini de l'exécution, et les palais ou les temples ne sont que des maisons agrandies. En ce pays si souvent ravagé par les cyclones et les tremblements de terre, on se contente pour soi, pour ses maîtres ou pour ses dieux, de logis provisoires, de matériaux qui s'effondrent de bonne grâce et sans grand dommage. Quand la maison, le palais et le temple brûlés, renversés ou moisis menacent ruine, on les rebâtit tels qu'ils étaient. Les temples shintô d'Isé, qu'il est d'usage de reconstruire

tous les vingt ans, ne sont que des huttes de bois
avec des enceintes de pieux, assez analogues à ce
que devait être un palais homérique : depuis vingt
siècles peut-être, on y a rien changé, et aujourd'hui
même dans les temples shintô, dans les palais impé-
riaux, comme dans les maisons, on retrouve les éléments de ces huttes primitives. De même, il n'y a
que de légères différences de style entre les plus anciens bâtiments du temple d'Hôryûji, le plus vieux
des monastères japonais, construit au vii⁰ siècle, sous
une influence hindoue transmise par la Chine, et les
temples bouddhiques les plus récents. Toujours,
quand on remplace, on recopie : depuis dix siècles l'architecture japonaise n'a guère évolué. Et cela est
étrange pour nous qui savons avec quelle rapidité le
style gothique succéda au style roman dans nos
églises, ou quelles différences séparent un palais
Louis XIV d'un palais Louis XVI.

Presque toujours le style de ces temples en bois
paraît un peu insignifiant, comparé aux architectures
d'arbres et de pierre des avenues qui y mènent ; les
bâtisses semblent minuscules sous les arbres géants,
car ce Japon des arbres nains est aussi la terre des
arbres énormes. A regarder cette vieille route du
Tôkaïdô, ces allées de Nara ou de Koya, ces
escaliers de Kyôto ou de Nikkô qui, sous le vert
immuable des cryptomerias, des pins et des cèdres,
mènent aux temples ou aux cimetières, on suit la
conception d'un ensemble monumental qui se développe, car c'est en plein paysage que les Japonais

ont montré un sens original du décor, un style d'architecture.

Sans doute en Grèce aussi, les architectes se sont préoccupés du paysage qui devait encadrer leur œuvre; le temple placé sur une colline, sur une acropole, comme une œuvre d'art précieuse sur un piédestal, devait se détacher sur un fond de montagnes et de golfes aux belles lignes. Les pierres du temple, venant de carrières voisines, avaient le grain et la couleur des roches d'alentour. Souvent le fronton évoquait la silhouette même d'un Pentélique ou d'un Parnès tout voisins, et les formes du paysage sévère, dénudé et pierreux, entrevues entre les colonnades, avaient la même harmonie sereine que les lignes du temple. Mais un Parthénon isolé, dégagé, est toujours pris comme centre, le paysage comme fond.

Au Japon, le temple de bois est enfoui sous les grands arbres; au moins aussi importante que l'architecture du temple lui-même est l'architecture du paysage : l'agencement de ces perspectives d'arbres, le dessin de ces chemins dallés et de ces escaliers de pierre, est souligné par les rangs serrés des lanternes en pierre, et l'avancée progressive vers un lieu de mystère, comme à Kyôto, à Nara, à Koya, à Nikkô, est rendue manifeste par le paysage lui-même. C'est le paysage, mais le paysage ordonné, qui vient au premier plan; le temple est au fond, tout au fond : l'arbre recouvre et parfois ensevelit les œuvres de l'homme, qui s'en défendent à grand'-

peine. Au milieu des forêts, le temple n'est plus qu'une tache de bois peint ou de laques.

Dans leurs jardins, les Japonais, avec des rocs et des cailloux, soulignent les lignes essentielles et forment comme l'ossature de leur composition décorative. De même les pierres des vieilles routes, les dalles, les marches, les lanternes des allées qui mènent aux temples forment, entre les arbres, comme le squelette du paysage japonais.

Squelette où s'attachent des muscles; partout, à fleur de sol, des muscles gonflés : pentes convulsées des montagnes volcaniques, bosselées de rocs, pins crispés et tordus, ponts à l'arc très bombé. Près des temples, sous l'auvent, les *Ni-ô*, les gardiens chargés de chasser les esprits malfaisants, dilatent leurs torses, tendent leurs biceps, contractent leurs figures. Sur les routes, par les rues, des coolies se bandent le front d'un foulard avant de se raidir dans l'effort, et les gens qui se querellent ou se battent évoquent le souvenir des acteurs étouffant, hoquetant, sanglotant, les muscles de la face contractés, le diaphragme dilaté à craquer par le bouillonnement des passions.

Et cette nature japonaise, de dessin si ferme, l'homme l'a ponctuée d'accents : toits des temples et des pagodes, cornes des *torii*, proues des jonques, jambages des hauts caractères chinois. Un des grands charmes de l'art japonais est dans ce sens de l'accent, dans la recherche de la courbe élégante, de la ligne souple qui s'effile et pointe spirituellement : sabres recourbés, moustaches et antennes retroussées des armures et des casques, paupières des Bouddhas extérieurement relevées, et, dans les estampes, courbes des vagues, rebroussements des ceintures et des robes.

* *

Plus sensibles que nous au paysage, vivant plus près que nous de la nature, toujours prêts à partir le long des routes, le peuple, les nobles, les empereurs et les dieux se sont toujours contentés d'abris provisoires en bois et en papier, posés sur quatre grosses pierres, sans fondations ; mais, dans le choix des sites pour leurs maisons, leurs temples et leurs cimetières, dans le dessin des escaliers et des cours qui mènent chez leurs dieux ou chez leurs morts, les Japonais ont eu un goût nerveux et grave. A part quelques murs cyclopéens de forteresses, ils n'ont guère employé la pierre dans leur vie civile ou religieuse ; ils n'ont construit avec le désir du définitif, du grandiose, que des tombeaux et surtout des lieux de passage, des escaliers, des routes.

Dès le viiie siècle de notre ère, la vie du vieux Japon est comme traversée de ces chaussées et de ces escaliers de pierre. Les paysages les plus chantés, les légendes, les grands événements de l'histoire s'y échelonnent. Entre les lignes immuables des cryptomerias et des rocs les générations s'écoulent et, sous les hauts arbres graves, c'est un chatoiement de petites taches claires.

Sur les routes autour de Kyôto, sur le Nakasendô et le Tôkaïdô, — route de la montagne et route de la mer, qui unissent Kyôto à l'est du Japon, — sur l'Oshû Kaidô qui va vers le nord, sur le Reiheishi Kaidô qui conduit à Nikkô et que suivait l'envoyé de l'Empereur pour porter des présents au mausolée du grand shôgun Ieyasu, comme sur nos vieilles voies romaines aux dalles maintenant disloquées, usées, mais résistantes encore et tenant au sol plus fortement que des rocs naturels, combien d'errants, d'une coulée fluide, ont passé !

Routes japonaises et routes romaines ont connu une joyeuse vie populaire. Dans notre France du xiiie siècle, des milliers de pèlerins prenaient les anciennes voies d'Agrippa et de Trajan pour aller en Galice au pèlerinage de saint Jacques de Compostelle, « monseigneur Saint Jacques », le « très glorieux apôtre »; au Japon, des milliers de pèlerins allaient et vont encore aux montagnes du Yamato, à Koya-san (monseigneur Koya), où Kôbô Daishi, voyageur, peintre, sculpteur, calligraphe et apôtre, prêcha la foi bouddhique et vit encore dans une pierre. Avec son bâton, son grand chapeau, sa gourde et son manteau semé de coquillages, le pèlerin de Saint-Jacques s'en allait par la route, chantant le cantique du Saint. Des maisons d'asile l'accueillaient à chaque étape, et beaucoup de villes avaient fondé des confréries de Saint-Jacques. Dans les montagnes, près de Yoshino, nous avons croisé les pèlerins de Koya-san : grand chapeau, gourde, manteau, collier de fleurs autour du cou. En bande, ils s'arrêtent sur la route à des auberges désignées par le drapeau ou le tableau en bois qui portent le nom d'une confrérie, *Kô* ou *Kôjû*.

En route, le pèlerin de Saint-Jacques devait visiter le tombeau de saint Martin à Tours, le tombeau de saint Hilaire à Poitiers, le tombeau du paladin Roland à Blaye, le corps de saint Eutrope à Saintes, et quand il passait Roncevaux, il vénérait Charlemagne et son neveu Roland. Quand on vient de Kyôto ou de Nara, en route vers Koya et Isé, on doit faire le tour des saintes places du Yamato, s'arrêter aux temples de Miwa, Hase et Tônomine, et visiter quelques-unes des trente-trois places consacrées à Kwannon, déesse de la pitié. Et l'on s'en va chantant, cent fois de suite, des hymnes de trente et une syllabes qui célèbrent chacune des trente-trois places. On s'en va, agitant une sonnette, prononçant des invocations bouddhiques en chinois que l'on ne comprend sans doute pas davantage que le bon pèlerin de Saint-Jacques ne comprenait le latin d'Église. On tourne des centaines de fois autour des temples. Quand on passe le mont Omine, on se souvient de l'infortuné prince Yoshitsuné et de son preux Benkei. Et de même que les fidèles de toute l'Europe se mettaient en mouvement pour entrevoir de loin le voile de Véronique ou sentir l'huile parfumée qui coulait d'un tombeau miraculeux, au Japon on part adorer quelques fragments du corps brûlé du Bouddha, les empreintes de ses pieds, et les statues qui se mettent à saigner quand on les touche.

Ces pèlerinages ont toujours attiré les petits artisans et les paysans. Une fois au moins dans sa vie, entre douze et seize ans, l'artisan de Tôkyô était autorisé à faire le pèlerinage d'Isé. Et s'il ne l'était pas, il se sauvait de chez son maître qui n'avait pas le droit de le ressaisir. Avant les semis d'avril, avant l'inondation des rizières et le repiquage pénible dans l'eau et la boue sous le soleil, avant ou après la récolte, les paysans au printemps, à la fin de.l'été ou à l'automne, profitaient et profitent de leurs loisirs pour monter au Fuji, aller à Koya ou à Isé. La vie n'était pas chère au vieux Japon [1]. Tout ce bon peuple s'en allait, flânant le long des routes, sans souci de l'heure et de la fuite des jours. C'est un motif familier de l'art japonais que ces caravanes de pèlerins, accompagnées à l'automne par des bandes d'oies sauvages.

On s'arrêtait aux endroits célèbres, aux vitrines sacrées; on écoutait les exploits des héros et des saints, on soulevait chaque pierre pour blottir ou déterrer un souvenir. Dès les VIIIe et IXe siècles de notre ère, des saints bouddhiques, comme Kôbô

1. On m'a conté l'histoire d'un vieux brave du district de Wakamatsu qui se plaît à évoquer le souvenir d'un pèlerinage qu'il a fait à Isé dans sa jeunesse. Il était parti avec 2 tempos (à peu près 5 sous). Et pourtant, il avait vécu de riz, bu du saké, et largement profité de la gaieté des auberges pour pèlerins.

Daishi, ont parcouru le pays en tous sens, sculptant, dessinant, peignant, bâtissant des monastères, prêchant. Moines guérisseurs, bonzes, ermites étaient toujours en voyage. Dans les *nô*, dont ils sont les principaux personnages, on les voit tous en route vers Kyôto, ou venant de la chère capitale.

Et toujours ces errants chantent leurs voyages, décrivent la fuite du paysage dans un certain effet d'heure et de saison. Du glissement de la lune, du passage des nuages ou des averses, de la rosée qui s'évapore, des teintes qui meurent, ils tirent des images pour prêcher l'inconsistance de la vie, sa légèreté, sa fluidité. Et des âmes, errantes aussi, leur apparaissent, qui leur content l'histoire ou la légende d'une source, d'un arbre, d'un lac, des âmes que leur regret du passé retient encore sur terre : indignes du paradis bouddhique, elles vaguent autour des tombes de ceux qui leur furent chers ; elles habitent des pins. Et des esprits errants surgissent, lutins, farfadets, esprits des bois, esprits des eaux, esprits des nuées, esprits des vents, routiers malins, qu'il faut combattre : la terre et la mer en sont pleines, les formules bouddhiques seules peuvent les mettre en fuite.

Au long de la route, on rencontrait des *rônins*, des varlets sans maîtres, sans abri, dont le seigneur était mort, ou qu'un meurtre forçait à quitter leur clan, un peu comme ces gens de Florence obligés de fuir leur ville et qui s'en allaient à Ferrare. On rencontrait aussi des poètes, Bashô et ses disciples, cherchant dans l'observation des nuées, des oiseaux et des insectes, de belles images pleines, condensées, pour suggérer en vers de dix-sept syllabes leur foi bouddhique, et des artistes en quête de paysages célèbres à esquisser, de trésors de temples à étudier, et des mendiants, anciens *samuraïs*, prêtres ou autres, qui s'en allaient, la tête sous un grand panier d'osier, pour n'être pas reconnus.

Aux relais, aux étapes, parmi les palanquins, les ballots déchargés, les chevaux et les hommes qui renouvelaient leurs sandales de paille, c'était entre porteurs, passeurs et palefreniers un brouhaha de rires, de disputes et de rixes. Aubergistes obséquieux et servantes habiles à racoler criaient, jusque sur la chaussée, leurs offres de service et leurs remerciements. Largement ouverte, l'auberge était propre, avenante. De ses nattes, de ses montants de bois, de ses cloisons en papier, elle frémissait tout entière au moindre pas, aux appels des clients et, aux réponses aiguës des servantes. Les petites tasses de thé vert circulaient sur des plateaux, et sur des tablettes laquées, les coupes de *saké*, les pâtes cuites, les plats de poisson et les bouillons d'herbe. On menait joyeuse vie. Entre amis, c'étaient des reconnaissances; on hélait ceux de la route. Des drôles jouaient des tours et faisaient rire; les servantes n'étaient point farouches. De l'auberge, on voyait des coins de mer encadrés de collines. Étendu près du *hibachi* (brasero) où l'on se chauffait les mains, le soir, en fumant des pipes, on écoutait, on regardait les *geishas*, on reprenait en chœur les chants, on formait des rondes. Des jongleurs, des diseurs de bonne aventure, des conteurs ambulants, des liseurs de la rue, en imagination faisaient encore errer ces errants.

Des processions religieuses passaient au milieu du bruit, des cris et de la gaieté populaire. J'en revois une, près de Kyôto, à l'heure où, vers l'ouest, les montagnes violettes s'ourlent d'orangé. Un côté de la rue était encore éblouissant de brume d'or que de l'autre côté elle était déjà refroidie de nuit et de lune : la double ligne des petites maisons fuyait précise, piquée des lanternes qu'on allumait. Du côté du soleil, on entendait monter d'un temple, parmi les cris, l'autel ambulant, rouge et or, avec des clochettes de cuivre, que portaient sur quatre brancards des gaillards demi-nus. Suivis de la foule hurlante et rieuse, ils dansaient presque ivres, en criant *banzaï* et en agitant au-dessus de leurs têtes des éventails, où un soleil tombait en boule de feu. Au haut de la rue, ils rejoignirent les prêtres shintô qui, silencieux, le bonnet de gaze sur la tête, mâles dans leurs vêtements blancs, les attendaient ; sous leurs parasols ouverts, ils s'abritaient de la lune....

Le peuple s'amusait de ces promenades d'autels ; il en a toujours usé familièrement avec ses dieux. Mais quand un daïmyo passait lentement avec son cortège guerrier et pompeux, on se taisait. A partir du XVIIᵉ siècle, le Tôkaïdô fut traversé deux fois l'an par les daïmyos de l'Ouest, qui venaient en grand arroi saluer le shôgun de Tôkyô et revoir leurs femmes et leurs enfants, laissés comme otages pendant leur absence.

Sur les estampes, nous voyons le cortège : le daïmyo à cheval ou dans une litière, en vêtements d'apparat, avec la jupe courte et l'habit aux épaulettes qui dépassent, est coiffé d'un chapeau en cuir laqué ; un grand parasol l'abrite parmi ses porteurs de bannières et d'insignes, ses archers et ses samuraïs à deux sabres, qui s'éventent superbement. Robes pincées à la taille, blouses larges d'épaules, bleues ou vertes, raides d'empois, longues files régulières de chapeaux champignons : tout cela serpente rigide, sur la route, entre des rocs, le long des baies. Rigide aussi l'étiquette de la route : au cas où deux cortèges se croisent, c'est au noble dont le revenu est officiellement le plus faible à se retirer, lui et ses gens, sur les bas-côtés, à céder le pas. Parfois un coup de vent ou un orage dégourdit cette raideur, les bannières et les insignes se rebroussent, les dos se courbent, les rangs se rompent. Le cortège s'arrête, à la *honjin*, à la maison de thé préparée pour le recevoir, tendue de draps aux armes du daïmyo : autour des samuraïs et des gens de la suite qui toisent les manants et acceptent, impassibles, les hommages, les servantes attentives à plaire ont les mêmes torsions de bustes et les mêmes gestes précieux que les pins qui bordent la route.

Puis le long des fossés, sur les bastions des châteaux, par les rues des villages, au bord de la mer, le cortège repart. Aussitôt aperçu, plus de rixes, plus de cris ; à la fois curieux et effrayés, paysans, marchands, badauds, tous les gens de la route, telles des grenouilles, s'accroupissent en files des deux côtés et, fronts en terre, saluent le daïmyo et les hommes à deux sabres.

Aujourd'hui, il n'y a plus de troupes en armes sur le Tôkaïdô. Finies les étapes, les « cinquante-trois étapes », illustrées par Hokusaï et Hiroshigé, la visite à la caverne de l'île sacrée d'Enoshima, les arrêts aux sites célèbres du lac Biwa, les divertissements nobles : tournois, séances de luttes, représentations de *nô* ; finies les chasses ; oubliée, la traversée si pittoresque de l'Oigawa : la rivière très large, le daïmyo sur la petite plate-forme portée par des coolies, et les quadruples files de nageurs l'empêchant de s'en aller à la dérive, tandis que l'escorte, rangée sur la rive avec ses bannières, regarde.

Le paysage de la vieille route n'a pas changé : golfes, passes, rizières, cryptomerias, pins, châteaux forts surmontés de dauphins d'or. Mais une ligne ferrée, longeant l'ancien Tôkaïdô, emmène les foules armées, dans ses trains de mobilisation : les chefs en première classe, leurs troupes en troisième, tout comme les daïmyos naguère parmi leurs gens. Ces hommes d'armes ne vont plus de Tôkyô à Kyôto, avec le costume d'un clan ou le blason d'un homme, pour garder un daïmyo des guet-apens de la route : en uniforme national, ils vont combattre pour le pays unifié. Ils ne sont plus armés des deux sabres ni des arcs; ils n'ont ni chapeaux ronds, ni gonfalons de poil. Plus de flâneries.... Les rivières sont franchies sur des ponts en fer; les longs détours des passes sont coupés de tunnels. Mais aux gares, comme autrefois à l'auberge, vers les soldats, se précipitent des femmes, venues exprès pour leur offrir la petite tasse de thé vert, et, quand le train part, ces soldats armés à l'européenne poussent les cris de triomphe de leurs pères et agitent les mêmes éventails.

A chaque village, le long de la voie, marchands et paysans sont groupés pour saluer comme jadis les soldats. Pas plus qu'autrefois on ne leur demande si cela leur plaît. Il faut qu'ils soient là. Au début, l'enthousiasme était grand. Mais au Japon aussi tout lasse. N'importe, il faut toujours que, sur le chemin de fer du Tôkaïdô, il y ait des gens pour acclamer les troupes. L'ordre d'en haut est formel. C'est affaire aux chefs de quartiers dans les villes et villages d'assurer le service. Et, quand les gens désignés, de jour comme de nuit, pour acclamer et saluer les sabres, se dérobent, ils sont punis d'amendes. En novembre, il y a un an, voici quel était le tarif : 50 sens (1 fr. 25 c.) sur tout le Tôkaïdô; mais à Kanagawa près Tôkyô, 70 sens. Quelquefois, ces braves gens se trompent et acclament les trains de voyageurs.

Aujourd'hui comme naguère, le long du Tôkaïdô, on a l'impression nette que les hommes de guerre sont les maîtres du Japon.

Le besoin de changer de place subsiste dans les rêves de chacun, comme dans les jamb... de tous. Mais les occasions se perdent. Sans doute on habite toujours de petites maisons de bois et de papier, d'un luxe tout mobilier : le temps de rouler les kakémonos, de remettre quelques bibelots dans leurs boîtes, et l'on est prêt à quitter l'abri provisoire pour reprendre la route. Toutefois, on commence à bâtir en briques et en pierres, des ministères, des banques, des casernes, des usines, des maisons mêmes. La vie devient plus stable, plus régulière.

On est toujours disposé aux pèlerinages, mais l'argent manque; on gagne davantage, mais la vie est devenue très chère. On ne compte plus en *tempos* troués, traversés par une ficelle, mais en sens, en yens. Et les taxes sont lourdes.

Les paysans, les petits artisans, les domestiques lors de leur fête annuelle, vont encore visiter les sanctuaires et les tombeaux. Par endroits, le Tōkaïdō est encore jonché de ces sandales de paille que portent les promeneurs, les chevaux ou les buffles, et l'on y rencontre des campagnards, la jupe retroussée pour marcher plus librement. Mais il n'y a plus de vie commune à cette grande route, où pendant si longtemps afflua la vie des provinces. Sous les pins vieillis, la chaussée n'est plus guère animée qu'entre quelques villages, ou quand elle sert de rue à un village. Les pèlerins prennent maintenant les trains de plaisir. On circule beaucoup en chemin de fer, mais la vie s'en trouve régularisée; le train a des horaires qui forcent à l'exactitude, tandis que les grand'routes n'ont jamais conseillé la régularité; elles n'ont eu de vie qu'au temps où l'on se souciait peu de l'heure.

Aux Japonais du peuple qui viennent en Europe, nous paraissons n'être que des paresseux. Nous ne travaillons que huit ou dix heures par jour; le dimanche et parfois le samedi après-midi, nous chômons; eux, depuis le lever du jour jusqu'à la nuit et tous les jours, ils sont affairés. Mais précisément parce qu'ils n'ont pas, chaque jour, des heures de travail fixes et, chaque semaine, des jours de repos fixes, ils prennent leur métier doucement, et, tout le long du jour, sans grand souci de l'heure, ils y glissent des moments de repos : le temps de faire la sieste, le temps entre voisins ou avec les clients dans la petite boutique de détail, de fumer de petites pipes, de se saluer, de se complimenter.

Sort-on pour affaires? A chaque pas on s'arrête, on se salue cérémonieusement et l'on cause. En Mandchourie, paraît-il, quand des colonnes au pas de marche se croisaient, on voyait les hommes sortir du rang et, sac au dos, saluer très bas des amis reconnus, tant l'habitude de la rue est forte. Quand la neige commence de tomber, on en va voir l'effet sur le paysage. Quand les arbres sont en fleurs, on va les regarder. A l'automne, les compagnies de chemins de fer établissent des billets à prix réduits pour la chasse aux champignons. Au vieux Japon, quand il pleuvait, on ne travaillait pas. Les buffles le savaient. Aussi quand le temps était beau, pour les engager à quitter leur étable sans défiance, on arrosait le toit.

Le soir, on se promène dans la rue des théâtres. C'est l'heure où s'allument les blanches lanternes, rondes ou oblongues, peintes de lettres rouges et noires, double ligne de lumières crues, dominant la foule humaine qui, brune dans l'ombre, coule entre les maisons basses. Au-dessus de ces lumières, sur le bleu sombre du ciel, flottent d'énormes bannières-réclame, rouges, blanches, marron, et parfois de grosses lanternes de papier rose, que des hommes portent au bout de bâtons. Un bon peuple badaud et gai flâne devant les étalages d'objets menus, regarde les affiches représentant des assassinats, des histoires d'animaux, des tableaux de la guerre. Point de façades de pierre sombre, trouées de lumières comme chez nous, mais des maisons grandes ouvertes et éclairées, ou, derrière leur façade de papier close, transparentes comme des lanternes. Beaucoup de théâtres, à travers leurs rideaux, laissent voir l'assistance, de face ou de dos, et des acteurs véhéments, des femmes aux lèvres rouges, aux cheveux noirs en pointe sur le front, fluettes dans les plis raides de leurs robes étalées.

Au théâtre même, on est sans façon comme à la maison et dans la rue. On y vient avec sa femme,

tous ses enfants, petits et grands, ses domestiques ;
on fume, on boit du thé ; les femmes tirent leurs
glaces et se fardent ; on ouvre des boîtes de laque
où sont les provisions et l'on fait la dinette. Point
de chaises, ni de bancs : on s'accroupit sur les nattes,
que de simples baguettes divisent en logettes, en
enclos. Et l'on s'agite. Continuellement on se lève,
on traverse la salle, on s'aplatit pour saluer un ami,
et quand le rideau est tiré l'émotion et la curiosité
sont si fortes qu'on court en soulever un coin pour
voir comment l'action continue. La vie est fluide,
comme dans la rue....

Qu'ils paraissent peu surmenés, ces gens qui, le
soir, flânent aux lumières dans ce décor gai, si
friands de sociabilité! Et je songe aux soirs mornes
des villes américaines, aux kilomètres de hautes murailles noires, aux gens exténués de travail, sans
joie, sans attention pour leurs voisins qu'ils bous-
culent, se ruant automatiquement vers le repos solitaire du *home*.

Sur les chantiers, à l'usine, les ingénieurs européens ou les directeurs japonais, formés en Europe
et en Amérique, exigent discipline et régularité dans
le travail collectif. Mais les vrais Japonais, quand
ils sont pris par une besogne fixe, conservent le
goût de la flânerie, et le besoin d'interrompre sans
cesse leur tâche pour se dégourdir. En arrivant au
chantier le matin, ils commencent par allumer un
grand feu, se chauffent et bourrent des pipes. Dans
la matinée, ils s'arrêtent au moins une fois; l'après-

midi encore deux ou trois arrêts. Un ouvrier européen peut poser mille ou quinze cents briques dans sa journée, un Japonais six cents : en le payant double, on l'amène à en poser mille, mais seulement pendant deux jours. Dans les bureaux, les employés se promènent, causent à haute voix, fument. A l'atelier, impossible d'empêcher de fumer. De tout temps, on a eu l'habitude de travailler dix minutes, puis de s'arrêter et de fumer cinq minutes. Un directeur de tissage et de filature, craignant le feu, avait fait aménager à l'écart une salle où deux ou trois ouvriers pouvaient fumer en même temps : ils s'y rencontraient toujours vingt ou trente. Il commença par chasser tous ceux, contremaîtres et ouvriers, qui violaient le règlement ; mais il eût fallu renouveler complètement le personnel en quelques semaines. Il a dû se résigner. Me parlant un jour d'un Européen, qu'il employait comme graveur de rouleaux à impression, et du haut salaire qu'il lui donnait, ce même directeur disait : « Sans doute nous estimons son habileté, mais surtout son sérieux, son application, sa régularité. Ce que nous payons, c'est l'exemple qu'il donne à nos ouvriers. »

Cette régularité, comme elle pèse lourd sur les gens venus de la campagne à l'usine, sur les femmes et les enfants surtout ! « J'ai causé avec une ancienne ouvrière de la filature de coton de *Kanéga-futchi* à Tôkyô. Elle m'a raconté que l'intermédiaire attaché à la société lui avait dit avant l'embauchage que le travail serait très facile, le salaire considérable et qu'avant de se mettre à la besogne on pourrait faire des promenades dans toute la ville de Tôkyô, voir les théâtres, les concerts, tout ce que l'on voudrait, aller au restaurant et y faire toutes sortes de bons dîners. Comme la plupart des ouvrières sont des paysannes assez ignorantes des choses, elles consentent à s'embaucher pour le seul plaisir de voir les nouveautés de la grande ville [1]. » Elles partent, enfants curieuses, attirées par le voyage et la ville ; trompées par les raccoleurs, elles signent des contrats qui les lient pour trois ans, parfois pour cinq. Elles travaillent douze heures par jour, souvent elles travaillent la nuit. Les plus favorisées gagnent onze sous. On cherche à les fixer par des retenues de salaires en vue d'une retraite qui ne sera liquidée qu'après un certain nombre d'années ; on les enferme dans des pensions annexées à l'usine ; elles n'en peuvent sortir que quelques fois par mois, ou tous les soirs une ou deux heures ; à huit heures, elles doivent être rentrées. Très souvent, ouvriers et ouvrières se sauvent, mais « la coutume permet à l'ancien patron de ramener les ouvriers chez lui, jusqu'à ce qu'ils aient achevé le temps fixé par le contrat [2]. » Et pourtant sans cesse ils s'évadent, ne pouvant s'habituer à cette vie régulière, repris par le désir de mouvement et d'indépendance. Sans cesse, de la campagne, arrivent dans les villes,

---

1. *La protection ouvrière au Japon*, par Saito Kashiro, cité par Dumolard, *le Japon politique, économique et social*, p. 175.
2. Id., *Ibid.*

comme *kurumaya*, des coolies qui traînent les
légères voitures à deux roues. Ils sont près de quarante mille à Tôkyô seulement. Pour un Japonais,
c'est un bon métier. On est libre, on court, on vit
dans la rue, et, après un effort qui rapporte quelque
argent, on s'amuse [1].

A Yokohama, le jour de la fête de l'Empereur,
c'est « bank holiday », tout le monde est à la promenade. Mais dans le silence anglo-saxon des rues,
on entend une complainte d'hommes qui poussent
une roue — esclaves antiques à la meule — et le
babil des femmes, le mouchoir sur la tête pour se
défendre de la poussière, dans les ateliers où elles
restent recluses. Je me rappelle l'impression de tris-
tesse éprouvée après une visite de quelques fila-
tures et des pensions attenantes. Sans doute, les
débuts de l'industrie ne furent pas beaux chez nous :
il suffit de lire une enquête sur les usines et les
logements à Manchester ou à Roubaix. Mais au
Japon, en plus, la vie régulière, mécanique, d'attention et de lutte, fait violence au caractère de ce
peuple mobile, prenant légèrement la vie, sans grand
esprit de persévérance, d'humeur inquiète et voya-
geuse. A voir ces fillettes mal vêtues, pâles dans la
chaleur moite de la filature, saupoudrées de pous-
sières de coton, ou errant dans des geôles surveil-

1. Le développement des tramways électriques a déjà
réduit le nombre des Kurumaya à Tôkyô. Aussi, lors des
récents désordres ont-ils profité de l'heure trouble pour régler leur vieille querelle avec la Compagnie des tramways.

lées, je pensais à celles qui sont encore libres, — leurs sœurs joufflues, rouges, rondes comme des pommes, — flânant le soir, à l'heure de la promenade, par les temples populaires, en kimonos clairs, les cheveux oints d'huile de camélia, trébuchant sur les galets des cours, faisant un bout de prière après avoir prévenu le dieu d'un coup de gong ou d'un claquement de mains, puis, sous les auvents des maisons de thé, léchant par petits coups de langue, de gros paquets de glace râpée en fins cristaux.

Les Japonais, qui ne font guère attention à l'heure, commencent à avoir des horloges, mais elles ne marchent pas, ou ne marchent jamais ensemble. Ils n'ont pas l'habitude de se servir du mètre et leurs arts décoratifs ont toujours préféré, aux rapports strictement égaux, aux divisions égales qui nous sont chères, des proportions qui, sans être régulières, plaisaient à leur œil.

Des *maïkos* ou des *geishas*, qui dansent ensemble, encore qu'elles miment la même légende, ne font jamais exactement les mêmes gestes, ou, quand elles font les mêmes gestes, ce n'est jamais au même moment. La danse sacrée d'Isé, la *kagura*, et les danses d'esprit dans les *nô* sont très faiblement et très irrégulièrement rythmées. Les Japonais n'ont jamais eu l'idée d'une musique symphonique. J'entends encore au théâtre, pendant les entr'actes d'une représentation d'*Hamlet* en japonais, un orchestre essayant de jouer des valses américaines : c'était le rythme haletant, les éclats sonores de cette musique qui sort de derrière les bâches quand on traverse nos foires. Leurs fanfares militaires ne jouent pas en mesure et perdent sans cesse le rythme; sans pouvoir d'entraînement, au combat elles se taisent. En poésie, les Japonais ne se préoccupent ni de rime, ni de quantité, ni d'accent. Ils comptent simplement les syllabes. Des lignes de cinq et de sept syllabes alternent jusqu'à ce qu'une ligne supplémentaire de sept syllabes marque la fin du poème. Ils ne connaissent pas l'arrangement par strophes, et n'ont rien d'analogue au développement rythmé, processionnel, si entraînant d'une pièce comme l'*Ibo*, de Hugo.

Ces Japonais, qui politiquement nous paraissent manœuvrer au commandement de l'État, ne peuvent ni marcher au pas, ni danser en mesure, ni se laisser entraîner par un rythme, ni regarder l'heure, ni mener une vie régulière, bien fixe. Et nous qui passons pour respecter infiniment l'individu et lui reconnaître des droits contre la communauté, nous aimons les corps de ballet évoluant mécaniquement, les marches militaires, nous vivons à la minute et sommes pliés au travail régulier de l'industrie. Pour un Japonais, s'européaniser signifie surtout mettre de la régularité dans sa vie. Et ils n'y réussissent que peu à peu.

La victoire va leur imposer un effort intense et régulier. Au vieux Japon, le sol suffisait à nourrir le peuple et l'on évaluait les fortunes par les revenus en *koku* de riz. Comme artisan, petit boutiquier, comme agriculteur surtout, chacun était assez indépendant dans son travail, qu'il pouvait couper de loisirs. Maintenant, l'avenir du pays, à portée de la rizière coréenne et du champ mandchou qu'il va contrôler, tient au développement de l'usine et de sa discipline collective, au passage des campagnards à l'industrie des villes, à la formation d'une classe de capitalistes. N'ayant pas les milliards russes pour payer leurs dettes et pour reforger des armes de combat, il leur faudra mener une vie d'économie et de travail réglé, pour développer leurs exportations. Ils ont la formidable tâche d'être le bras industrieux et le cerveau organisateur de l'Extrême-Orient. Chez eux, au Japon, où ils vont sans doute être obligés d'autoriser les étrangers à posséder; en Corée, en Chine, où ils seront contraints de laisser la « porte ouverte », ils auront à lutter, non seulement contre les capitaux, mais aussi contre les méthodes européennes et américaines. Ils ne peuvent réussir qu'en se transformant. C'est l'américanisation forcée de ce peuple qui n'avait ni les qualités ni les défauts des Anglo-Saxons : c'est l'éloignement de la nature, c'est la vie d'usine, l'effort mesuré, mais régulier et intense, l'appétit de jouir, le goût d'un bien-être pesant, au lieu de la vie légère et fluide d'autrefois.

# CHAPITRE III

# L'INKYO



Nous rendons visite à un Japonais âgé, dans une maison semblable à toutes les maisons japonaises; mais, comme il est riche, les bois bien ajustés sont lisses, les nattes blondes de fraîcheur. Le jardin quoique petit est mystérieux; un rideau d'arbres dissimule la palissade de la rue; le ruisseau semble se perdre très loin.

Au bout d'un promenoir qui, frêle comme un rayon d'étagère, court le long de la maison, on se trouve dans un bois de bambous grêles et pressés, bois sacré en miniature ombrageant la pagode de bronze, que cet homme a choisie pour orner sa tombe quand il mourra. On le dirait lui-même en vieux bois, aussi sec, aussi bien ajusté et luisant que sa maison. Après des salutations et des silences alternés, il consent à nous montrer deux ou trois kakémonos de sa collection qui, empaquetée, dort dans la poussière et le mystère, car en Extrême-Orient tout art est prétexte à ésotérisme. Ce sont des imitations japonaises de paysages chinois : les montagnes échafaudées, dont la base plonge dans la brume, ruissellent de cascades, se hérissent de rocailles, de pins, de kiosques, de temples et de promeneurs; l'effet en est éparpillé, l'exécution timide; mais pour un collectionneur japonais, scènes et paysages chinois ont la même noblesse traditionnelle qu'ont encore pour nous les imitations de l'antique.

Presque sans nous laisser le temps de regarder les œuvres elles-mêmes, il se hâte de nous faire admirer une des boîtes où, roulées, on les serre : « Elle est rare, dit-il, et à elle seule vaut cent yens. » Et il ajoute : « Ce qui fait le prix de ce kakémono, c'est qu'il a appartenu il y a soixante ans à un noble, qui était un fin poëte; voici la poésie que ce kakémono lui inspira. » Ces vieux amateurs extrême-orientaux mêlent toujours des considérations littéraires ou des anecdotes à leurs émotions esthétiques.

Soigneusement, il remet dans leurs boîtes les peintures enveloppées de leurs linceuls de vieilles soies, rentre ces boîtes dans d'autres boîtes et raccroche dans l'alcôve un kakémono, qui représente une montagne couverte de neige et une cascade, parce que les impressions de fraîcheur sont agréables en cette chaude saison; puis il nous prépare le thé, un thé vert en poudre que, rituellement et solennellement, il dose et bat; nous le buvons mousseux dans des grès craquelés, cerclés d'or.

Ce collectionneur paisible, cet heureux amateur des belles manières d'autrefois, est *inkyo*, c'est-à-dire

vit dans la retraite. A l'âge de quarante ans, début
de la vieillesse pour un Japonais, il a résilié sa charge
de juge, donné tous ses biens à ses enfants. Il vit de
leur générosité et emploie ses loisirs à célébrer des
cérémonies de thé avec d'autres amis également
*inkyo*, et à réunir des œuvres d'art.

Survivance du vieux Japon, ce vieillard nous
apparaît comme une pièce de musée, qui est bien
en valeur à Kyôto, la vieille capitale. Par les rues,
dans les champs, la vie populaire continue d'y bruire,
à l'entour d'enclos silencieux : palais, temples, jardins, coins de ville entrés depuis longtemps dans la
retraite. Eux aussi, on les dirait *inkyo*, volontairement détachés et retirés du monde, mystérieux collectionneurs des bibelots, des manières, des traditions du vieux Japon.

Au milieu des maisons pressées, s'étendent sur
une clairière de plus de dix hectares les cours et les
bâtiments déserts du palais impérial, inhabité. Dans
le vide des grandes salles officielles, solennelles et
froides, blasonnées des chrysanthèmes aux seize
pétales, l'étiquette chinoise est maîtresse. Voici le
trône où, derrière les rideaux clairs, brodés d'oiseaux,
le Mikado s'asseyait invisible, et voici le perron qui,
sur chacune de ses dix-huit marches, portait chacun
des grades officiels. Aux murs, on voit la scène

peinte : les nobles admis dans la salle, les nobles sur les marches et ceux qui s'échelonnent dans la cour, engoncés dans leurs vêtements aux plis raides, coiffés d'un petit chapeau, — véritable parade d'uniformes dans une cour de caserne. De chaque côté de l'escalier, un cerisier et un oranger sauvages, anoblis de vieux titres, montent la faction.

Tout proche est le château Nijô où s'abritait le Shôgun de Tôkyô, quand il venait à Kyôto. Au temps où ce château fut construit par Ieyasu, la mode n'était pas tant aux manières de la vieille Chine, qu'aux arquebuses et aux forteresses des Portugais et Espagnols nouveaux venus. Fossés remplis de lotus, murs cyclopéens portant à leurs angles des guettes, porte boulonnée et cuirassée de ciselures: par-dessus, ondulés et retroussés, les toits du donjon. Les appartements vides sont tout en harmonies chaudes de vieux ors patinés, craquelés, encadrés de bois sombres et luisants, où s'appliquent des anneaux, des écussons, des cabochons ciselés, où se nouent les lourds glands de soie rouge. Sur le calme de l'or, des aigles s'ébattent, des tigres grincent, des branches de pins se tordent; bambous et fleurs de cerisiers ploient; les cimes des montagnes pointent au-dessus des bandelettes de nuées qui les ceignent. Sans surcharge, une branche ou un oiseau suffit à décorer une grande surface. Les étagères dans les alcôves profilent leurs lignes grêles et pures.

Retraite chinoise du Mikado, retraite féodale du Shôgun, silencieuses au centre de la ville. En dehors, au pied des montagnes, dans les arbres, marquant encore les limites de cette Kyôto du moyen âge, deux ou trois fois plus peuplée qu'aujourd'hui, les grands monastères bouddhiques de la secte Zen, Tofukuji, Nanzenji, Daitokuji, Kinkakuji, Sokokuji, Myôshinji, tressent une ceinture trop large pour la capitale maigrie.

Pour gagner ces monastères dans la campagne, nous traversons la ville. Au sortir de ces enclos aristocratiques et glacés, la vie populaire monte vers nous en murmures. Charme de Kyôto que cette alternance de visions archaïques et de visions familières! Dans les temples de la ville, l'animation est grande : femmes et enfants montent et descendent les marches, leurs *getas* à la main, ou rôdent autour des petites boutiques pleines de bibelots, de jouets, de reliques, et près des auberges en plein vent.

Au temple de Tôji, c'est le festival mensuel, une foire dans l'enceinte, comme un pardon japonais. Nous songeons à ces marchés normands où les campagnards sur le parvis ont une oreille pour la messe et l'autre pour leurs affaires. On vend de tout, kimonos, getas, serviettes, mouchoirs, allumettes, — les innombrables marques d'allumettes que les Japonais exportent dans tout l'Extrême-Orient. Des camelots ont le débit rapide, le bagout de tous les camelots du monde. Recroquevillés dans leurs pots, des arbres nains, comme tordus par les rhumatismes, ressemblent à des impotents dans des fauteuils trop larges.

Partout s'étale en images l'ambition de la Russie : pieuvre qui, de ses tentacules et de ses ventouses, suce l'Asie, énorme araignée qui, de sa toile soyeuse, l'enserre ; sur son île, dans un coin de la carte, le petit Jap se dresse vengeur — tel saint Georges — contre l'énorme bête. Partout des scènes de guerre : malgré les shrapnels qui éclatent et les fils barbelés qui déchirent, les Japonais bien en ordre égorgent sur les glacis de Port-Arthur les Russes en pagaïe.

Gens de toutes sortes, femmes au type fin, le nez busqué, le profil allongé et mince, femmes du peuple à la face ronde, au nez camus, Japonais imberbes, Aïnos plus grands à longue barbe, pressent leurs figures curieuses devant les autels, où fument, derrière une balustrade, des prêtres indifférents. Les *ris*, fragments de sous que les marchands vendent liés par une ficelle, sont lancés par-dessus les têtes ou résonnent dans les escarcelles. Devant un autel rouge et doré, où brûle un cierge, des bonzes et de vieilles femmes sont accroupis ; un bonze lit les versets et le chœur des vieilles psalmodie les répons qu'elles scandent de coups de marteau sur de petites enclumes. Elles paraissent anesthésiées par le rythme ou la foi ; mais pendant les loisirs de la récitation alternée, elles se querellent pour attraper du thé dans leurs tasses.

Dans les rues de Kyôto, vraies rues de village, c'est la bonne vie populaire d'autrefois : point de fonctionnaires déguisés en Européens, ni de diplomates européens, comme à Tôkyô ; très peu d'indus-

tries modernes ; aucun nouveau riche ; mais de
bonnes vieilles familles qui, malgré leurs pertes
d'argent, ont gardé le goût des belles étoffes, des
beaux laques, des beaux bibelots. Les petits bouti-
quiers, nuées de vrais flâneurs par les rues, n'hésitent jamais à s'arrêter pour causer, à se retourner
pour regarder passer les lutteurs célèbres, paquets
de graisse et de muscles, ou les précieuses, mignon-
nes et fluettes geishas et maïkos, lèvres rouges,
cheveux noirs, vêtues de clair.

« Kyôto, ville de bonzes »... prêtres ou nonnes, le
crâne rasé, en surplis jaunes, bruns, blancs ou verts,
passent près des temples ; et des moines mendiants,
sous un chapeau qui cache le visage, agitent leurs
clochettes devant les maisons, tapent leurs enclumes,
— demandes lancinantes d'aumônes. « Kyôto, ville
de bouses... » dit encore le proverbe. Sous le trait,
peu de chevaux, mais des buffles : sandales de paille
aux pattes, un écran sur le dos contre le soleil, un
anneau au travers du museau, ils vont, menés au
bout d'une longe par des paysans qui cheminent,
jupes retroussées, et ombrelles ouvertes ; parfois ils
charrient de petits haquets d'engrais humain.

Nous sortons de la ville. Entre les montagnes cen-
drées de vapeurs la vallée est lumineuse. Sous le
grand soleil, les rizières sont frisées et les bambous
frisent aussi, qui par bouquets coupent les rizières.
Diluées par les brumes qui en longues bandes prennent leur essor, les verdures s'attendrissent. La
plaine est toute bruissante d'insectes, d'oiseaux, de

vie populaire, et les voix sonnent claires dans les champs où les femmes travaillent. Sur le lit desséché de la rizière, des chapeaux de paille énormes grouillent ; c'est comme une poussée soudaine de champignons dans cet air humide et chaud. Le baluchon au bout d'un bâton, des hommes cheminent, bavards, et, jacasses, de vieilles femmes aux dents noircies ouvrent des bouches d'ombre comme des masques de théâtre ; les jeunes, en kimonos bleus, ceinturées de rose, casquées de cheveux noirs qui luisent d'huile de camélia, traînent derrière elles un parfum de musc et de rire.

La plaine traversée, nous voici au pied des montagnes près des grands monastères : l'ombre et l'humidité des hauts arbres nous saisissent, et le silence aussi. Qu'il est gai cet intermède de vie populaire entre nos visites aux vieillards *inkyo*, aux temples et aux palais déserts, entrés, eux aussi, dans la retraite ! Même plaisir qu'à entendre, après une solennelle récitation de *nô*, bavarder gaiement les spectateurs, ou qu'à voir après de hiératiques kakémonos, bouddhiques ou chinois, des estampes de l'école populaire, ou qu'à lire des contes de fée après les histoires glorifiant les samuraïs. Langue parlée et langue écrite, jargon populaire et littérature savante, animation de la rue et calme des sanctuaires — deux Japons différents, deux vies japonaises....

De hautes portes à deux étages marquent l'entrée des monastères. A travers les bois de bambous, par des cours au sable si blond et si bien ratissé qu'on les croirait couvertes de nattes, on suit de larges avenues dallées ou jalonnées de grosses pierres. C'est une succession de bâtiments vides : temples où sont peints d'énormes dragons, où trônent des Bouddhas ; halls consacrés aux fondateurs ; bibliothèques tournantes, contenant une collection complète des Écritures bouddhiques, des milliers de *Sutras*, et qu'il suffit de faire tourner trois fois sur leur axe grinçant, pour gagner les mêmes indulgences qu'à les lire ; puis des monuments pour les cloches et les tambours : des appartements habités jadis par des nobles et des empereurs devenus *inkyo* ; enfin trente ou quarante bâtiments qu'emplissaient autrefois les bonzes.

Chaque demeure de l'énorme monastère silencieux est un petit domaine secret, caché au regard, clos par une belle porte sculptée. Les appartements somptueux ouvrent sur des jardins du plus pur style japonais. Depuis des siècles, des bonzes, accroupis dans la même pose, contemplent les mêmes rocailles, les mêmes formes d'arbres et les aiguilles noires appliquées sur le ciel vert. Dans la chaleur de ces enclos si calmes, des pins parfois aussi vieux que le temple, vieux de plusieurs siècles, plient sur leurs étais de bambous et allongent vers le sol, au-dessus d'araucarias vivaces et de camélias en fleurs, leurs longues branches inquiètes et tâtonnantes comme des bras d'aveugles.

De quel mystère s'enveloppent ces coins du passé enfouis derrière des murs et des arbres ! A franchir les enceintes du monastère, casiers qui s'emboîtent, séparés par des rideaux de bambous, de pins toujours verts, d'érables et de cerisiers aux teintes changeantes, c'est le même plaisir qu'à tirer et à dérouler un bibelot ancien hors de ses boîtes et de ses soies.

Au Daïtokuji, où nous allons voir les fameux kakémonos, que l'on sort des boîtes une ou deux fois l'an, la vue des appartements est délicieuse ; dans la lumière, les bonzes vêtus de surplis blancs, le crâne rasé, glissent sans bruit le long des *fusumas* dorés, ou sont affairés à rouler, à dérouler, à brosser, à pendre les précieux kakémonos. Accroupi devant un pupitre bas, l'un d'eux peint de hautes lettres chinoises — tel jadis nos moines enlumineurs. On songe aux intérieurs des monastères que représentent nos miniatures, au temps où les trésors d'art y étaient déposés. C'est le calme du cloître. Les chambres dont on a tiré les cloisons mobiles de papier, pleines d'air et de clarté, ouvrent directement sur une petite cour close ; un puits, un pin, un oiseau qui chante ; par-dessus le mur bas, se découvrent des plaines, les terres du temple où s'agitent très loin des chapeaux de paille courbés sur les rizières ; au fond, une chaîne de montagnes limite la vue. « No-

tre pavillon s'appelle le *Violet-Pourpre*, *Mura saki*,
— nous dit un bonze, — parce que, matin et soir,
les vallées que l'on voit s'insérer là-bas, dans l'épaisseur de la chaîne, deviennent violettes. »

Voici déroulées des images chinoises ou japonaises
de Bouddha : Bouddha en robe verte, en manteau
rouge, trônant sur un lotus bleu, les yeux mi-clos,
les paupières aux pointes retroussées ; Bouddha aux
ongles longs, prêchant, la main droite levée, la gauche baissée, le pouce précieusement appliqué contre
l'index ; Bouddha entouré de Bodhisattvas, divinités
aux couleurs claires, qui n'ont plus à subir qu'une
renaissance avant d'atteindre à la parfaite béatitude ;
Bouddha mort, entrant dans le Nirvana, le *Nehanno
Shaka*, scène partout reproduite chez les cinq cent
millions de bouddhistes : il est là, couché sur son
côté droit, entouré des disciples, des fidèles, des bêtes, des arbres, de la nature entière qui se lamente.

A côté de l'image du Maître, des portraits de saints
et de bonzes sont exposés ; crânes rasés, oreilles
au lobe allongé, visages osseux au teint de cire,
cous maigres où la pomme d'Adam saille ; leurs
kimonos jaunes et leurs manteaux grenat tombent
à longs plis sur les estrades basses où ils sont accroupis ; ils tiennent parfois la roue bouddhique
dans leurs mains grasses d'hommes d'église ; de
leurs yeux calmes, ils vous fixent. En ces temples
silencieux, retraites pour tant d'hommes qui renon-
cèrent au monde, ces yeux du Maître et des disciples
disent la joie que donne « la cessation du périssable ».

Ils paraissent contempler parmi les paysages chinois ou les paysages classiques japonais, pendus au mur opposé, l'œuvre d'un artiste de la dynastie Sung, une chute d'eau : au premier plan, un rocher et une petite touffe de fleurs dominant l'abîme ; entre deux brouillards montant des rapides et du ravin, la masse d'eau qui vient on ne sait d'où, qui tombe on ne sait où, épaisse, lisse, luisante, emportée d'un glissement vertigineux. Et l'on a l'impression d'une forme éternelle ; la même chute d'eau avec la même courbe, composée pourtant de milliards de molécules toujours différentes.

C'est dans ces temples que l'art classique du Japon, bouddhique et chinois, s'est surtout développé. Les artistes de l'école Tosa et de l'école Kanô y peignirent leurs *fusumas* et leurs paravents les plus rares. Au Tofukuji, travaillait le fameux Cho Densu ; au Daitokuji, vivait l'esthète Kobori Enshu, qui au xv<sup>e</sup> siècle dessina les plus beaux jardins de Kyôto, et fut un des plus célèbres amateurs des cérémonies de thé. Il y est enterré, lui et les siens, et les amateurs des cérémonies de thé, les *cha-gin*, viennent faire des pèlerinages sur sa tombe, où ils entendent encore, dit-on, l'eau bouillir ; les jardins, les ponts, les arbres, les appartements du temple portent la marque de son goût affiné. Au Myôshinji étudia, en adepte

de la Secte Zen, Kanô Motonobu, le plus grand
artiste de l'école classique pour son habileté calli-
graphique et l'ampleur sereine de ses paysages.

Dans ces monastères, travaillèrent la foule de ces
bonzes artistes, qui n'ont signé ni peintures, ni
sculptures, et sans doute aussi ceux qui écrivirent
la grande poésie lyrique des *nô*. L'art du vieux Japon
y est encore en partie conservé, bien que les musées
de Nara, de Kyôto tiennent déjà leurs chefs-d'œuvre
de ces monastères de Kyôto, et aussi du temple
d'Hôryûji et du monastère de Koya, dans le Yamato.

Au XVe et au XVIe siècle, c'étaient de très riches
communautés au temporel qui, profitant de l'anarchie créée par la faiblesse du pouvoir central et par
les guerres féodales, s'étaient fortifiées. Chaque
temple avait ses hommes d'armes et ses samuraïs : aussi Nobunaga dut-il faire avec toutes ses
forces un siège en règle du grand monastère de
Hieizan, qui dominait le lac Biwa, à l'est de Kyôto, et
abritait des milliers de bonzes. On menait dans
ces temples une vie de luxe. Des cadets de famille
s'y réfugiaient pour faire fortune ; au XVIIe siècle,
les bonzes du Daitokuji portèrent quelque temps
des draperies de pourpre rouge.

Les murs d'enceinte de ces monastères indiquent
encore à leurs rayures blanches que des mikados y
vécurent — au Myôshinji l'empereur Hanazono, au
Nanzenji l'empereur Kameyama (XIIIe siècle), mikados
déposés par de puissants ministres et ne gardant
que l'ombre du pouvoir. Des shôguns aussi, comme

Ashikaga Yoshimitsu (xiv<sup>e</sup> siècle), Ashikaga Yoshimasa (xv<sup>e</sup> siècle), cherchèrent une retraite au Kinkakuji et au Ginkakuji, tout en continuant à diriger les affaires. Suivant la mode, des têtes de maisons nobles abdiquaient aussi : ils devenaient *inkyo*, ils entraient dans la retraite, — gardant tout de même leur autorité, car souvent au Japon ce ne sont pas ceux qui ont les titres qui ont réellement l'influence.

Pendant tout le moyen âge japonais, une longue période de guerres et de misères avait contribué à détacher du monde bien des guerriers. L'histoire de Kumagai Naozane, à la fin du xii<sup>e</sup> siècle, est célèbre au Japon. Dans un combat, comme il arrachait le casque de son adversaire terrassé, pour lui mieux couper la tête, il reconnut Atsumori, un jeune homme, et fut pris de pitié, car son propre fils était déjà tombé dans la bataille. S'il épargnait le jeune Atsumori, c'était le livrer à des mains plus brutales, c'était aussi ne pas recueillir la gloire d'avoir dépouillé un tel ennemi. Atsumori accepta son sort avec courage; mais Naozane, pris de remords, jeta ses armes, remit au père d'Atsumori les dépouilles et la tête de son fils, puis, pour prier, se retira au temple de Kurodani à Kyôto.

Après la pacification du pays au xvii<sup>e</sup> siècle par les shôguns Tokugawa, l'étiquette tirée de l'éducation chinoise, qui fut imposée aux daïmyos et aux samuraïs, devint si pesante de détails minutieux que pour échapper à cette tyrannie, beaucoup d'entre eux se firent *inkyo*. On a comparé la violence faite alors au tempérament japonais, à ces déformations que leurs jardiniers infligent aux pins nains. Des nobles, abandonnant noms et titres, se rasèrent la tête, prirent la robe jaune du bonze et profitèrent de leur retraite pour suivre leurs goûts et se livrer aux plaisirs. Tels furent les esthètes qui, comme compagnons des shôguns et autres personnages de marque, développèrent les cérémonies de thé, conçurent le plan de la plupart des beaux jardins de Kyôto et contribuèrent au progrès des arts[1].

Alors au Japon, comme en Italie pendant la Renaissance, shôguns et tyrans, parvenus par leurs talents à supplanter princes, ducs ou mikados, donnèrent à la noblesse loisirs et occasions de se créer une vie d'insouciance et de plaisirs délicats. Sous le maître absolu les partis politiques chômaient. On n'avait pas le souci d'amasser de grandes richesses, qui auraient pu exciter l'envie du maître. A défaut de gloire et d'argent, restait la culture. En dépit des distinctions féodales de classes, sous le poids d'une autorité tyrannique, un nivellement se produisit dans les goûts qui, définis par une élite, se diffusèrent ; dans les manières des gens de toute classe, il y eut une ressemblance, un certain ton égalitaire. Les classes japonaises, au reste, n'avaient jamais été absolument fermées ; les conseils des grands daïmyos et du shôgun avaient toujours été ouverts à des

<hr>

1. Chamberlain. *Bashô and the Japanese Epigram. Transactions of the Asiatic Society of Japan.* Septembre 1902.

parvenus capables. Hideyoshi et Ieyasu, les deux lieutenants de Nobunaga qui, pendant un demi-siècle, gouvernèrent le Japon, étaient des parvenus. Entre les gens de peu et les nobles, au Japon comme en Italie, le talent imposait une certaine égalité. Le raffinement des goûts aussi. Pour pratiquer les cérémonies de thé, Yoshimasa, après avoir abdiqué sa charge de shôgun, avait comme favoris deux moines, Shukô et Shinuô, et, dans l'automne de 1587, quand Hideyoshi convoqua pour une grande cérémonie de thé tous les amateurs de l'empire, des marchands et des paysans étaient réunis avec des nobles.

Au surplus, chez tous, par-dessus toutes les autres occupations, se développa l'idée de la dignité de l'étude ; il se forma une société qui éprouvait le besoin de cultiver son intelligence, qui en avait le temps et les moyens. Le shôgun comme le tyran encourageait ce goût des arts : il y voyait une garantie de vie paisible, une occasion de rehausser son règne personnel. Un grand besoin de sociabilité se développa, et aussi, avec le désir amoral de jouir de l'existence, le goût des fêtes. De 1688 à 1704, pendant la période dite *genroku*, l'activité artistique fut intense. C'était l'époque des beaux laques, des faïences de Kutani ; Kôrin décorait, Moronobu[1] dessinait.

---

1. Vers la fin de sa vie, il devint *inkyo*, se fit raser la tête et prit le nom de Yuchiku.

Dès 1605, Tôkyô, dont Ieyasu avait fait sa capitale, devient un centre d'art et de littérature : les auteurs écrivent pour un public plus large, et l'école d'art nouvelle, dite populaire, rompt avec les habitudes ésotériques des écoles classiques. L'éducation se développe. Ieyasu, surtout après sa retraite comme *inkyo* à Shizuoka, favorise l'impression des vieux textes. En Italie, comme conséquence d'un semblable état politique et social, il y eut une Renaissance de l'antiquité ; au Japon, ce fut une Renaissance chinoise. La civilisation chinoise fut pour le Japon d'alors, comme l'antiquité latine et grecque pour l'Italie, un trésor de vérité objective et lumineuse qui répondait à tous les problèmes ; la langue chinoise est demeurée pour les Japonais, comme pour nous le latin ou le grec, un répertoire inépuisable de mots nouveaux, qui servent à désigner tous les phénomènes matériels ou scientifiques nouvellement connus. Les Kangakouça, philologues et érudits en matière chinoise, furent les Humanistes du Japon.

Tout ce mouvement de culture et d'art fut grandement aidé par l'habitude de se retirer du monde, de devenir *inkyo*, qui, adoptée d'abord par les grands et les nobles dans les temples, fut imitée par les gens de toute classe : ils se retiraient des affaires à quarante ans pour vivre selon leurs goûts, bibeloter, s'amuser, et faire des collections. La nation entière formait un public d'amateurs avertis.

*<br>* *

C'est de l'Inde qu'est venue au Japon cette coutume de l'*inkyo*. La vie du brahme est divisée en quatre périodes. A la fin de l'enfance, on lui passe le fil sacré du deux fois né ; jeune homme et adolescent, il apprend par cœur les *Véda*, offre le feu sacré à un brahme plus âgé, et le sert. Dans la deuxième période de sa vie, il se marie et fonde une famille. Puis il se retire dans la forêt comme un reclus, pour la troisième étape de sa vie, se nourrissant de fruits et de racines, pratiquant ses devoirs religieux avec une dévotion croissante. La quatrième période est celle du mendiant ascète et religieux, tout à fait retiré des affaires terrestres ; il tâche de devenir indifférent aux joies, aux chagrins, aux besoins du corps : il se soucie seulement de l'absorption finale dans la divinité. Sans gîte fixe, il vit de dons non sollicités.

De même pour le moine bouddhique, « c'est un étroit assujettissement que la vie dans la maison, un état d'impureté ; la liberté est dans l'abandon de la maison ». — « Abandonnant toute possession, il faut s'en aller de là[1]. » C'est ainsi que « l'ascète Gôtama, jeune, en ses jeunes années, dans la force et la fleur de la jeunesse, au printemps de sa vie, a quitté sa maison pour mener une vie errante ; l'ascète Gôtama,

1. Cité par Oldenberg, *Le Bouddha*, trad. de A. Foucher, pp. 317-318.

malgré la volonté de ses père et mère, malgré les larmes qu'ils versaient et répandaient, s'est fait raser les cheveux et la barbe, a pris des vêtements jaunes et a quitté sa maison pour mener une vie errante [1]. » Peu de temps après, sous l'arbre de la science, il devient Bouddha.

Pour quêter sa subsistance, le moine doit entrer dans les maisons, « silencieux comme la lune, tenant en bride corps et esprit ». Il n'habite pas la ville, il va dans la forêt chercher la solitude. « Quand donc habiterai-je dans une grotte de montagne, seul, sans compagnons, avec l'intuition de l'instabilité de toute existence?... » — « Les lieux qui réjouissent le cœur, que des buissons de *kareris* couronnent, ces lieux charmants où s'élève la voix des éléphants, les rochers me remplissent d'aise…. Là où bruit la pluie, les lieux charmants, les montagnes, où errent les sages, où résonne le cri du paon, les rochers me remplissent d'aise [2]…. »

— « Quand devant moi, quand derrière moi, mon regard n'aperçoit plus personne, certes il est doux de demeurer seul en la forêt. Allons! je veux m'en aller dans la solitude, dans la forêt que loue le Bouddha : c'est là qu'il fait bon être pour le moine solitaire qui aspire à la perfection. Seul, sûr de mon but, en hâte je veux entrer en la forêt charmante, délices des pieux lutteurs, séjour des ardents éléphants. Dans la forêt Sita, la fleurie, dans une fraîche

1. Oldenberg, p. 108.
2. *Id.*, p. 300.

grotte de la montagne, je veux baigner mon corps, et je veux marcher seul. Seul, sans compagnon, en la forêt vaste et charmante, quand aurai-je atteint mon but? Quand serai-je libre de péchés? » — « Quand au ciel les nuages d'orage battent le tambour, quand les torrents de pluie emplissent les chemins de l'air et que le moine dans un creux de montagne s'abandonne à la méditation, non, il ne peut y avoir de joie plus haute. Sur le bord des rivières parées de fleurs et que couronne la guirlande diaprée des forêts, il est assis, joyeux, plongé dans la méditation : il ne peut y avoir de joie plus haute[1]. »

C'est de tels hymnes à la solitude que clamaient dans l'Inde, le brahme vêtu de blanc et le moine bouddhiste drapé de voiles jaunes, devenus *inkyo*, — hymnes d'adoration naturaliste pour la forêt, au bord du Gange, fleuve sacré, ou pour la jungle qui borde les dernières pentes de l'Himalaya, séjour des dieux. L'ascète Gôtama, comme les brahmes qui l'avaient précédé, quitta sa famille et sa maison pour mener la vie nomade du religieux mendiant. L'idéal religieux de l'Inde n'a pas changé, et le renoncement au monde y apparaît toujours comme la seule voie du salut.

Kinkakuji, Ginkakuji, Katsura, jardins célèbres de Kyôto, évocations des paysages les plus aimés de

---

1. Oldenberg, p. 510.

l'empire, lieux de retraite aménagés et dessinés près de la ville, à la fin du xiv⁰ et du xv⁰, et au xvii⁰ siècle, pour les shôguns Yoshimitsu et Yoshimasa de la famille Ashikaga et autres nobles qui, la tête rasée, vêtus de la robe bouddhique, quittaient le monde et devenaient *inkyo*.

Le lac, duveté de mousse, est encombré de feuilles de lotus; entre des fleurs jaunes, tortues, poissons rouges, carpes vaseuses passent, et par moments, avec des claquements secs de queue et des glissements mous d'écailles, hors de l'eau dont les grands cercles s'étalent, de leurs yeux ronds, de leurs gueules rondes, se battent pour attraper de petits ballons de sucre rose. Des îlots rocailleux pèsent sur l'onde, ventrus ou effilés comme des nefs, et, quand la brise souffle dans leur grément de pins, ils paraissent voguer sur le lac, évocation de Matsushima ou de la mer Intérieure.

Basse, une longue lagune sablonneuse, qui s'étire jalonnée de pierres et de pins, esquisse la presqu'île fameuse d'Amano Hashidate. Rivières et ruisselets; grosses pierres qui sertissent les rives ou qui servent à franchir les ruisseaux; ponts de bambous arqués; bouquets de houx ou de buis taillés, pins en massifs, pins isolés, tordus ou penchés, tout cela est bosselé, contourné, tourmenté. Et sur la mousse blonde des talus, au-dessus des arbres nains, les gros arbres, qui étalent leurs racines, ressemblent à de hauts daïmyos accroupis sur des nattes, dans les cassures raides de leurs robes à plis.

Partout des coins, des recoins, des trompe-l'œil : du lac et de la rivière, d'où qu'on les regarde, on ne voit jamais les deux bouts. Il n'est point de détail, en cette composition, qui ne soit choisi, voulu. Dans le silence chaud de cette fin d'automne, c'est une litanie de noms de pierres, d'arbres, de ponts, qu'un jeune bonze nous énumère d'une voix blanche. Telle pierre de forme rare, apportée d'un point éloigné de l'empire, est la pierre de la contemplation extatique; tel ruisseau, la fontaine où se baigne la lune. Sans cesse, en cette œuvre d'art, des évocations de nature, des symboles d'abstractions. Une visite à ces jardins se passe, comme une pêche aux crabes, à soulever chaque pierre pour découvrir une intention.

De ce paysage construit, toutes les parties restent proportionnées à la taille et à l'œil humains. Vu de trop haut, le jardin perd son dessin, son relief; tout s'y aplatit; il faut être au niveau du lac pour goûter les proportions, la forme, le volume des pierres, des ponts, des arbres. Tout de même, le charme du site évoqué n'est point affaibli, tant l'imitation reste libre et respectueuse des proportions. Le paysage est là, entier, de même que la silhouette et la robustesse des plus gros arbres subsiste entière dans des arbres nains.

A mi-côte, enfoui en pleine verdure forestière, loin du monde, le jardin, enclos secret, est comme une clairière soigneusement aménagée pour la retraite méditative; replié sur soi, on peut y rêver de prolongements infinis: la vue se repose sur des rideaux d'arbres et sur un cadre de collines. Au Kinkakuji, on vous montre la montagne à la capuche de soie : par un jour chaud de juillet, le mikado Uda devenu *inkyo* ordonna qu'elle fût couverte de soie blanche pour que ses yeux pussent éprouver une fraîche sensation d'hiver.

Par le jardin, disséminés, des pavillons, Kinkaku, Ginkaku, pavillons d'or et d'argent, simples maisons japonaises, aux bois bien ajustés et de profils purs, rehaussés d'appliques de métal; sur les toits jadis dorés ou argentés, un oiseau de bronze aux plumes ébouriffées fait la roue. Dans les appartements presque nus, des étagères et aussi des fusumas où sont peints des sages, des fleurs, des bêtes. Il faut se pencher pour goûter les détails de cette élégance sobre. En ces jardins, simples suggestions de paysages, ces pavillons, suggestions de palais, sont ornés de peintures qui suggèrent plus qu'elles n'expriment. Voici les chambres de dimensions réglées où l'on pratiquait les cérémonies de thé, où l'on s'exerçait à reconnaître les divers crus des encens respirés, où l'on composait des bouquets selon des règles tirées de Confucius. Les kiosques du jardin se prêtaient à la vie de société; les sièges étaient disposés pour que, sans gêne, chacun eût un point de vue sur le jardin ouvert devant lui. Plaisirs sociaux et joies de nature étaient habilement combinés.

Devant le pavillon, se dressent encore les plates-formes de sable argenté où l'on se divertissait, et les plates-formes de bambou, où, par les nuits claires de fin d'été ou d'automne, on se réunissait pour regarder la lune monter derrière les pins noirs et pour composer des vers. Quand on contemplait la lune d'automne et sa couleur de rouille, on l'imaginait boisée d'érables. En face, de l'autre côté de l'étang, dans une lanterne de pierre, on glissait une veilleuse. La lumière se reflétait sur l'eau ; dans le reflet vacillant, par moments passaient des lucioles, et les bêtes lumineuses paraissaient frémir, retenues par un mouvant fil d'or.

Quel étrange rêve vécurent ces esthètes devenus *inkyo*, dans ces jardins de Kyôto, et qu'ils sont loin des brahmes ou des bouddhistes *inkyo* à qui fut empruntée à travers l'Asie cette habitude de retraite et de détachement de la vie vers la quarantaine. Assis, « les jambes croisées, le corps droit, s'environnant le visage d'une pensée vigilante », goûtant dans le calme de son moi, loin de la douleur comme du plaisir, la cessation du périssable, l'Hindou, las de vivre, détaché de l'action, cherche la solitude absolue. En son climat de l'Inde qui déprime, hanté par le scrupule religieux, écrasé par le mur de l'Himalaya, bercé par la grande houle monotone de la jungle, purifié par l'eau du Gange, il adore et glorifie cette nature vierge, accablante par son énormité et son exubérance ; il l'aime dans ses orages, ses crues, ses cataclysmes ; en lui, hors de lui, l'énorme, l'illi-

mité, l'infini le hante ; toujours il veut plus de solitude, plus de nature sauvage, plus d'espace, tandis
qu'indéfiniment son imagination, avide du vertige de
la durée, entasse des nombres pour concevoir des
cycles sans fin et que son scrupule exige plus d'ascétisme corporel, plus de perfectionnement moral.

Au Japon, les gens qui quittent le monde par pes-
simisme ne croient pas que la vie soit radicalement
mauvaise, mais la société est vraiment trop troublée
de guerres, trop compliquée d'étiquette. Ce n'est
pas une croyance métaphysique, c'est une expérience sociale, qui les détache du monde. On préfère
s'isoler, on fuit la ville, on gagne la campagne aux
portes de la ville ; le climat est tempéré, les paysages
sont proportionnés à la taille et à l'action humaines,
et l'on se ménage un coin où se nicher dans une nature petite, que l'on remanie et retouche, que l'on
humanise. Plus d'Himalaya, mais des chaînettes de
collines familières ; leur Gange n'est qu'un ruisselet,
et la jungle s'est apprivoisée en jardin. Là on goûte
la sérénité sèche, lumineuse, sonore des automnes,
le glissement des nuées, les changements de teintes
aux feuilles et aux fleurs avec les saisons, le calme
et la fraîcheur des nuits lunaires. L'énorme, l'illi-
mité, l'indéfini ne sont ni familiers, ni recherchés :
on n'aime pas les grandes vues découvertes de montagnes ou de forêts, on préfère les horizons limités,
tout proches. La solitude est chère, mais avec quelques amis, quelques initiés. L'intime besoin de sociabilité de la race n'est jamais sacrifié. On ne s'embar-

rasse point de métaphysique, de grands jugements radicaux sur la nature, sur la vie; on n'est point hanté de perfection impossible; on ignore l'ascétisme. Commodément, on tâche d'arriver au repos, au détachement plus esthétique que moral. Les petites maisons de bois et de papier — frêles suggestions de maisons — où l'on se réunit pour les cérémonies de thé, et les jardins que l'on regarde et que l'on parcourt à divers moments réglés de la cérémonie, symboles d'abstraction ou esquisses de paysages, conviennent bien à des hommes vivant dans un monde d'impressions et d'abstractions, plutôt que de réalités et de faits.

Dès les premiers temps de la propagation du Bouddhisme au Japon, vers la fin du viii^e siècle, et lors du grand mouvement de prédication populaire au xiii^e siècle, les apôtres, comme Kôbô Daishi et plus tard comme Hônen, Shinran, Nichiren, parcouraient le pays, errant en vrais moines bouddhistes. Ils fondèrent des monastères dans la solitude, en pleine forêt des montagnes du Yamato comme à Koya, ou à Minobu près du Fuji. Dans le Yamato, on trouve encore des ermites vivant sur des sommets. Au xvii^e siècle, le moine-poète Bashô parcourait le Japon suivi de ses disciples, mêlant toujours à ses préceptes poétiques des sermons moraux. Un jour à Kanazawa, dans le nord, il refusa d'assister à une fête que la société littéraire de l'endroit avait préparée en son honneur, parce qu'elle était trop luxueuse. Il avait coutume, dit-il, de faire sa sieste sur un étang, de s'asseoir sous un arbre pour s'abriter des averses, de mendier sa nourriture; il ne pouvait s'accommoder que d'une parfaite sobriété et simplicité. Sa vie était vraiment celle du moine hindou, mais teintée d'esthétisme.

Quand dès le xiv^e siècle, et surtout au xvii^e siècle, de hauts personnages, des nobles se retirèrent près de Kyôto dans des temples et des palais pour trouver le calme, le loisir au milieu de gens de goût, eux aussi prétendaient en bouddhistes rompre avec le monde. Presque tous, ils étaient partisans de la secte bouddhiste Zen et vivaient dans les sanctuaires de cette secte. Mais « la philosophie ou la religion Zen est un système qui adoucit le Bouddhisme primitif par de sages concessions au sens commun, aux besoins et limites de la vie commune; on y échange l'ascétisme corporel pour une sorte de détachement mental qui ne répugne pas aux relations sociales, et, tout en reconnaissant l'essentielle vanité de tout ce qu'on poursuit sur terre, on met en bonne place, dans sa vie, quelques occupations qui tentent le plus fortement l'esprit cultivé, principalement les branches variées de l'art, parce que l'on peut en user comme de moyens pour passer à des sphères encore plus hautes de pensée et de conduite[1]. » Le mot Zen est une contraction du mot sanscrit *dhyâna* « contemplation »; mais bien vite, au Japon, on cessa de rechercher ces états d'inconscience que l'on atteint,

_____

1. Chamberlain, *loc. cit.*, p. 291.

par exemple, en fixant très longtemps un objet, et on leur préféra les divertissements esthétiques ; la croyance Zen fut tolérante et avenante : dans un demi-isolement, on essayait de méditer.

Comme la règle de cette secte bouddhique avait des points communs avec le *Bushi-do*, la règle de vie des guerriers japonais, elle sut réconcilier bonzes et samuraïs. L'une et l'autre recommandaient un certain dédain de la vie, une manière d'ascétisme, l'habitude de la retraite, l'effort pour dresser la volonté, toutes pratiques pouvant entraîner au danger et à la mort.

Le divertissement favori était la cérémonie de thé. D'origine religieuse, elle fut toujours spécialement pratiquée par les adeptes de la secte Zen. Quand, vers la fin du xvᵉ siècle, Shukô, le moine bouddhiste, favori du shôgun Yoshimasa, devenu *inkyo*, décréta quelques-uns des rites de ces cérémonies, observés depuis par tous, il eut l'idée qu'elles offraient un moyen d'insinuer des habitudes d'esprit, qui ressemblaient à la méditation religieuse, de donner aussi le goût de certaines vertus : pureté, courtoisie, fermeté. Puis après deux siècles, pendant lesquels les cérémonies de thé pratiquées par les hautes classes, développées par Nobunaga et Hideyoshi, étaient devenues des prétextes à réunions luxueuses, Sen-no-Rikyû profita de l'appauvrissement de la contrée, après les guerres nationales de la fin du xvıᵉ siècle, pour prêcher la simplicité, et pour établir un code strict d'étiquette. Depuis cette époque, ce divertisse-

ment esthétique, nuancé de préoccupations religieuses, a respecté ce canon simple et austère. Il fut
le divertissement japonais par excellence : pratiqué
par tout le monde, il sut concilier la méditation
bouddhique et l'acétisme samuraï, avec l'esthétisme
de la race entière.

Dans toutes les classes sociales, cette cérémonie
qui, à cause de sa simplicité, pouvait être goûtée
selon les mêmes rites, contribua à développer l'habitude de se contenter de peu, de se montrer simple,
sociable, aimable et modéré. En art, les Japonais
prirent la haine de la surcharge, le goût de la sobriété, de la pureté, de la brièveté qui suggère plus
qu'elle n'exprime. Le style du pavillon ou de la
chambre qui servaient de cadre à la cérémonie, l'esthétique du jardin sur lequel la vue se reposait, la
composition du bouquet, la manière du kakémono
déroulé dans l'alcôve, la forme du vase de bronze
et des instruments de la cérémonie, du pot pour
conserver le thé en poudre, du brûle-encens, des vieux
bols pour boire, tout cela fut déterminé, précisé,
pour plusieurs siècles, par ces assemblées de moines et de nobles.

C'est vraiment dans ces jardins de Kyôto et dans
ces grands temples de la secte Zen que le goût japonais fut défini, codifié par une élite d'*inkyo* ; de proche
en proche il s'imposa au reste de la nation, trouvant
dans toutes les classes un égal respect de cette habitude de devenir *inkyo* : à tous, les traditions trans-
mises convenaient naturellement. Un goût organique

national est dès lors formé, et c'est alors le vrai Japon, le Japon original, émancipé de la tradition chinoise, avec son amour de la nature, de la nature japonaise, le Japon des poésies de dix-sept syllabes, des hakkai, à qui Bashô, bouddhiste de la secte Zen, par une influence analogue à celle de Sen-no-Rikyû sur les cérémonies de thé redonne une portée sérieuse et morale, le Japon des jardins, création la plus caractéristique de l'esthétique nationale, faite spécialement pour des hommes qui avaient quitté la vie active.

*<br>* *

C'est donc toujours l'habitude bouddhique venue de l'Inde, mais tempérée par le climat, adoucie par le caractère japonais que l'on retrouve comme condition de la vie et de l'art pendant ces derniers siècles.

Les mikados étaient souvent contraints d'abdiquer et les chefs de maisons nobles les imitaient. Puis toutes les classes adoptèrent la mode de se démettre vers quarante ans des affaires, publiques ou privées. Cette coutume en se généralisant se laïcisa ; le renoncement au monde ne consistait même plus à se retirer dans un couvent, mais à se retirer des affaires à l'abri des tracas, comme rentier, à vivre chez ses enfants. On leur donnait ses biens, on vivait de leurs générosités, on continuait de les conseiller, de les diriger, avec la certitude d'être écouté. Leur ingratitude n'était pas à craindre ni leurs reproches en cas de vieillesse prolongée; la coutume Hindou de l'*inkyo* put d'autant mieux se généraliser dans toutes les classes au Japon que l'idée chinoise de la famille si implantée dans les mœurs imposait aux jeunes obéissance et respect envers les vieux. Avoir le loisir vers la quarantaine de pratiquer les cérémonies de thé, de bibeloter, collectionner, versifier, dessiner fut pendant des siècles le rêve de tout Japonais qu'il fût noble, guerrier, bonze, marchand ou paysan.

Voyez ce gentilhomme du temps jadis : « un tableau ancien pendait au mur de sa chambre et, durant la saison, quelques fleurs étaient placées dans un vase. Il passait des journées à les contempler. Il peignait en blanc et noir, n'aimant pas les couleurs [1].... » Encore aujourd'hui, les campagnards occupent les loisirs que leur laisse la vie des champs à dessiner. Au xviie siècle, le poète Bashô, un jour qu'il traversait un district de campagne fort reculé, rencontra dans un village un groupe d'hommes installés en plein air avec du saké et des victuailles, qui se réjouissaient au clair de lune à composer des poésies de dix-sept syllabes. Invité à joindre la compagnie, au premier hakkai qu'il composa, il fut reconnu, fêté par ces campagnards comme un homme « dont le nom odoriférant est connu du monde entier ».

1. Hakouséki, érudit du xviie siècle cité par Aston, *Littérature japonaise.*

Tous ces oisifs, non bousculés par la vie, de génération en génération, sont demeurés les conservateurs du goût pour l'ancien art classique, longtemps pleins de mepris pour les estampes de l'école populaire; ils estimaient les bonnes manières, les formules et saluts cérémonieux et gardaient l'habitude de mêler des préoccupations littéraires à leurs émotions de nature et d'art. Ils ont formé ce public d'art incomparable que fut et qu'est encore le peuple japonais. Collectionneurs enthousiastes et soigneux de céramiques qui servaient aux cérémonies de thé, de kakémonos, de bronzes coréens et chinois, ils ont contribué à faire du Japon le musée de l'Asie et, comme patrons d'écrivains, ces hommes retirés du monde ont joué un grand rôle littéraire. C'est à la protection de daïmyos que l'on doit les recherches des Vagakouça ou savants en antiquités japonaises pour exhumer les vieux textes de légendes primitives, Ko-ji-ki, Nihon-Gi, dont l'influence devait être si grande, par leur réveil du shintoïsme et du patriotisme, sur le mouvement de restauration impériale de 1868. Protecteurs et amateurs oisifs aidèrent aussi au développement de l'art décoratif. Dans toutes les classes, c'était entre gens de même rang, entre supérieurs et inférieurs une habitude d'échanger des cadeaux en toute occasion : premier jour de l'an, fêtes de famille, mariages, maladies, incendies, départs, retours, réunions de thé ou assemblées poétiques. On patronnait des artistes, on leur commandait des grès, des bronzes et des laques.

*<br>* *

Se retirer des affaires à quarante ans reste encore le rêve de tout Japonais. Je me souviens d'un industriel important, très européanisé par un séjour de huit années en France. Il avait fondé des usines. En lui, les méthodes d'affaires à l'américaine avaient développé l'habitude de songer à l'avenir, l'ambition de posséder pour jouir et agir. Il représentait bien la classe des nouveaux riches d'Osaka, et déclarait avec orgueil que la guerre victorieuse ferait avancer le Japon d'un siècle.

Par moments, tout de même, il se prenait à regretter le vieux temps. Comme ses ancêtres il aurait bien voulu jouir largement de la vie; à quarante ans, il parlait déjà de sa vieillesse et raillait la manie nouvelle, étrangère, si peu japonaise, de capitaliser de l'argent et des joies pour plus tard. Mais il ne pouvait se retirer des affaires, il devait rester pour diriger ses usines qu'il avait montées avec un matériel européen; trop peu de gens encore avaient la compétence pour le remplacer. Parfois tout de même, il s'échappait pour courir aux ventes et bibeloter : il avait déjà réuni une collection de grès et de kakémonos. Aussi souvent qu'il pouvait, il quittait Osaka pour sa maison de Kyôto, retraite cachée en plein Japon d'autrefois.

— « Comme tout était plus simple alors! disait-il. Nous n'étions pas troublés, dans nos îles écartées, par le désir d'imiter Européens ou Américains : nous n'avions pas la manie de nous comparer aux autres peuples, ni l'angoisse de nous inquiéter de leurs jugements. Inutile de chercher à amasser de grosses fortunes, car le shôgun désirait niveler les conditions; on accomplissait ses volontés en ne s'occupant pas de politique, en se retirant jeune du monde et des affaires, pour s'amuser. Chacun restait dans sa classe et, dans sa classe, ne cherchait point à s'élever : on avait peu de mérite à se résigner ainsi, car les oppositions de classes n'étaient pas nettes ni provocantes comme aujourd'hui qu'il y a des riches et des gens très pauvres. Tout le monde avait à peu près mêmes manières, mêmes goûts, mêmes divertissements, même idéal de vie. Les vieux en abandonnant leurs biens étaient sûrs que leurs enfants les soigneraient et ne leur reprocheraient pas une vieillesse trop robuste. Les jeunes aussi étaient contents, on leur faisait place. Affaires publiques, affaires privées étaient toujours menées par des énergies neuves. C'est ainsi que sur toute notre histoire japonaise, règne un optimisme confiant. Dirigés par des jeunes, nous avons su sacrifier le passé quand il nous entravait; une expérience trop chargée, trop prudente, ne nous a jamais détournés d'expériences inédites.

« Mais maintenant que la morale familiale est moins forte, les appétits individuels plus hardis, plus ambitieux, la condition des vieux est moins bonne, l'état d'*inkyo* moins sûr. Le gouvernement ne le favorise pas et l'exemple ne vient plus d'en haut comme autrefois. Le mikado actuel, bien qu'il ait cinquante-quatre ans, ne songe pas à abdiquer comme le faisaient ses ancêtres. Le Japon est encore gouverné par les *Genro* (vétérans), les Ito, les Yamagata, des hommes âgés, et le marquis Ito, au lieu de se retirer comme les shôguns d'autrefois, vient d'accepter le gouvernement de la Corée. Les jeunes ne sont pas contents, la tradition est changée, ils protestent. La guerre contre le Russe fut imposée aux vieux du gouvernement qui résistaient, par les jeunes des Universités, et la révolte après la conclusion de la paix fut en partie une protestation contre les conditions qu'avaient acceptées les *Genro*, Ito surtout.

« Le gouvernement combat l'habitude de l'*inkyo* : ce n'est pas une habitude européenne. Puis dans la lutte internationale, politique et économique que le Japon engage, la flânerie, le repos ne sont plus de mise comme dans le vieux Japon fermé. Le luxe de se retirer jeune des affaires pouvait subsister dans un pays qui s'était retiré lui-même des affaires. C'en est fini maintenant du Japon vivant dans la retraite, et par conséquent aussi des temples, des jardins, enclos silencieux du passé, et des retraites paisibles qu'on y faisait. De la nation, il faut tirer le maximum de rendement. La guerre a multiplié les charges, diminué les jeunes. Les vieux doivent continuer de marcher. La nation est trop engagée dans les affaires mondiales pour que, lâchant les affaires publiques ou privées, des hommes de quarante ans puissent se retirer du monde. »

57119. — Paris. Imprimerie LAHURE, 9, rue de Fleurus.

9 782019 167608